Warum Frauen zu viel denken

Warum Frauen zu viel denken

Wege aus der Grübelfalle

Susan Nolen-Hoeksema

Aus dem Englischen
von Sonja Hauser

Weltbild

Die Originalausgabe erschien 2003 unter dem Titel
Women Who Think Too Much bei Henry Holt and Company, New York.
Die Originalausgabe wurde in Übereinstimmung mit der Autorin
für die deutsche Ausgabe um zwei Kapitel gekürzt.

Genehmigte Lizenzausgabe der Verlagsgruppe Weltbild GmbH,
Steinerne Furt, D-86167 Augsburg
Copyright der Originalausgabe © 2003 by Susane Nolen-Hoeksema
Copyright der deutschsprachigen Ausgabe © 2004 by
Eichborn AG, Frankfurt am Main
Übersetzung: Sonja Hauser
Umschlaggestaltung: Atelier Lehmacher, Friedberg / Christiane Hahn
Gesamtherstellung: GGP Media GmbH,
Karl-Marx-Straße 24, 07381 Pößneck
Printed in Germany
ISBN 3-8289-4957-6

2006   2005
Die letzte Jahreszahl gibt die aktuelle Lizenzausgabe an.

Einkaufen im Internet: *www.weltbild.de*

Inhalt

Teil I: Eine Epidemie des Zu-viel-Denkens 7

1. Warum ist zu viel denken negativ? 9
2. Wenn es so weh tut, warum hören wir nicht damit auf? . . 39
3. Frauen sind besonders anfällig 57

Teil II: Strategien zur Überwindung des Zu-viel-Denkens 67

4. Wege aus der Grübelfalle 69
5. Die Grübelei hinter sich lassen 91
6. Wie Sie auch in Zukunft vermeiden, zu viel zu denken . . . 117

Teil III: Auslöser des Zu-viel-Denkens 143

7. Mit den eigenen Sorgen verheiratet sein –
   Grübeln über die Partnerbeziehung 145
8. Familiengeschichten – zu viel nachdenken über
   Eltern und Geschwister 163
9. Immer im Job – endlose Gedanken über
   Arbeit und Karriere 177
10. Vergiftete Gedanken – sich den Kopf über
    die Gesundheit zerbrechen 195
11. Was können wir alle dagegen tun? 205

Anmerkungen 213
Literaturtipps 223
Dank 224

Teil I

Eine Epidemie des Zu-viel-Denkens

Was ist Zu-viel-Denken überhaupt, und woher kommt es?
In Teil I beschreibe ich dieses Phänomen und meine Forschungen
über seine negativen Auswirkungen. Nach meinen Erkenntnissen
tragen mehrere Faktoren dazu bei, dass insbesondere Frauen
dazu neigen, zu viel zu denken.

1.
Warum ist zu viel denken negativ?

In den letzten vier Jahrzehnten haben wir Frauen so viel Unabhängigkeit und Wahlmöglichkeiten hinzugewonnen wie nie zuvor. Wir können freier entscheiden, welche Art von Beziehungen wir eingehen, ob und wann wir Kinder haben, welchen Beruf wir wählen und wie wir unser Leben führen wollen – von solchen Optionen konnten frühere Generationen nur träumen. Fortschritte in der Medizin sorgen überdies dafür, dass die Mehrheit von uns gesünder ist und länger lebt als je zuvor. Wir haben also allen Grund, glücklich und zufrieden zu sein.

Und doch werden viele von uns, ergibt sich einmal eine Pause im hektischen Alltag, von immer wiederkehrenden Gedanken und Gefühlen heimgesucht, die eine Eigendynamik entwickeln, uns die Energie rauben und uns nur noch runterziehen. Wir leiden daran, uns zu viele Gedanken zu machen. Wir geraten in einen Teufelskreis negativer Gedanken und Gefühle, und das beeinträchtigt unser Alltagsleben und Wohlbefinden. Unsere Gedanken kreisen um die Grundfragen menschlichen Daseins: Wer bin ich? Was mache ich aus meinem Leben? Was halten andere von mir? Warum bin ich nicht glücklich und zufrieden? Je mehr wir in diesen negativen Gedankensog hineingeraten, umso düsterer wird unsere Stimmung und desto mehr große und kleine Sorgen nagen an uns: Nimmt mein Sohn Drogen? Warum suche ich mir keine neue Stelle, obwohl ich in meinem jetzigen Job nicht vorankomme? Wie kann ich für meinen Partner weiter attraktiv bleiben? Wieso verliere ich beim Zusammensein mit meiner Mutter so oft die Beherrschung? All diese Gedanken beeinträchtigen uns je nach Stimmungslage mal mehr, mal weniger, doch wir finden selten eine Lösung für unsere Probleme.

Selbst unbedeutende Ereignisse können Anlass für stunden- oder tagelanges Grübeln sein. Der Chef macht eine sarkastische Bemerkung, und schon denken Sie Ewigkeiten darüber nach, was er wohl gemeint haben könnte. Eine Freundin sagt etwas über Ihre Figur, und sofort grübeln Sie über Ihr Aussehen und die mangelnde Sensibilität dieser Freundin nach. Ihr Partner ist eines Abends zu müde, um mit Ihnen zu schlafen, und prompt wälzen Sie die ganze Nacht Gedanken darüber, was das für Ihre Ehe bedeuten könnte.

Unter solchen andauernden trüben Gedanken leiden Frauen viel häufiger als Männer; das habe ich im Verlauf mehrerer Untersuchungen festgestellt.[1] Ein Beispiel: Die 27-jährige Veronica, eine Frau mit rötlich-brünetten Haaren und lebhaften braunen Augen, hatte viel Freude an ihren beiden kleinen Kindern. Doch wenn sie sich nicht gerade mit ihren Zwillingen und deren Spielkameraden beschäftigte, versank sie in jenen Sumpf aus sorgenvoller Grübelei, die ich in meinen Arbeiten mit dem Begriff »Zu-viel-Denken« bezeichne:

Wieso bin ich nie richtig zufrieden mit dem, was ich tue? Ich halse mir immer mehr Aktivitäten für die Kinder auf. Was ist los mit mir? Vielleicht hat das was mit den Hormonen zu tun? Aber es geht den ganzen Monat so. Habe ich mir mein Leben falsch eingerichtet? Ich sage immer, ich bleibe gern zu Hause bei den Kindern, doch stimmt das tatsächlich? Weiß Rick überhaupt zu schätzen, was ich für unsere Kinder tue?

Irgendwann wendet Veronica sich dann ihrem Aussehen, ihrer Ehe und ihrem früheren Leben ohne Kinder zu:

Ich werde meine überflüssigen Schwangerschaftspfunde nie mehr los, und im Alter wird es ja angeblich noch schlimmer. Was ist, wenn Rick im Büro eine hübsche junge Frau kennen lernt und mir den Laufpass gibt? Wie soll ich allein mit den Zwillingen zurechtkommen? Wie soll ich wieder eine ordentliche Stelle finden? Ich habe meinen früheren Job schon nicht gern gemacht, und mein Chef konnte mich auch nicht leiden.

Wir Frauen können uns über alles und jedes den Kopf zerbrechen – über unser Aussehen, unsere Familie, unsere Karriere, unsere Gesundheit. Wir haben das Gefühl, dass das zum Frausein dazugehört. Mag sein, aber zu viel denken ist Gift. Es kann unsere Motivation und Fähigkeit mindern, Probleme anzupacken. Es kann Freunde und Angehörige vertreiben. Und es kann unsere seelische Gesundheit gefährden. Frauen sind doppelt so anfällig für Depressionen und Angstneurosen wie Männer, und unsere Neigung, zu viel zu denken und in die Grübelfalle zu geraten, scheint einer der Gründe dafür zu sein.

Aber das muss nicht so sein. Es gibt einen Weg, diese emotionale Überempfindlichkeit und extreme Unbeständigkeit der Stimmungen zu überwinden. Wir müssen nur lernen, unsere Emotionen zu erkennen und angemessen auszudrücken und effektiv mit den Situationen umzugehen, die uns aus der Fassung bringen. Wir können trotz Verwirrung, Konflikten, Unglück und Chaos gelassen und souverän bleiben, den schlimmsten Stürmen trotzen und unser emotionales Leben selbst beherrschen.

Wege aus der Grübelfalle

Wer aufhören will, sich zu viele Gedanken zu machen, unternimmt praktisch den Versuch, sich aus Treibsand zu befreien. Der erste Schritt in Richtung »Befreiung« besteht darin, dass Sie die Macht Ihrer Gedanken brechen und sich nicht von ihnen ersticken lassen. Und im zweiten erheben Sie sich aus dem Sumpf, sodass Sie die Situation klarer überblicken und in der Lage sind, sinnvolle Entscheidungen für die Zukunft zu treffen. Der dritte Schritt schließlich besteht darin, nicht wieder in die Falle des Zu-viel-Denkens zu tappen. Im Hauptteil dieses Buches beschreibe ich eine Reihe von Strategien, die Ihnen helfen, diese Schritte umzusetzen.

Manche Menschen brauchen bei der Anwendung dieser Strategien keine Anleitung, wie es das Beispiel der 32-jährigen Börsenmaklerin Jenny aus New York zeigt. Jenny ist seit einem Jahr mit Peter liiert, einem gut aussehenden Botaniker, der für die Umweltschutzbehörde arbeitet. Jenny und Peter laden gern gemeinsame Freunde ein und kochen dann für sie, normalerweise in Peters kleiner Wohnung am Stadtrand. Einmal lud Peter einige von ihnen zum Abendessen ein und bat Jenny, ein paar Stunden früher zu ihm zu kommen und ihm bei den Vorbereitungen zu helfen. Doch am Nachmittag des vereinbarten Freitags stellte sie fest, dass sie noch zahlreiche Geschäftsbriefe schreiben musste. Um drei Uhr rief Jenny Peter an, um ihm mitzuteilen, dass sie ein bisschen später kommen würde. Aber dann verlor sie, während sie ihre Arbeit erledigte, das Zeitgefühl, und plötzlich war es bereits Viertel vor sechs – eine Dreiviertelstunde, bevor die Gäste eintreffen sollten, und die Fahrt zu Peters Wohnung dauerte dreißig Minuten. Als Jenny circa eine Viertelstunde nach sechs Uhr völlig außer Atem die Treppe zu Peters Apartment hinaufhastete, begrüßte er sie mit frostiger Miene. Sobald die Gäste weg waren, warf er ihr vor, sie sei besessen von ihrem Beruf, egoistisch und unsensibel. Jenny hatte gewusst, dass er sauer sein würde, weil sie zu spät gekommen war, aber mit einer so heftigen Reaktion hatte sie nicht gerechnet. Nachdem Peter sie eine halbe Stunde lang angebrüllt hatte, verließ Jenny türenschlagend die Wohnung und fuhr nach Hause.

Die ganze Nacht wälzte sie sich im Bett und machte sich quälende Gedanken über den Streit mit Peter, über die verletzenden Dinge, die er ihr an den Kopf geworfen hatte. Sarkastische Erwiderungen kamen ihr in den Sinn, und sie rief sich die vielen Male in Erinnerung, die Peter sie im Stich gelassen hatte.

Er wusste nicht mehr, was er sagt. Ich und eine egoistische Karrierefrau! Ich bin nicht egoistisch. Er hat keine Ahnung, wie viel Arbeit ich habe, und es ist ihm auch egal. Es ist egoistisch von ihm, Leute einzuladen, wenn er weiß, dass ich so viel zu tun habe. Er denkt nur an sich und seinen Spaß. Ich hätte ihm sagen sollen, dass ich sein Verhalten hysterisch finde, dann hätte er schon aufgehört mit seinen Vorwürfen!

Irgendwann schlief Jenny ein, doch am nächsten Morgen quälten sie dieselben Gedanken. Nach einer Weile merkte sie, wie sehr sie sich innerlich verkrampfte, dass sie so nicht weiterkam, dass sie sich zusammenreißen musste. Also ging sie zum Joggen, um einen klaren Kopf und bessere Laune zu bekommen. Als sie wieder zu Hause war, dachte sie noch einmal über den Streit mit Peter nach. In mancher Hinsicht hatte er Recht, doch in der Hitze des Gefechts war er übers Ziel hinausgeschossen. Jenny wurde klar, dass ihr die Beziehung zu Peter sehr wichtig war und diese durch den Streit keinen Schaden nehmen durfte. Sie legte sich einige Punkte zurecht, die sie Peter sagen wollte – dass sie ihn liebe; dass es ihr Leid tue, zu spät gekommen zu sein; dass es sie aus der Fassung bringe, wenn er sie anschreie. Dann überlegte sie, wie er auf jeden dieser Punkte reagieren würde. Nach ein paar Minuten ertappte sie sich dabei, wie sie wieder wütend wurde über Peters Ungerechtigkeit. Sie beschloss, zur Ablenkung eine Weile etwas anderes zu tun und dann noch einmal darüber nachzudenken, was sie zu Peter sagen würde. Zunächst telefonierte sie mit einer Freundin, und danach fühlte sie sich besser, hatte einen klaren Kopf und gute Laune. Das hieß: Nun konnte sie mit Peter reden und ihm zuhören. Sie versöhnten sich noch am gleichen Tag am Telefon und verabredeten sich für den nächsten Abend.

Jenny gelang es, den Konflikt zu bewältigen, weil sie mit Hilfe einiger Strategien aus dem Hamsterrad ihrer negativen Gedanken herauskam. Sie konnte diese Gedanken stoppen und entwickelte einen wirksamen Plan zur Überwindung ihrer Differenzen mit Peter. Damit verhinderte sie, dass sie wieder in ungesundes Nachdenken verfiel. Jenny befreite sich aus ihrer unproduktiven Grübelei, indem sie zum Joggen ging. Dann hörte sie auf, ihr Augenmerk darauf zu richten, was Peter gesagt hatte, sondern konzentrierte sich auf ihr Hauptziel, nämlich die Erhaltung der Beziehung mit Peter. Als sie drohte, wieder in die Grübelfalle zu tappen, merkte sie es rechtzeitig und machte sich bewusst von den negativen Gedanken frei.

Meine Untersuchungen der letzten zwanzig Jahre haben ergeben, dass man, wenn man ein psychisch gesundes Leben führen möchte, negativen Gefühlen nicht zu viel Raum zugestehen darf. Negative Gefühle haben starken Einfluss auf unsere Gedanken und unser Verhalten. Wenn wir traurig sind, neigt das Gehirn dazu, sich stärker mit traurigen Gedanken und Erinnerungen zu beschäftigen, und folglich empfinden wir auch die Situation, in der wir gerade stecken, negativer. Unsere Aktivitäten verlangsamen sich, die Motivation schwindet. Es fällt schwerer, sich zu konzentrieren, Entscheidungen zu treffen, Aufgaben zu bewältigen. Kurz: Wenn wir Traurigkeit kultivieren, statt mit ihr umzugehen, landen wir in Hoffnungslosigkeit, Selbsthass oder Apathie.

Das Gleiche gilt für Ängste. Wenn wir Angst haben, sehen wir leicht überall Bedrohungen, die möglicherweise gar nicht existieren. Wir fürchten uns davor, Krebs zu haben oder vom Partner betrogen zu werden. Die Gedanken hasten von einem Thema zum nächsten, und so können wir uns nicht lange genug darauf konzentrieren, um eine vernünftige Handlungsstrategie zu entwickeln. Wir bekommen wackelige Knie, ein flaues Gefühl im Magen, Herzrasen. Wir reagieren impulsiv oder, vor Angst erstarrt, überhaupt nicht. Wenn die Angst übermächtig wird, kann es zu permanenter Überreiztheit kommen, die den Körper belastet und die Entschlusskraft lähmt.

Wenn Sie in trauriger, ängstlicher oder wütender Stimmung anfangen, zu viel zu denken, beeinflusst diese Stimmung Ihre Gedanken und findet auch Eingang in Ihre Beschlüsse. Daraus resultierende schlechte Entscheidungen können Ihr Leben ruinieren, Ihrem seelischen Wohlbefinden und Ihrer körperlichen Gesundheit schaden und Ihre Fähigkeit beeinträchtigen, den Alltag zu meistern.

Doch es ist möglich, solche Gedanken zu beherrschen. Im zweiten Teil dieses Buches beschreibe ich verschiedene Strategien, die ich in drei Gruppen eingeteilt habe:

1. Anfangsstrategien, wie Sie aus der Grübelfalle herauskommen;
2. Strategien, wie Sie damit aufhören können, zu viel zu denken;
3. Strategien, wie Sie auch in Zukunft vermeiden, sich zu viele Gedanken zu machen.

Frauen neigen dazu, über alle möglichen Themen und Ereignisse nachzugrübeln: über Verluste und Traumata, Rivalitäten und Erfolg im Beruf, die Vergangenheit, Konflikte mit anderen, erotische Befriedigung. Diese Gedanken besitzen eine erstaunliche Kraft, weil sie sich darum drehen, wie wir uns selbst und unser Verhältnis zu anderen sehen, und sie sind, für sich genommen, nicht von vornherein negativ. Doch Grübeln kann unsere Fähigkeit, das Leben zu meistern, beeinträchtigen, unser Selbstwertgefühl schädigen und zu unklugen Entscheidungen führen. Im dritten Teil dieses Buches werde ich typische Situationen beschreiben, die dazu führen, dass Frauen zu viel denken. Und ich werde Strategien präsentieren, wie wir das Grübeln in den Griff bekommen können.

Was genau ist Zu-viel-Denken?

Wenn Sie zu viel denken, kommen Sie nicht von Ihren negativen Gedanken und Gefühlen los. Sie betrachten sie von allen Seiten, analysieren sie, kneten sie wie Teig. Der Ausgangspunkt ist zum Beispiel eine Auseinandersetzung mit einer Freundin: »Wie konnte sie das nur zu mir sagen?«, überlegen Sie. »Was meint sie damit? Wie soll ich darauf reagieren?« Manchmal lassen sich diese Fragen schnell beantworten – sie hatte schlechte Laune, sie ist zu allen so, ich beende die Freundschaft einfach oder sage ihr, wie wütend ich auf sie bin –, und dann wende ich mich anderen Dingen zu.

Doch wenn wir in der Grübelfalle sitzen, führen diese Fragen zu immer weiteren – ich nenne das den »Hefeeffekt«: Darf ich wütend sein? Werde ich es schaffen, sie zur Rede zu stellen? Was hält sie von mir? Genau wie Hefeteig aufgeht, dehnen sich auch unsere negativen Gedanken aus und wachsen, bis sie unser Gehirn vollständig ausfüllen. Anfangs drehen sich diese Gedanken vielleicht noch um ein bestimmtes Ereignis, doch dann greifen sie auf andere Ereignisse oder Erfahrungen über, und irgendwann landen Sie zwangsläufig bei den großen Fragen Ihres Lebens. Und zu allem Überfluss werden die Gedanken immer negativer: Wenn ich schon mit solch banalen Konflikten nicht richtig umgehen kann, wie soll ich dann als Abteilungsleiterin etwas taugen? Das eine Mal, als mir in der Arbeit tatsächlich der Kragen geplatzt ist, habe ich mich selbst zum Narren gemacht. Meine Eltern haben mir nicht beigebracht, wie man mit Wut umgeht, weil sie es selbst nicht konnten.

Die attraktive Fanny, eine dunkelhaarige geschiedene Mittfünfzigerin, wird nur zu oft mit diesem »Hefeeffekt« konfrontiert. Am häufigsten beginnt Fannys Grübeln bei ihrer Arbeit als Landschaftsarchitektin. Sie hat viele wohlhabende, anspruchsvolle Kunden und zerbricht sich oft den Kopf darüber, ob diese mit ihren Vorschlägen zufrieden sind. Für eine besonders heftige Grübelattacke sorgte ein Gespräch, das sie unmittelbar zuvor mit einem Kunden geführt hatte:

Ich habe meine Ideen nicht gut genug verkauft, ich hätte nicht klein beigeben sollen. Seine Einwände waren Quatsch. Er hat gesagt: »Nun, vielleicht lässt sich ein Teil davon ja doch verwerten.« Was meinte er damit? Warum habe ich nicht nachgefragt? Was bin ich doch für ein Feigling!

Dann musste sie an andere Kunden denken, denen ihre Vorschläge auch nicht gefallen hatten:

Das ist genau wie damals bei dem Typ, der meine Pläne »langweilig« fand. Der hatte keine Ahnung. Wieso habe ich mir das bieten lassen? Am Ende hat er meinen Vorschlag dann doch akzeptiert. Der wollte bloß versuchen, mich einschüchtern.

Die meisten Kunden sind mit Fannys Arbeit zufrieden, aber ihre Gedanken kreisen nur um die schlechten Erinnerungen, nicht um die guten. Wenn sie aus diesem Teufelskreis nicht herausfindet, beginnt sie, über ihre Beziehung mit Andrew, einem gut aussehenden armenischen Einwanderer, nachzudenken. Andrew, Inhaber einer Kette ausgesprochen beliebter teurer vegetarischer Restaurants, hat für seine Gäste immer einen Scherz oder eine pfiffige Bemerkung parat, und Fanny ist ganz hingerissen von ihm. Aber die ganze Zeit fragt sie sich, was er wohl von ihr hält:

Warum ist zu viel denken negativ? 17

Er könnte jede Frau haben. Kaum zu fassen, wie ich mich letztes Wochenende blamiert habe. Es sollte ein schöner Tag auf seinem Segelboot werden, aber ich habe zu viel getrunken und mir einen Sonnenbrand geholt. Mit meiner feuerroten Haut und meiner vom Alkohol undeutlichen Aussprache muss ich wie ein Volltrottel gewirkt haben. Wahrscheinlich hat er sich meinetwegen vor seinen Freunden geschämt.

Von diesen trübsinnigen Gedanken über Andrew wechselt Fanny zu Überlegungen über ihre sexuelle Attraktivität, ihre Fitness und ihren 20-jährigen Sohn. Hier gibt es immerhin ein paar positive Dinge zu berichten: Der Arzt hat ihr soeben bescheinigt, dass sie gesund und fit ist, und auch das Essen mit ihrem Sohn letzte Woche ist gut gelaufen. Aber hauptsächlich bleiben Fannys Gedanken bei den negativen Dingen hängen: dass ihre Mutter unter Leukämie leidet; dass sie neulich mit Andrew keinen Orgasmus bekam; dass ihr Sohn zu viel trinkt. Ein Gedanke führt zum nächsten – sie scheinen alle irgendwie miteinander verbunden zu sein –, und es gelingt ihr nie, wirklich zu einem Schluss zu gelangen. Dieses Gedankennachhängen belastet Fanny und lähmt sie. Wenn sie so weitermacht, gefährdet sie ihre Beziehung mit Andrew, ihre Karriere und ihre Gesundheit. Doch auch Fanny könnte sich aus dem Sumpf befreien und ihre Lebensqualität verbessern, wenn sie Jennys Strategien aus dem letzten Beispiel anwenden würde.

Arten des Zu-viel-Denkens

Es gibt drei Grundtypen des Zu-viel-Denkens. Manche Menschen sind auf eine Art spezialisiert; viele von uns kennen allerdings aus eigener Erfahrung alle drei Formen:

1. *Übertreibendes Zu-viel-Denken* ist am meisten verbreitet und konzentriert sich meist auf ein Unrecht, das uns unserer Meinung nach angetan wurde. Die Betroffene neigt dazu, eingeschnappt zu sein und

selbstgerecht zu reagieren, und schmiedet Rachepläne, wie sie dem Übeltäter schaden kann:

Sie haben mir die Fortbildungskurse nicht genehmigt. Und das bei meinen Qualifikationen! Die Leute haben wirklich keine Ahnung. Oder Vorurteile. Das werden sie mir büßen!

Vielleicht sind wir im Recht, und die Leute, die uns vermeintlich etwas angetan haben, täuschen sich tatsächlich. Aber übertreibendes Zu-viel-Denken bringt uns dazu, andere unreflektiert als Übeltäter und Schurken hinzustellen. Es kann uns sogar zu unsinnigen Racheaktionen verleiten, zum Beispiel zu aussichtslosen Klagen, die viel Geld kosten, oder zu physischer Gewalt.

2. *Zu-viel-Denken, das eine Eigendynamik entwickelt,* beginnt meist ganz unauffällig, wenn uns etwas aus der Fassung bringt oder wir über ein unangenehmes Ereignis der jüngeren Vergangenheit nachdenken. Dann suchen wir nach möglichen Ursachen für unser Befinden:

Vielleicht bin ich niedergeschlagen, weil ich keine Freunde habe oder diesen Monat kein Gramm abnehmen konnte. Oder wegen meiner Vergangenheit. Möglicherweise bin ich so wütend, weil ich mir im Büro zu viel gefallen lasse. Vielleicht hängt es aber auch damit zusammen, dass meine Mutter mir gegenüber immer so abfällige Bemerkungen macht. Oder es liegt daran, dass mein Leben einfach nicht so läuft, wie ich es mir vorstelle.

Wenn wir zu viel denken, erscheinen all diese Möglichkeiten plausibel, und wir akzeptieren alle Erklärungen, die uns einfallen, auch die allerdramatischsten, als gleich wahrscheinlich.

Zu viel denken kann uns dazu bringen, Probleme zu sehen, die überhaupt nicht existieren oder zumindest nicht so groß sind, wie wir uns einreden – es entwickelt eine Eigendynamik und führt zu unklugen Entscheidungen. Wir suchen die Auseinandersetzung mit anderen, wir kündigen oder schmeißen die Schule hin, wir gehen nicht mehr unter Leute, weil wir schlechter Stimmung sind.

3. Von *chaotischem Zu-viel-Denken* ist die Rede, wenn wir uns nicht in gerader Linie von einem Problem zum nächsten bewegen. Stattdessen lassen wir uns von allen möglichen Sorgen, die nicht notwendigerweise etwas miteinander zu tun haben, überfluten:

Ich werde mit dem Druck im Büro nicht fertig. Ich bin völlig überfordert. Ich bringe keine Leistung; ich verdiene es nicht besser – die Kündigung ist nur noch eine Frage der Zeit. Außerdem muss Joe nächste Woche wieder geschäftlich weg. Er lässt mich zu oft mit den Kindern allein. Ihm ist die Arbeit wichtiger als die Familie. Ich habe Angst, dass er mich nicht mehr liebt. Was soll ich bloß tun?

Chaotisches Zu-viel-Denken kann besonders lähmend sein, weil wir nicht in der Lage sind, unsere Gedanken und Gefühle genau zu benennen. Daher rauben sie uns die Orientierung, machen uns apathisch oder lassen uns die Flucht ergreifen. Menschen, die in solchen Situationen zum Alkohol- oder Drogenkonsum neigen, versuchen möglicherweise, verwirrende Gedanken auszublenden, weil es ihnen nicht gelingt, sich im Morast ihrer Grübelei auf ein einziges Problem zu konzentrieren.

Testen Sie Ihre Neigung, zu viel zu denken

In meinen Untersuchungen zu diesem Thema verwende ich gern einen kurzen Fragebogen, um die Neigung zum Zu-viel-Denken festzustellen. Mit dem Test können Sie Ihr eigenes Grübelpotenzial ermitteln.

Neige ich dazu, zu viel zu denken?
Wie reagieren Sie, wenn Sie aus der Fassung, traurig, niedergeschlagen oder nervös sind? Wählen Sie bei jeder der unten aufgeführten

Antworten zwischen »nie oder fast nie«, »manchmal«, »oft« und »immer oder fast immer«.

1. Ich denke darüber nach, wie allein ich mich fühle.
2. Ich denke darüber nach, wie erschöpft oder verletzt ich mich fühle.
3. Ich denke darüber nach, wie schwer es mir fällt, mich zu konzentrieren.
4. Ich denke darüber nach, wie passiv und motivationslos ich mich fühle.
5. Ich denke: »Warum bringe ich nur nichts auf die Reihe?«
6. Ich denke immer wieder über ein bestimmtes Ereignis nach und wünsche mir, dass es besser gelaufen wäre.
7. Ich denke über meine Traurigkeit oder Ängstlichkeit nach.
8. Ich denke an all meine Schwächen und Fehler.
9. Ich denke daran, dass ich keine Energie habe, irgendetwas anzupacken.
10. Ich denke: »Warum gelingt es mir nicht, das Leben besser in den Griff zu bekommen?«

Wenn Sie alle Punkte mit »nie oder fast nie« oder nur wenige mit »manchmal« beantwortet haben: Gratulation! Sie haben ausgezeichnete Strategien zur Bekämpfung des Zu-viel-Denkens entwickelt. Wenn Ihre Antwort jedoch mehrmals »oft« oder gar »immer« lautete, neigen Sie vermutlich dazu, sich zu viele Gedanken über Ihr Leben zu machen und Ihr Gefühlsleben nicht wirklich in den Griff zu bekommen.

Was Zu-viel-Denken nicht ist

Zu viel denken wird oft mit sich sorgen verwechselt. Sorgen beschäftigen sich mit dem »Was ist, wenn« des Lebens – damit, was in der Zukunft möglicherweise geschehen könnte: Was ist, wenn ich nicht das Richtige sage? Was ist, wenn ich die Schule nicht schaffe? Was ist, wenn die Verabredung nicht gut läuft? Pessimisten verwenden unge-

Warum ist zu viel denken negativ?

heure Energie auf solche negativen Gedanken, weil sie sich darauf konzentrieren, was alles schief gehen oder passieren könnte, wenn sie etwas nicht schaffen.

Natürlich sind Zu-viel-Denker Pessimisten, aber sie werden nicht nur von Sorgen geplagt. Zu viel denken dreht sich im Regelfall nicht um mögliche Ereignisse der Zukunft, sondern um die Vergangenheit. Pessimisten sorgen sich, dass etwas Schlimmes geschehen wird; Zu-viel-Denker hingegen sind sich absolut sicher, dass bereits etwas Schlimmes passiert ist. Nach einer Weile sind sie felsenfest davon überzeugt, dass sie sich beruflich in der Sackgasse befinden, dass ihre Ehe nichts taugt, dass ihre Freunde sie nicht wirklich mögen, dass sie nicht so sind, wie sie eigentlich sein sollten.

Zu viel denken hat auch nichts mit Zwangsneurosen zu tun. Zwangsneurotiker leiden unter Obsessionen, die sich im Allgemeinen um äußere Dinge drehen, und sie empfinden diese Gedanken als fremd und lästig. Ein Mensch mit Zwangsneurosen glaubt zum Beispiel, dass alles, was er berührt, voller Bakterien und Schmutz ist. Folglich vermeidet er Hautkontakt mit Gegenständen, wo immer es geht, und wäscht sich täglich zahllose Male die Hände, auch wenn das nicht hilft, die Gedanken an den Schmutz loszuwerden. Zwangsneurotiker beschäftigen sich mit spezifischen Handlungen: Habe ich den Herd ausgeschaltet? Habe ich das Fenster zugemacht? Habe ich mit dem Auto jemanden überfahren, ohne es zu merken? Solche Zweifel erscheinen Menschen ohne Zwangsneurosen absurd. Natürlich überfährt man niemanden, ohne es zu merken. Ja, natürlich hat der Betreffende das Fenster zugemacht und obendrein zehnmal überprüft, ob es tatsächlich zu ist. Menschen ohne Zwangsneurosen – auch Zu-viel-Denker – können solche Gedanken im Gegensatz zu Zwangsneurotikern ganz leicht abstellen.

Zu viel denken ist auch nicht das Gleiche wie »intensives Nachdenken«. Wenn ich mich mit Menschen über das Phänomen des Zu-viel-Denkens unterhalte, fragen sie oft: »Ist es denn nicht gut, wenn man sich über seine Gefühle und ihre Ursachen bewusst ist? Sind Leute, die das nicht tun, nicht oberflächlich und setzen sich nicht mit ihren Problemen und ihrer Vergangenheit auseinander?«

Manchmal verweisen unsere negativen Emotionen tatsächlich auf Fragen, denen wir uns nicht stellen. Zahlreiche Studien haben im Lauf der Jahre belegt, dass Menschen, die negative Gefühle und Gedanken systematisch ausblenden – man nennt das Verdrängung –, unter Umständen Schäden auch körperlicher Art davontragen. Wahrscheinlich besteht ein Zusammenhang zwischen chronischer Verdrängung und Bluthochdruck sowie anderen Herzerkrankungen und Störungen des Immunsystems. Ein Mittel gegen die Verdrängung ist es, unsere negativen Gefühle ernst zu nehmen und als Hinweis auf Konflikte zu verstehen, mit denen wir uns nicht effektiv auseinandersetzen.

Doch negative Gefühle verweisen nicht immer auf unsere tiefsten Kümmernisse. Sie sind kein Fenster, durch das wir einen klaren Blick auf unsere Welt bekommen, sondern ein Zerrspiegel – ich nenne das den *Zerrspiegeleffekt* des Zu-viel-Denkens. Wir blicken in diesen Spiegel, und statt ein deutliches Bild zu sehen, entdecken wir darin nur, was unsere negative Stimmung zulässt – die negativen Ereignisse unserer Vergangenheit, die negativen Aspekte der Gegenwart, die Dinge, die in der Zukunft schief gehen könnten. Sandy, eine forsche 50-jährige Brooklyner Kellnerin, beschreibt es folgendermaßen:

Wenn ich niedergeschlagen bin, gehen mir immer die gleichen drei oder vier Dinge im Kopf herum – mein Gehirn stürzt sich förmlich darauf. Ich hätte gern mehr Freunde, die mich auffangen. Wenn's mir gut geht, fallen mir solche Sachen überhaupt nicht ein.

Wenn Sie sich ständig zu viele Gedanken machen, nehmen Sie alles durch den Zerrspiegel Ihrer trüben Stimmung wahr und folgen den hell erleuchteten Pfaden Ihres Gehirns zu den negativen Gedanken. Diese Pfade sind durch die negative Stimmung miteinander verbunden. Wenn Sie einen negativen Gedanken hinter sich lassen, eröffnet sich sofort ein Weg zu einem anderen. Erinnerungen an eine Auseinandersetzung mit Ihrem Sohn lassen Sie über Ihren Jähzorn und Ihre Unfähigkeit, ihn zu beherrschen, nachgrübeln. Dann kommen Ihnen der Jähzorn Ihres Vaters und Ihre Kindheit in den Sinn. Von dort aus hangeln sie sich zu Misserfolgen im Berufsleben und zu all den unfähigen Vorgesetzten weiter, die Sie hatten. Schon bald haben sich zahllose negative Erinnerungen angesammelt.

Zu-viel-Denker beschäftigen sich mit großen Fragen – dem Sinn des Lebens, welcher Wert ihnen als Mensch zugebilligt wird, welche Zukunft sie für ihre Beziehung sehen –, doch ihre negative Stimmung führt sie oft zu einer ausgesprochen verzerrten Sicht der Dinge.

Wenn wir dagegen lernen zu erkennen, dass wir ins Grübeln verfallen, und Strategien dagegen entwickeln, können wir unserem Gehirn auch mehr Energie zur sinnvollen und effektiven Bearbeitung dieser großen Fragen verschaffen.

Auswirkungen

Ich habe in den vergangenen zwanzig Jahren zahlreiche Studien über die Neigung, zu viel zu denken, durchgeführt. Diese Untersuchungen belegen, dass zu viel denken

- das Leben schwieriger macht. Der Stress, dem wir ausgesetzt sind, erscheint uns schlimmer; wir finden schwerer gute Lösungen für unsere Probleme; wir reagieren intensiv und dauerhaft auf Belastungen.
- unsere zwischenmenschlichen Beziehungen beeinträchtigt. Wir verärgern andere, vergraulen sie vielleicht sogar und begreifen oft nicht, was wir tun sollten, um unsere Beziehung zu ihnen zu verbessern.
- möglicherweise sogar zu ernsthaften psychischen Störungen wie Depressionen, Angstzuständen oder Alkoholismus führt.

Wie sehr zu viel denken die Reaktionen auf ein traumatisches Ereignis beeinflusst, erkannte ich durch eine meiner frühen Studien an der Stanford Universität. Sie erinnern sich vielleicht noch an das Erdbeben, das die Gegend um San Francisco im Oktober 1989 erschütterte. Dieses Beben der Stärke 7,1 auf der Richterskala war das schlimmste, das in Nordkalifornien seit dem von 1906, das San Francisco dem Erdboden gleich machte, gemessen wurde. 62 Menschen kamen ums Leben, 3757 wurden verletzt, und 12 000 verloren ihr Zuhause. Mehr als 18 000 Häuser und 2575 Geschäfte wurden beschädigt. In Oakland stürzte der obere Teil einer viel befahrenen Autobahn auf den unteren. Im Marina District von San Francisco wütete stundenlang ein Feuer. Ein Teil der Bay Bridge, der wichtigsten Verbindung zwischen San Francisco und der East Bay, stürzte ein, sodass die Brücke nicht mehr benutzt werden konnte.

Dieses Erdbeben bot hervorragenden Stoff zum Grübeln. In den Medien waren wochenlang Bilder brennender Häuser, verletzter Menschen, eingestürzter Gebäude und demolierter Autos zu sehen. Fast jeder konnte eine Geschichte über das Beben erzählen – mancher war selbst zu Schaden gekommen oder hatte sein Zuhause verloren, bei anderen waren Verwandte oder Freunde betroffen gewesen.

Zufällig hatte ich einige Tage vor dem Erdbeben meinen Fragebogen zum Thema Zu-viel-Denken an zweihundert Stanford-Studenten verteilt. Etwa zehn Tage nach dem Erdbeben sammelten wir 137 dieser Fragebogen ein und baten die betreffenden Studenten, einen weiteren zum Thema Depressionen auszufüllen. Außerdem befragten wir sie nach ihren Erfahrungen im Zusammenhang mit dem Erdbeben: Hatten sie selbst Verletzungen oder Verluste zu beklagen? Wurden Angehörige oder Freunde verletzt oder geschädigt? Wir gingen davon aus, dass Studenten, die aufgrund des Erdbebens intensivere Stresserfahrungen gemacht hatten, mehr Grund hätten, niedergeschlagen zu sein, und wollten, dass sie uns von diesen Erfahrungen berichteten. Im Dezember, also sieben Wochen nach dem Erdbeben, wandten wir uns noch einmal an die Studenten, um zu sehen, ob die Zu-viel-Denker immer noch niedergeschlagener waren als die, die nicht zum Grübeln neigten.

Und tatsächlich: Chronisches Zu-viel-Denken ließ sowohl auf kurz- als auch auf langfristige depressive Reaktionen schließen.[2] Studenten, die schon vor dem Erdbeben dazu neigten, sich zu viele Gedanken zu machen, litten sowohl zehn Tage als auch sieben Wochen nach dem Beben unter Niedergeschlagenheit, unabhängig davon, wie

Warum ist zu viel denken negativ? 25

schlecht sie sich davor gefühlt oder wie sehr das Erdbeben sie gestresst hatte. Zudem machten den Zu-viel-Denkern Angstzustände, Benommenheitsgefühle und übertriebene Wachsamkeit mehr Probleme als den anderen.

Jill, eine zierliche 18-Jährige asiatischer Herkunft, gehörte zur Gruppe derjenigen, die sich zu viele Gedanken machten. Am Tag des Erdbebens hielt sie sich mit ihrer Zimmergenossin in ihrem Studentenapartment auf. Die beiden jungen Frauen unterhielten sich gerade über die bevorstehenden Prüfungen und ihren Chemieprofessor, der im Ruf stand, die schwächeren Studenten bereits in der ersten Klausur »hinauszuprüfen«. Ihr Zimmer befand sich in einem erdbebensicheren Wohnheim, das Beben bis zur Stärke 8 standhalten würde. Trotzdem wackelte das Gebäude natürlich wie auch sonst alles andere an jenem Abend. Da Jill aus Los Angeles stammte, war sie eigentlich an Erdbeben gewöhnt. Doch diese Tatsache schien ihre Grübelei nach dem Beben nur zu verstärken:

Wieso kann ich dieses Beben nicht vergessen? Es ist doch nicht das erste, das ich erlebt habe! Unser Regal wäre fast auf meine Mitbewohnerin gefallen, und ich stand nur schreiend daneben. Sie hätte sterben können. Ich hätte wissen müssen, was man in so einem Fall macht. Warum habe ich das Regal nicht an der Wand festschrauben lassen? Meine Eltern haben mir doch all die Jahre die Schutzmaßnahmen eingebläut! Was ist bloß los mit mir?

Jills Mitbewohnerin Leila neigte weniger zum Grübeln. Sie stammte aus Colorado und hatte in ihrer Zeit in Stanford nur ein paar kleinere Erdbeben erlebt. Als nun dieses schwere Beben einsetzte, stürzte Leila sofort in eine Ecke des Raums – Sekundenbruchteile bevor das Regal auf das Bett kippte, auf dem sie gesessen hatte. Unmittelbar nach dem Beben war sie völlig aus der Fassung und redete wie alle anderen Studenten die ganze Nacht und die folgenden Tage über nichts anderes. Nach einer Woche jedoch hatte sie es satt, darüber zu sprechen, und wollte nur noch, dass das Leben wieder seinen normalen

Gang ging. Die Prüfungen waren des Bebens wegen verschoben worden; darüber ärgerte sich Leila, weil sie sich nun noch einmal vorbereiten musste.

Am meisten nervte es Leila jedoch, dass Jill nicht aufhörte, über das Erdbeben zu reden. Sie machte sich nach wie vor Vorwürfe wegen des Regals und entschuldigte sich wiederholt bei Leila, dass sie diese »fast umgebracht« hätte. Leila versicherte ihr, dass es ihr gut gehe und dass auch Jill sich von dem Schreck erholen werde. Doch Jill konnte sich nicht von ihrer Grübelei befreien. Nach drei Wochen hatte Leila so genug von Jills ewigen Gesprächen über das Beben, dass sie sie anfuhr, sie solle endlich damit aufhören. Natürlich reagierte Jill entsetzt. Sie beschuldigte Leila, sich nichts aus ihr und all den Leuten zu machen, die durch das Erdbeben obdachlos geworden waren. Das ging eine ganze Weile so, bis Leila wütend das Zimmer verließ. Die beiden Studentinnen teilten zwar für das restliche Semester weiterhin das Apartment, sprachen aber nicht mehr miteinander. Im Januar zog Jill schließlich zu einer anderen Studentin.

Das Beispiel von Jill und Leila illustriert, wie Menschen, die zum Grübeln neigen, und solche, die es nicht tun, ganz unterschiedlich auf ein und dieselbe Situation reagieren. Und es zeigt, wie schwierig es für sie sein kann, miteinander zurechtzukommen. Menschen wie Leila begreifen oft nicht, warum Zu-viel-Denker es nicht schaffen, sich aus ihren Grübeleien zu befreien und neuen Themen zuzuwenden. Und so fühlen sich die Zu-viel-Denker von den anderen Menschen häufig missverstanden, die sie wiederum als kalt und manchmal auch als oberflächlich empfinden.

Zu viel denken und Trauer

Wer einen geliebten Menschen verliert, trauert, das ist etwas ganz Normales. Schwere Depressionen jedoch, die noch Monate oder Jahre nach dem Verlust andauern, können das Leben eines Menschen zerstören. In einem Projekt, in dem ich mich mit der Bewältigung und Verarbeitung von Trauerfällen befasste, konnte ich nachweisen, dass

Warum ist zu viel denken negativ?

chronische Zu-viel-Denker nach einem Verlust eher dazu neigen, unter lang andauernden Depressionen zu leiden als Menschen, die weniger zu grübeln pflegen.[3] Ihre Beziehungen zu anderen Menschen werden stärker beeinträchtigt, und es fällt ihnen schwerer, Fragen zu beantworten, die sich nach einem solchen Verlust stellen, so zum Beispiel: »Warum musste das ausgerechnet mir passieren?«

Unser Interviewerteam sprach innerhalb eines Zeitraums von fünf Jahren mit fast fünfhundert Leuten, die einen geliebten Menschen durch eine Krankheit verloren hatten. Wir unterhielten uns mit älteren Männern und Frauen, die nun versuchten, ihr Leben ohne die Person einzurichten, mit der sie mehr als fünfzig Jahre gemeinsam gelebt hatten. Wir sprachen aber auch mit jungen Leuten, deren Eltern oder Geschwister gestorben waren und deren Freunde und Kollegen nicht begriffen, warum sie über diesen Verlust nicht innerhalb weniger Monate hinwegkamen. Wir redeten mit Leuten, die einen guten Job aufgegeben hatten, um einen Freund während seiner letzten Lebensmonate begleiten zu können. Wir hörten traurige Geschichten von Müttern, die sich um ihre AIDS-kranken Söhne kümmerten.

Dabei fanden wir heraus, dass zu viel denken bei solchen Verlusten das Leben vergiftet. Chronische Zu-viel-Denker litten während der Pflege des Kranken, kurz nach dem Verlust sowie in den achtzehn Monaten danach stärker unter Symptomen einer Depression. Bei fast 45 Prozent der chronischen Zu-viel-Denker waren diese Krankheitszeichen so stark, dass bei ihnen eine echte Depression diagnostiziert wurde. Im Gegensatz dazu zeigten Menschen, die nicht zum chronischen Zu-viel-Denken neigten, zwar zur Zeit des Verlustes sowie in den nächsten eineinhalb Jahren depressionsähnliche Symptome. Doch bei den meisten von ihnen überschatteten sie nicht sämtliche Lebensbereiche und dauerten auch nicht länger an.

Zu viel denken brachte Karen, eine 47-jährige Physiotherapeutin, deren Schwester Amanda an Brustkrebs starb, fast um. Wer die beiden nebeneinander sah, hätte sie nicht für Schwestern gehalten – Karen war groß gewachsen, blond und sportlich, Amanda dagegen dunkelhaarig, kleiner, ein bisschen übergewichtig und zehn Jahre älter. Doch die beiden standen sich sehr nahe. Amanda hatte sich während ihrer Kindheit um die jüngere Karen gekümmert, weil beide Eltern Alkoholiker waren. Auch als Erwachsene unterstützten die beiden Schwestern sich gegenseitig und verbrachten so viel Zeit wie möglich miteinander.

Als Amanda die Diagnose Brustkrebs erhielt, nahmen sie sich vor, optimistisch zu bleiben und gemeinsam gegen die Krankheit zu kämpfen. Doch wenn Karen nicht mit Amanda zusammen war, machte sie sich große Sorgen und grübelte, verbrachte schlaflose Nächte, vergaß die Mahlzeiten und wurde immer deprimierter.

Was mache ich bloß, wenn Amanda stirbt? Ich kann nicht ohne sie leben. Warum habe nicht ich den Krebs? Warum muss es ausgerechnet uns treffen? Wir haben schon genug durchgemacht.

Die Ärzte konnten Amanda nicht retten, sie starb ein Jahr nach der Diagnose.

Wie für viele Menschen in einer solchen Situation, war es für Karen ein Schock, als Amanda tatsächlich starb. Sie verkroch sich tagelang in ihrem Haus, aß so gut wie nichts, reagierte kaum, wenn ihr Mann mit ihr reden wollte. Als der Schock allmählich nachließ, wurde der Schmerz stärker, und Karens Grübeln nahm überhand. Sie ging gedanklich noch einmal alle Gespräche durch, die sie mit Amandas Ärzten geführt hatte, und zermarterte sich das Hirn, ob sie wirklich alles in ihrer Macht Stehende für Amanda getan hatten. Karen machte sich Vorwürfe, weil sie sich nicht intensiver über alternative Behandlungsmethoden informiert hatte. Mit Sicherheit, so dachte sie, gab es irgendeine neue Therapie, mit der man Amandas Leben zumindest hätte verlängern können.

Karens Mann gab sich alle Mühe, ihr beizustehen, und hörte geduldig ihren stundenlangen Erinnerungen an ihre gemeinsamen Jahre zu. Er lauschte auch Karens Selbstvorwürfen und versuchte sie zu überzeugen, dass sie alles in ihrer Macht stehende getan hatte und Amanda eine gute Schwester gewesen war. Er entlastete Karen im Haushalt und kümmerte sich um die Kinder, sodass sie mehr Zeit für

Warum ist zu viel denken negativ?

sich hatte und täglich Amandas Grab besuchen konnte. Doch als mehrere Monate vergingen, Karen immer deprimierter wurde und sich gedanklich mehr und mehr mit Amanda beschäftigte statt weniger, wurde er allmählich ungeduldig.

Als Karen eines Morgens beim Duschen ihre rechte Brust berührte, zuckte sie vor Schreck zusammen: Sie ertastete etwas, das sich wie ein kleiner Knoten anfühlte. Sie untersuchte ihre Brust weiter, war sich aber nicht sicher. Hatte sie Brustkrebs – genau wie Amanda? Karens Gedanken begannen sich zu überschlagen:

Ich würde die schrecklichen Therapien, die Amanda über sich ergehen lassen musste, nicht durchhalten. Welchen Sinn haben sie, wenn man sowieso sterben muss? Das kann ich meinem Mann und den Kindern nicht zumuten.

Seit Amandas Tod hatte Karen mehrfach mit Selbstmordgedanken gespielt, sie aber jedes Mal verworfen. Nun wollte sie der Krankheit zuvorkommen, um sich selbst und ihrer Familie die monatelange Quälerei zu ersparen. Karen wusste, dass es das Vernünftigste gewesen wäre, zum Arzt zu gehen, um Klarheit zu bekommen. Doch sie fürchtete, im Falle einer positiven Diagnose die Kontrolle über ihr Leben zu verlieren, Ärzten und Krankenhäusern ausgeliefert zu sein, und das hätte sie nicht ertragen.

Zum Glück betrat genau in dem Moment, als sie aus der Dusche kam, Karens Mann das Bad. Bei seinem Anblick brach sie in Tränen aus. Erst nach einer ganzen Weile gelang es ihm, ihr den Grund dafür zu entlocken, und sobald er ihn kannte, setzte er sich mit ihrem Hausarzt in Verbindung. Binnen vierundzwanzig Stunden wurde eine Biopsie durchgeführt, die keinerlei Hinweis auf Brustkrebs ergab.

Das bereits erwähnte Projekt zur Bewältigung von Trauerfällen ergab außerdem, dass zu viel denken auch die zwischenmenschlichen Beziehungen in Mitleidenschaft ziehen kann. Christopher Davis von der Carleton Universität und ich beschäftigten uns mit den Veränderungen zwischenmenschlicher Beziehungen von Zu-viel-Denkern in den achtzehn Monaten nach dem jeweiligen Verlust und verglichen sie mit den Befunden von Menschen, die nicht zu viel denken.[4] Die Zu-viel-Denker wandten sich stärker an andere Menschen, um Unterstützung und Ermutigung zu bekommen, als die Angehörigen der Vergleichsgruppe. Ihnen lag eine schwere Last auf der Seele, und sie wollten genau wie Karen mit anderen über ihre Gedanken und Gefühle reden. Doch es gibt in unserer modernen Gesellschaft strenge Regeln, wie lange und wie viel man über seine Trauer reden darf. Und diese Regeln sind den Betroffenen gegenüber nicht gerade großzügig. Die meisten nicht betroffenen Menschen reagieren genervt, wenn Zu-viel-Denker immer wieder über ihren Verlust sprechen. Sie meiden den Kontakt, und wenn das nicht geht, herrschen sie die Zu-viel-Denker irgendwann an und zeigen ihnen gegenüber eher Wut und Frustration als Einfühlungsvermögen. Laura, eine 36-jährige Frau, deren Vater gestorben war und deren Mutter nach langer Krankheit im Sterben lag, erzählt:

Eine Ehe wird durch so etwas sehr belastet. Die Eltern meines Mannes sind kerngesund, also hat er keine Erfahrung in solchen Dingen und Probleme mit dem Mitgefühl. Er hat keine Ahnung. Er sagt: »Die Sache ist jetzt ein halbes Jahr her. Allmählich solltest du drüber weg sein.« Das gibt mir das Gefühl, nicht ernst genommen zu werden.[5]

Wir haben in unseren Untersuchungen festgestellt, dass Zu-viel-Denker nach einem Verlust im Vergleich zu Nichtgrüblern wesentlich weniger emotionale Unterstützung von anderen Menschen erhalten. Zu-viel-Denker berichten außerdem von viel mehr »Reibungen«, das heißt also Konflikten zwischen ihnen selbst und Freunden oder Familienmitgliedern. Karens Mann wurde ungeduldig, als Karen auch viele Monate nach Amandas Tod nicht mit dem Grübeln aufhören konnte. Manche Angehörige reagieren noch radikaler und verspotten oder verlassen den trauernden Zu-viel-Denker sogar.

Vielleicht sagen Sie nun: »Ich kann schon verstehen, dass diese Leute so viel denken. Ihre Freunde und Angehörigen sind ja nicht gerade nett zu ihnen.« Wir haben festgestellt, dass Probleme mit anderen und mangelnde emotionale Unterstützung das Grübeln fördern. Doch auch umgekehrt wird ein Schuh draus: Zu viel denken führt zum Entzug von Unterstützung.

Der Fluch des Frauseins

Es gibt erstaunliche Unterschiede in der seelischen Gesundheit von Männern und Frauen. Frauen entwickeln beispielsweise doppelt so häufig leichte oder schwere Depressionen wie Männer. Das gilt sowohl für die Vereinigten Staaten als auch für Europa und die meisten anderen Kulturen der Welt.

Manche Menschen führen das auf hormonelle Schwankungen zurück, andere auf die nachgeordnete Stellung der Frau in der Gesellschaft, wieder andere auf die weibliche Persönlichkeit ganz allgemein.

Ich beschäftige mich seit mehr als zwanzig Jahren mit dem Thema, und eines kann ich mit Sicherheit sagen: Es gibt keinen einzelnen Grund für die verstärkte Anfälligkeit von Frauen für Depressionen. Vielmehr wirken zahlreiche biologische, gesellschaftliche und psychologische Faktoren zusammen.

Zu viel denken gehört zu diesen Faktoren. Am offensichtlichsten wurde das in meiner Studie über Frauen und Depression. Für diese Studie wurden Interviews mit etwa 1300 Männern und Frauen aus allen Lebensbereichen im Alter von fünfundzwanzig bis fünfundsiebzig Jahren aus dem Großraum San Francisco durchgeführt. Wir stellten den Teilnehmern Fragen über ihre Arbeit, ihre Ehe, ihre Lebenseinstellung, ihre medizinische Vorgeschichte sowie die Traumata, die sie bis dahin erlebt hatten. Und natürlich wollten wir auch wissen, ob sie zum Zu-viel-Denken neigten.

Frauen antworteten wesentlich häufiger als Männer, dass sie ins Grübeln gerieten, wenn sie traurig oder niedergeschlagen waren.[6] Die Frauen neigten auch stärker als die Männer zu Depressionen. Im Zusammenhang mit der Frage, inwieweit Zu-viel-Denken und andere in dieser Studie untersuchte Faktoren die höhere Wahrscheinlichkeit von Depressionen bei Frauen beeinflussten, stellten wir fest, dass das Zu-viel-Denken statistisch gesehen mit den höchsten Stellenwert besaß. Doch Frauen hatten in der Vergangenheit auch häufiger traumatische Erfahrungen wie zum Beispiel sexuellen Missbrauch erlitten und mussten sich öfter mit Problemen auseinandersetzen, denen gegenüber sie sich ohnmächtig fühlten, beispielsweise berufliche Diskriminierung oder Armut.

Vergiftung der Gedanken

Wieso ist zu viel denken so schädlich? Man möchte doch meinen, dass die Auseinandersetzung mit den eigenen Gefühlen etwas Positives ist. Schließlich empfehlen das fast alle psychologischen Ratgeber seit den sechziger Jahren, und warum sonst sollten wir uns in Therapie begeben?

Aber Grübeln verschafft keine klaren Einsichten in die Vergangenheit und bietet auch keine Lösungen für gegenwärtige Schwierigkeiten. Statt dessen vergiftet es die Gedanken so sehr, dass man sich geschlagen gibt, bevor man ein Problem überhaupt anpackt. Demoralisiert und apathisch, versinkt man tiefer und tiefer in die Depression.

Ich habe die Auswirkungen des Zu-viel-Denkens zusammen mit Jannay Morrow vom Vassar College, Sonja Lyubomirsky von der Universität von Kalifornien, Riverside, und Andrew Ward vom Swarthmore College in einer Reihe kontrollierter Laborstudien untersucht. Dabei baten wir die Probanden, die wir bewusst zum Zu-viel-Denken bringen wollten, sich auf ihre Emotionen und ihr gegenwärtiges Leben zu konzentrieren, nachdem sie folgende Anweisungen gelesen hatten:

Denken Sie an Ihren aktuellen Motivationsgrad.
Denken Sie an Ihre Ziele für die Zukunft.
Denken Sie darüber nach, wie glücklich oder traurig Sie sich im Moment fühlen.
Denken Sie über Ihre Beziehung zu Ihrer Familie nach.

Diese Anweisungen sollten die Testpersonen nicht explizit zu negativen Erinnerungen und Gefühlen führen, sondern möglichst neutral sein, damit wir in der Lage wären herauszufinden, wie solches Denken die Stimmung von Menschen beeinflusst, die sich relativ glücklich fühlen, aber auch von Personen, die bereits ein wenig niedergeschlagen sind. Wir gingen davon aus, dass die Aufgabe nur geringen Einfluss auf die Stimmung der nichtdeprimierten Teilnehmer haben würde, eben weil sie so neutral formuliert war und weil das Nachdenken über die eigene Person per se keine deprimierende Tätigkeit ist. Dagegen würde die Aufgabe die bereits niedergeschlagenen Probanden vermutlich noch niedergeschlagener machen, weil ihre Stimmung sie dazu brachte, negativer zu denken.

Zusätzlich stellten wir eine Aufgabe, die die Aufmerksamkeit der Teilnehmer von ihren Emotionen und Selbstbewertungen ablenkte:

Denken Sie an eine kühle Brise an einem heißen Tag.
Denken Sie an ein tief fliegendes Flugzeug.
Denken Sie an die Form der Freiheitsstatue.
Denken Sie an Ihren örtlichen Supermarkt.

Wieder handelte es sich um emotional neutrale Aussagen, die unserer Erwartung nach kaum eine direkte Auswirkung auf die Stimmung der niedergeschlagenen Teilnehmer haben würden. Weil sie sie aber vom Grübeln ablenkten, hofften wir auf einen – wenn auch möglicherweise nur kurzfristigen – positiven Effekt.

Unsere Erwartungen bestätigten sich. Die niedergeschlagenen Teilnehmer wurden nach acht bis zehn Minuten Beschäftigung mit der ersten Aufgabe noch niedergeschlagener, während die, denen die zweite Aufgabe vorgelegt wurde, sich nach der gleichen Zeit deutlich weniger deprimiert fühlten. Die Testpersonen, die sich zu Beginn der Studie gut fühlten, wurden in ihrer Stimmung durch beide Aufgaben nicht beeinflusst.[7]

Anschließend wandten wir uns den Auswirkungen des Grübelns und der Ablenkung auf das Denken zu. In umfangreichen Studien baten wir deprimierte und nichtdeprimierte Menschen zu uns, die sich

– nach dem Zufallsprinzip ausgewählt – acht Minuten lang entweder mit der ersten Aufgabe, die zum Zu-viel-Denken anregte, oder mit der zweiten Aufgabe, die eher für Ablenkung sorgte, beschäftigen sollten. Anschließend sollten sich beide Gruppen einer weiteren Aufgabe zuwenden, in der es um ihre Gedanken über Vergangenheit, Gegenwart und Zukunft ging.

Wir stellten fest, dass Deprimierte, die sich mit der ersten Aufgabe beschäftigten, dazu neigten, mehr negative Erinnerungen an die Vergangenheit zu generieren als Deprimierte, die sich zuerst mit der zweiten Aufgabe befasst hatten, oder als von vornherein Nichtdeprimierte.[8] Im Alltag bedeutet das Folgendes: Wenn man zum Grübeln neigt, bewegt das Gehirn sich ausschließlich entlang der dunklen, traurigen Pfade zu den Zeiten der Enttäuschungen oder Verluste. Wir erinnern uns in allen Einzelheiten an die Peinlichkeit und den Schmerz – dass die anderen Kinder einen auslachten, dass man vor Kollegen kritisiert wurde, dass die Eltern einen nicht liebten. Diese traurigen Erinnerungen überfluten das Bewusstsein und führen zu noch größerer Niedergeschlagenheit. Sie scheinen auch die gegenwärtige gedrückte Stimmung zu rechtfertigen – natürlich ist man deprimiert, wie sollte es nach den vielen Enttäuschungen der Vergangenheit auch anders sein. Dabei blendet das Gehirn systematisch die positiven Erinnerungen aus. Unser Blick auf die Vergangenheit ist einseitig: Das Negative überwiegt.

Doch nicht nur die Vergangenheit wird vom Grübeln vergiftet. Wir haben auch festgestellt, dass Deprimierte nach der Beschäftigung mit der ersten Aufgabe hinsichtlich der Zukunft weniger Hoffnung haben als Deprimierte, die sich mit der zweiten Aufgabe beschäftigt hatten, oder als von vornherein Nichtdeprimierte.[9] Zu viel denken brachte die Deprimierten dazu zu glauben, dass ihnen auch in der Zukunft keine positiven Dinge widerfahren würden – zum Beispiel eine lange, gute Ehe oder Beziehung, Erfolg im Beruf, ein langes, gesundes Leben. Sie hielten negative Dinge wie Krankheit, finanzielle Schwierigkeiten oder das Scheitern von Beziehungen für deutlich wahrscheinlicher. Negative Erwartungen können zu Hoffnungslosigkeit führen, und diese wiederum ist eine wichtige Ursache lang andauernder Depressionen.

Warum ist zu viel denken negativ?

Depressives Zu-viel-Denken verzerrt auch unsere Sicht des Hier und Jetzt. Wir baten die Testpersonen, uns zu erzählen, wie es in ihrem Leben in letzter Zeit gelaufen war. Niedergeschlagene Testpersonen, die die erste Aufgabe zu lösen hatten, sahen sich selbst – im Vergleich zu den niedergeschlagenen Teilnehmern nach der zweiten Aufgabe oder den nichtdeprimierten Teilnehmern – kritischer und nahmen mehr Probleme in ihrem Leben wahr, denen gegenüber sie sich ohnmächtig fühlten.[10] Die niedergeschlagenen Zu-viel-Denker sagten beispielsweise folgende Dinge:

In meinem Leben läuft im Moment nichts so, wie ich mir das vorstelle. Die Schule überfordert mich, und ich fühle mich einsam. Meine Freunde geben mir ständig Ratschläge, was ich machen soll, aber sie verstehen mich nicht wirklich.

Im Vergleich dazu sagten niedergeschlagene Teilnehmer nach der Ablenkungsaufgabe Folgendes:

Manches frustriert mich im Augenblick sehr. Meine Noten sind nicht so gut, wie sie sein sollten – ich schlage mich unter Niveau. Meine Mutter meint, ich soll mir einen Nachhilfelehrer suchen; das ist gar keine schlechte Idee. Ich bin froh, dass sie mir das Geld dafür geben will. Mit ein bisschen Hilfe gelingt es mir vielleicht, wieder bessere Noten zu kriegen.

Es gab keinen Grund zu der Annahme, dass die niedergeschlagenen Zu-viel-Denker ein schlechteres Leben hatten als die Teilnehmer in den Vergleichsgruppen, weil alle nach dem Zufallsprinzip der ersten oder der zweiten Aufgabe zugeteilt wurden. Doch die Aufgabe, die zum Zu-viel-Denken anregen sollte, machte die Deprimierten noch pessimistischer und selbstkritischer im Hinblick auf ihr gegenwärtiges Leben.

Viele Menschen sagen, sie geraten in die Grübelfalle, weil sie versuchen, ihre Probleme zu verstehen und zu lösen. Wie soll man diese Schwierigkeiten in den Griff bekommen, ohne darüber nachzudenken? Doch leider führt zu viel denken in deprimiertem Zustand kaum jemals zu Problemlösungen. In einem weiteren Test ließen wir deprimierte und nichtdeprimierte Menschen die erste oder die zweite Aufgabe lösen und konfrontierten sie anschließend mit einigen hypothetischen Problemen, die besonders typisch sind für Deprimierte. Eines der Probleme formulierten wir beispielsweise folgendermaßen: »Ihre Freunde scheinen Sie nicht mehr treffen zu wollen.« Dann fragten wir die Teilnehmer, wie sie ein solches Problem anpacken würden. Die niedergeschlagenen Testpersonen, die zum Zu-viel-Denken verleitet wurden, kamen auf Lösungen, die qualitativ deutlich schlechter waren als die der anderen.[11] Auf die Frage, was sie machen würden, wenn ein Freund ihnen aus dem Weg ginge, antworteten die deprimierten Zu-viel-Denker zum Beispiel mit: »Tja, dann würde ich ihn wohl auch meiden.« Im Vergleich dazu fanden niedergeschlagene Teilnehmer nach der Ablenkungsaufgabe folgende Lösung: »Ich würde jemanden, der mir nahe steht, fragen, wieso die Leute mich meiden.« Zu viel denken lässt deprimierte Menschen schlechtere Lösungen für Alltagsprobleme finden.[12]

Selbst wenn ihnen eine angemessene Lösung einfällt, haben Zu-viel-Denker mehr Schwierigkeiten, sie in die Tat umzusetzen. Wir haben festgestellt, dass sie sich ihrer Lösungen weniger sicher sind als Menschen, die bei Niedergeschlagenheit nicht zum Grübeln neigen, und mehr Informationen und Zeit brauchen, bevor sie eine Entscheidung fällen.[13] Daraus folgt, dass Zu-viel-Denker oft nicht aus ihren Zweifeln und ihrer Entscheidungsunfähigkeit herauskommen, weil sie sich nie ganz sicher sind, was sie tun sollen.

Zu viel denken scheint auch die Motivation, in kleinen Schritten zu einer Problemlösung zu kommen, zu unterminieren. Wir legten den Teilnehmern in einem weiteren Test eine Liste kleiner Dinge vor, die sie tun könnten, um sich besser zu fühlen, zum Beispiel ein Abendessen mit Freunden oder sportliche Betätigung. Wir fragten alle Teilnehmer, wie hilfreich die betreffenden Aktivitäten ihrer Meinung nach wären, um ihre Stimmung aufzuhellen. Die Auswertung ergab, dass alle, egal ob niedergeschlagen oder nicht, ob in der Gruppe mit der ersten oder der zweiten Aufgabe, glaubten, sie seien sehr hilfreich. Dann fragten wir sie, wie motiviert sie seien, eine der betreffenden Aktivitäten in die Tat umzusetzen, falls sich die Gelegenheit dazu ergäbe. Die deprimierten Zu-viel-Denker waren deutlich weniger bereit zu solchen Aktivitäten als die Angehörigen der anderen Gruppen, auch wenn sie kurz zuvor geäußert hatten, dass sie zu einer Stimmungsverbesserung beitragen würden.[14] Mit anderen Worten: Die deprimierten Zu-viel-Denker waren nicht einmal in der Lage, die Motivation für jene hilfreichen Aktivitäten aufzubringen.

Folglich führt Grübeln zu einer insgesamt negativeren Einstellung gegenüber der Vergangenheit, der Gegenwart und der Zukunft. Es beeinträchtigt die Fähigkeit, angemessene Lösungen für Probleme zu finden, und es untergräbt das Selbstvertrauen und die Motivation bei der Umsetzung möglicher Lösungen. Und wie bereits erwähnt, scheinen Zu-viel-Denker zudem die Unterstützung ihrer Mitmenschen nach einem Verlust oder einer traumatischen Erfahrung schneller zu verlieren als nicht zum Grübeln neigende Menschen. Kein Wunder, dass Letztere weniger zu Depressionen neigen als die Grübler.

Außerdem haben alle unsere Untersuchungen ergeben, dass Grübeln für Männer und Frauen gleichermaßen schädlich ist. Es führt mit gleich hoher Wahrscheinlichkeit zu Depressionen, negativem Denken und mangelnder Problemlösungsfähigkeit. Frauen allerdings neigen eher dazu, in die Grübelfalle mit all ihren gefährlichen Auswirkungen zu tappen.

Depressionen sind aber nicht das einzige mögliche Resultat, wenn man zu viel denkt und grübelt. Kurz nachdem ich meine Lehrtätigkeit an der Universität von Michigan aufgenommen hatte, kam Cheryl Rusting, eine Doktorandin, auf mich zu. Sie wollte mit mir über den Zusammenhang zwischen Grübeln und Wut sprechen. Ihrer Meinung nach verstärkte Grübeln nicht nur den Einfluss einer niedergeschlagenen Stimmung auf das Denken, sondern es vergrößert auch unsere Wut. Das heißt, je mehr man in wütender Stimmung zu viel denkt, desto wütender wird man und desto mehr Gründe für die Wut fallen einem ein. Cheryl überprüfte diese These in Experimenten: Die Teilnehmer sollten an die ärgerlichste Erfahrung ihres Lebens denken oder sich in eine Situation hineinversetzen, in der die meisten Menschen wütend würden (zum Beispiel um eine gute Note betrogen werden). Dann veranlasste sie die Testpersonen entweder zu viel zu denken oder lenkte sie ab, ganz ähnlich wie in dem bereits beschriebenen Experiment. Cheryl fand heraus, dass die Zu-viel-Denker, wenn sie wütend waren, noch wütender wurden – im Gegensatz zu Menschen, die man von ihrer Wut ablenkte.[15] Grübeln fördert also zornige Gedanken. Anschließend konfrontierte Cheryl die Testpersonen der beiden Gruppen mit emotional mehrdeutigen Situationen (zum Beispiel: »Ein älterer Mensch spricht mit einem jüngeren«), zu denen sie sich eine Geschichte ausdenken sollten. Die Zu-viel-Denker gelangten zu negativeren und wütenderen Geschichten als die Testpersonen, die vorher von ihrer Wut abgelenkt worden waren.

Es gibt Unterschiede zwischen den Gedanken, die durch wütendes Grübeln, und solchen, die durch depressives ausgelöst werden. Wütende Gedanken konzentrieren sich im Allgemeinen auf Ungerechtigkeiten oder Gemeinheiten, die uns unserer Meinung nach widerfahren sind, und auf Schuldzuweisungen: »Nicht zu fassen, dass sie mir das angetan hat! Das werde ich ihr heimzahlen!« Wenn wir niedergeschlagen sind, lenken wir unsere Gedanken eher auf unsere eigenen Fehler, Mängel und Versagensängste. Unsere Gedanken und Stimmungen sind jedoch nur selten ausschließlich wütend oder niedergeschlagen oder ängstlich. Wir wechseln zwischen ihnen hin und her, sie vermischen sich und werden durch Grübeln noch verstärkt.

2.
Wenn es so weh tut, warum hören wir nicht damit auf?

Laura fährt wie immer mit dem Auto zur Anwaltskanzlei, in der sie arbeitet. Als sie, mit einem klassischen schwarzen Rock und einer hübschen Bluse bekleidet, das Büro betritt, fällt ihr Blick sofort auf den gelben Notizzettel auf ihrem Schreibtisch. »Laura, bitte kommen Sie um zehn zu mir ins Büro. Paul.« Paul Wayman ist Lauras direkter Vorgesetzter und einer der Partner in der Kanzlei. Laura mag und achtet Paul, aber dass er sie zu sich ins Büro bittet, macht ihr Angst. »Was ist los?«, fragt sie sich, und schon beginnt sie mit dem Grübeln. In der Stunde bis zu dem Treffen mit Paul wälzt Laura die unterschiedlichsten Gedanken:

Warum hat er mir nicht gleich mitgeteilt, worüber er mit mir sprechen will? Wenn ich etwas für ihn recherchieren soll, gibt er mir normalerweise detaillierte E-Mail-Instruktionen. Ich habe ein flaues Gefühl im Magen. Wenn er mir kündigt, fange ich zu weinen an, das weiß ich. Was wird er mir bloß für eine Beurteilung schreiben, wenn ich mich um einen neuen Job bewerben muss? Wie soll ich das meiner Familie beibringen? Meine Schwester liegt mir sowieso schon so lange in den Ohren, dass ich Jura studieren und Anwältin werden soll. Sie hat ja keine Ahnung. Sie hat mir nie richtig zugehört, schon als Kind nicht. Mir dreht sich alles. Hoffentlich kippe ich nicht um und blamiere mich. Wenn ich körperlich besser in Form wäre, käme ich mit solchen Stresssituationen eher zurecht, aber ich bin einfach zu faul fürs Fitnessstudio. Außerdem ertrage ich den Anblick all der schlanken jungen Mädchen in ihren engen Gymnastikanzügen nicht. Zu denen gehöre ich nämlich leider nicht. Noch ein Grund, warum ich fast keine Freunde habe.

Um zehn Uhr betritt Laura mit zitternden Knien Pauls Büro. Paul begrüßt sie mit den Worten: »Laura, ich würde gern etwas mit Ihnen besprechen.« Lauras Gedanken überschlagen sich, und sie hört kaum, was Paul sagt. Er fährt fort: »Wir haben nächsten Monat einen wichtigen Fall in Chicago, und ich werde die ganze Zeit über dort sein müssen. Sie sind unsere beste Assistentin, also möchte ich, dass Sie mich begleiten. Allerdings weiß ich nicht, ob ich es Ihnen zumuten kann, einen Monat aus dem Koffer zu leben. Wären Sie bereit, das zu machen? Natürlich würden Sie gut dafür bezahlt.«

Lauras ängstliche Grübelei hat dazu geführt, dass sie nicht richtig mitbekommt, was Paul sagt. Sie ist sich ziemlich sicher, dass er sie nicht feuern will, und glaubt, dass er sie mit nach Chicago nehmen möchte. Doch die Einzelheiten hat sie nicht gehört. Sie presst ein »Klar, Paul, wie Sie meinen« hervor. Er erklärt ihr, wann die Reise beginnen soll und welche Dokumente sie nicht vergessen darf.

Wieder an ihrem Schreibtisch, fängt sie zu grübeln an:

Was bin ich doch für ein Trottel! Wieso mache ich mich so verrückt? Ich tauge nicht zur Anwältin – mich bringt schon der geringste Stress aus der Fassung. Warum hat Paul mich ausgesucht? Ich glaube, er hat mich gelobt, aber gibt es da auch noch andere Motive? Soweit ich weiß, hat er Eheprobleme. Oh je, wenn er mich anbaggert, kann ich sicher nicht damit umgehen. Ich bin sauer auf ihn, dass er mich in eine solche Situation bringt, und auf mich auch, weil ich so durcheinander bin. Warum tue ich mir das an?

Tja, warum tun wir uns selbstzerstörerisches Grübeln an? Und warum neigen Frauen eher dazu als Männer? Neuere Untersuchungen legen unterschiedliche Antworten auf diese Fragen nahe. Eine konzentriert sich auf das Gehirn. Die Organisation des Gehirns verführt geradezu zum Zu-viel-Denken, das sich bei manchen Menschen im Lauf der Zeit einschleift. Auch die gesellschaftlichen Gegebenheiten können uns dazu bringen, zu viel zu denken. Die Veränderung unserer Selbstwahrnehmung, unserer Werte und unserer Möglichkeiten, das Leben in den Griff zu bekommen, hat in den letzten Jahrzehnten zu mehr Grübeln sowohl bei Männern als auch bei Frauen geführt. Bei Frauen tragen möglicherweise die gesellschaftlich untergeordnete Stellung und Abhängigkeit noch verstärkt zum Grübeln bei.

Das Gehirn

Unsere Gedanken und Erinnerungen existieren nicht isoliert voneinander, sondern sind über ein kompliziertes Netzwerk von Assoziationen miteinander verbunden. Eine Schnittstelle ist für die Familie zuständig, eine andere für die Arbeit, wieder eine andere für Figur und Aussehen.

Viele dieser Schnittstellen sind ihrerseits miteinander verbunden. Gedanken an die Familie zum Beispiel führen möglicherweise automatisch zu Gedanken über die Figur, weil die ganze Familie übergewichtig ist oder die Mutter immer gesagt hat, man sei zu dick. Gedanken an die Arbeit sind mit Gedanken über die Kinder verbunden, weil man Schuldgefühle hat, wenn man sich zu sehr auf den Beruf und zu wenig auf die Kinder konzentriert oder umgekehrt.

Der Gedanke an einen Teilbereich des Lebens löst Gedanken über andere Themen aus, die durch Netzwerke miteinander verbunden sind. Manchmal liegen diese Verbindungen auf der Hand – Grübeleien über das Gewicht wecken beispielsweise sofort Erinnerungen an die spöttischen Bemerkungen der Mutter –, dann wieder sind sie nicht so offensichtlich: Grübeleien über die Figur können durchaus mit Gedanken an den Job in Verbindung stehen, weil beide mit der Selbstwahrnehmung zu tun haben. Wenn man also eine enttäuschende berufliche Beurteilung bekommt, stellen sich unter Umständen Gedanken darüber ein, wie unattraktiv man sich fühlt.

Gordon Bower von der Stanford Universität entdeckte bereits vor mehr als zwanzig Jahren, dass das Netzwerk unserer Gedanken auch über unsere Stimmungen und Emotionen verbunden ist.[1] Normalerweise erzeugen Dinge, die uns widerfahren, positive oder negative Emotionen. Wenn die Mutter Sie pummelig nannte, fühlten Sie sich gedemütigt und niedergeschlagen. Wenn Sie eine gute Beurteilung im Beruf bekamen, waren Sie stolz und glücklich. Situationen, die zu negativen Stimmungen führten, sind in einem Netzwerk aus Erinnerungen zusammengefasst, Situationen, die zu positiven Stimmungen führten, in einem anderen. Wenn Sie also niedergeschlagen, ängstlich oder durcheinander sind, ruft das eine ganze Reihe von Gedanken auf, die mit dieser Stimmung in Zusammenhang stehen. Dabei müssen diese Gedanken nicht unmittelbar etwas mit dem Ereignis zu tun haben, zum Beispiel dem beruflichen Patzer, der Erinnerungen an die letztes Jahr gestorbene Tante weckt.

Diese komplexe Gehirnstruktur miteinander verbundener Netzwerke von Erinnerungen, Gedanken und Gefühlen erhöht die Effizienz unseres Denkens. Sie hilft uns, Ähnlichkeiten und Verbindungen zu erkennen. Wenn Sie zum Beispiel merken, dass Ihr Partner immer dienstags, nach den Gesprächen mit seinem Vorgesetzten, und samstags, nach dem Besuch bei seinem Vater im Pflegeheim, mürrisch ist, könnten Sie daraus schließen, dass sein Vorgesetzter ihn an Probleme erinnert, die er mit seinem Vater hat.

Doch die Netzwerkstruktur kann auch dazu führen, zu viel zu denken. Besonders die Tatsache, dass eine negative Stimmung negative Gedanken und Erinnerungen miteinander verbindet, *selbst wenn diese außer ihrer Negativität nichts miteinander zu tun haben,* verleitet uns zum Grübeln. Wenn man in schlechter Stimmung ist, werden jene Schnittstellen im Gehirn aktiviert, in denen die negativen Erinnerungen gespeichert sind, der Zugang wird sofort hergestellt. Deshalb denkt man in schlechter Stimmung schneller an negative Dinge und sieht Verbindungen zwischen ihnen.

Laura aus dem vorhin beschriebenen Fall beispielsweise stellte einen Bezug zwischen ihrer Angst, gefeuert zu werden, dem Verhalten ihrer Schwester im Teenageralter, ihrer Abneigung gegen Fitnessstudios und ihrer Sorge über ihren Mangel an Freunden her. Ihr Grübeln folgte einer logischen Kette von Assoziationen, und die negative Stimmung aktivierte all die negativen Schnittstellen in ihrem Gehirn.

Lauras Grübeleien beginnen wie bei den meisten Menschen mit einem negativen Gefühl, das von einem bestimmten Ereignis ausgelöst

Wenn es so weh tut, warum hören wir nicht damit auf? 43

wurde. Sie fragt sich, was los ist, und ihre negative Stimmung aktiviert die negativen Schnittstellen in ihrem Gehirn, sodass sie plötzlich die absurdesten Antworten auf ihre Frage findet: dass man ihr kündigen wird; dass sie dem Stress nicht gewachsen ist; dass ihr Vorgesetzter sie vielleicht anbaggern wird.

Leider verfallen wir immer leichter ins Grübeln, je öfter wir damit anfangen. Machen wir uns in negativer Stimmung zu viele Gedanken, trainieren wir die Netzwerke negativer Gedanken und Erinnerungen und stärken die Verbindungen zwischen ihnen. Wir fragen uns, warum wir uns so schlecht fühlen, und unser Gehirn liefert eine ganze Reihe guter Antworten: Es liegt an der Auseinandersetzung, die man vergangene Woche mit dem Partner hatte, an der Unzufriedenheit mit dem Job, am Übergewicht, am schlechten Verhältnis zur Mutter. Man fragt sich, was in der Zukunft passieren wird, und die Aussichten, so sagt das mit trüben Gedanken beschäftigte Gehirn, sind alles andere als rosig. Man brütet angestrengt über verschiedene Möglichkeiten nach, Probleme zu lösen, doch das Gehirn ist sofort mit einem »Ja, aber …« zur Stelle und führt Gegenargumente an, die auf den negativen Erfahrungen der Vergangenheit basieren. Trainiert man die negativen Netzwerke durch häufiges Grübeln, verstärken sich die Verbindungen zwischen den pessimistischen Gedanken der Trauer, der Beschämung, der Angst und des Zorns, und immer mehr negative Erinnerungen werden hochgespült. Am Ende ist man verwirrt und überwältigt von riesigen Problemen, und die Stimmung wird immer düsterer und schlechter.

Wenn man sich das nächste Mal in negativer Stimmung befindet, werden die negativen Schnittstellen sowie die Verbindungen zwischen ihnen noch leichter aktiviert als beim letzten Mal.

Dies demonstrierten Jeanne Miranda von der Georgetown Universität und Jacquelyn Persons vom San Francisco Bay Area Center for Cognitive Therapy in einem Experiment mit dreiundvierzig Frauen.[2] Die Hälfte von ihnen– nach dem Zufallsprinzip ausgewählt – sollte traurige Sätze lesen wie zum Beispiel »Ich fühle mich niedergeschlagen und müde« oder »Ich fühle mich deprimiert«, was im Allgemeinen eine leicht niedergeschlagene Stimmung erzeugt. Die andere

Hälfte der Teilnehmerinnen las Sätze, die sie eher in gute Stimmung versetzten. Dann füllten beide Gruppen Fragebogen aus, mit deren Hilfe festgestellt werden sollte, wie negativ die Gedanken der Betreffenden in der aktuellen Situation waren. Die Frauen, die in eine leicht gedrückte Stimmung versetzt worden waren, reagierten negativer auf den Fragebogen als die positiv gestimmten Frauen. Und noch wichtiger: Die niedergeschlagene Stimmung verstärkte negative Gedanken bei den Frauen, die früher bereits an einer Depression erkrankt waren, deutlich mehr als bei den Frauen, die keine Vorerkrankung aufwiesen. Mit anderen Worten: Die Frauen mit Depressionsvorgeschichte besaßen bereits ein Netzwerk aus negativen Gedanken und Einstellungen, das die niedergeschlagene Stimmung während des Experiments aktivierte.

Die meisten von uns haben negative Erinnerungen aus der Vergangenheit, Sorgen über die Zukunft oder die Gegenwart, auch wenn wir sie nur selten bewusst wahrnehmen. Doch wenn wir in negative Stimmung geraten – zum Beispiel bei trübem Wetter oder wenn wir am Vortag ein bisschen zu viel getrunken haben –, werden negative Erinnerungen und Sorgen leichter aktiviert, und schon sitzen wir in der Grübelfalle. Und je intensiver wir diese negativen Schnittstellen trainieren, desto schneller gelangen wir bei der nächsten negativen Stimmung wieder zu ihnen.

Manche Menschen neigen eher als andere dazu, sich zu viele Gedanken zu machen. Wie erklärt sich der Unterschied? Die Hirnforschung steht hier noch ganz am Anfang. Richard Davidson von der Universität von Wisconsin beschäftigt sich mit, wie er es nennt, »Affective Neuroscience«, der Art und Weise, wie das Gehirn Gefühle verarbeitet.[3] Mit Hilfe neuester Technologie (zum Beispiel Positronenemissionstomografie, kurz PET) hat er festgestellt, dass negative Emotionen den rechten Teil eines Hirnareals, des präfrontalen Cortex, stärker aktivieren als den linken. Der präfrontale Cortex steuert unsere bewussten und unwillkürlichen Versuche, unsere Emotionen angemessen zu kanalisieren und zu kontrollieren. Schädigungen oder Fehlfunktionen führen möglicherweise zu maladaptiven, also unangemessenen Strategien, unsere Emotionen zu regulieren, wie wir sie zum Beispiel beim Zu-viel-Denken oder der Ausbildung von Depressionen finden. Zwei andere Hirnareale, Mandelkern und Hippocampus, die für das Erlernen und Erinnern emotionaler Situationen zuständig sind, können bei Menschen, die zu Depressionen und Grübeln neigen, geschädigt sein. Besonders Menschen mit Mandelkern-Überfunktion neigen vermutlich dazu, negativen Umweltinformationen zu viel Aufmerksamkeit zu schenken und in Grübeln zu verfallen. Forscher wie Davidson könnten in den nächsten Jahrzehnten wichtige Hinweise darauf entdecken, welche Vorgänge im Gehirn bewirken, dass wir uns zu viele negative Gedanken machen.

Aber die Neigung dazu ist vermutlich nicht ausschließlich auf eine Fehlfunktion des Gehirns zurückzuführen, sondern auch auf bedeutende historische Veränderungen in unserer Kultur.

Die Generation der Zu-viel-Denker

Zu viel denken ist eine Krankheit der jungen Menschen und der mittleren Altersgruppen. In unserer im ersten Kapitel beschriebenen Studie mit 1300 nach dem Zufallsprinzip ausgewählten Testpersonen ließen sich 73 Prozent der jungen Erwachsenen und 52 Prozent der Erwachsenen mittleren Alters als Zu-viel-Denker bezeichnen: Sie wussten genau, was wir mit Zu-viel-Denken meinten und konnten es anschaulich beschreiben. Christa zum Beispiel, eine 26-jährige leitende Angestellte mit blauen Augen, die im Gefolge des Dotcom-Booms der Endneunziger zu ungeahntem Reichtum gelangt war, ein wunderschönes Haus in Silicon Valley sowie eine Lexus-Limousine ihr eigen nannte und fast jeden Abend in einem guten Restaurant aß: Wenn sie sich nicht gerade mit einem Softwareproblem beschäftigte oder in einer wichtigen Sitzung ihre neuen Programmideen präsentierte, schlitterte sie regelmäßig in Grübelattacken, in denen sie ihren Computerbildschirm anstarrte. Zwar sah sie aus, als arbeitete sie, aber in Wirklichkeit gingen ihr Gedanken wie die folgenden durch den Kopf:

Der Typ, mit dem ich letztes Wochenende aus war, ist ein Langweiler. Wie kommt er bloß auf die Idee, dass ich mich für seine endlosen Erzählungen übers Golfspielen interessiere? Suche ich mir immer die falschen Männer aus? Oder liegt es daran, dass mich die meisten Typen, mit denen ich ausgehe, sowieso anöden?

Schon bald wechselten ihre Gedanken zum Thema Arbeit:

Vielleicht sehen die mich alle als Computerfreak. Das viele Geld, das ich in meiner Branche verdiene, ist keine Entschädigung für meinen Mangel an Freunden. Eigentlich interessiert mich mein Job gar nicht so sehr. Irgendwie läuft in der Arbeit und im Privatleben alles schief.

Je länger sie solche Gedanken wälzte, desto niedergeschlagener wurde Christa. Sie konnte sich nur aus der Grübelfalle befreien, wenn sie von einem Kollegen unterbrochen wurde oder so durcheinander war, dass sie einfach aufstand und nach Hause ging, wo sie für gewöhnlich weitergrübelte.

Die älteren Erwachsenen in unserer Studie – Teilnehmer über fünfundsechzig – hatten hingegen oft Mühe zu verstehen, was wir mit »Zu-viel-Denken« meinten. Lediglich zwanzig Prozent von ihnen ließen sich als Zu-viel-Denker klassifizieren. Als wir sie fragten, ob sie sich je dabei ertappten, wie sie längere Zeit über ihre Trauer, Angst oder Wut nachdachten oder darüber, warum etwas nicht nach ihrem Kopf ging, sahen uns viele von ihnen verständnislos an und antworteten: »Na ja, manchmal schon, aber nicht die ganze Zeit. Besonders viel nützen würde das doch nicht, oder?«

Andere nannten uns sofort ihr Rezept gegen solche Grübeleien. Phyllis, eine kleine, agile Siebzigerin mit hübschem grauem Dutt und geblümtem Hauskleid, schenkte unserer Interviewerin eine Tasse Tee ein und setzte sich ihr gegenüber in einen gemütlichen Sessel. Phyllis' Mann war viele Jahre zuvor gestorben und hatte ihr abgesehen von dem kleinen, renovierungsbedürftigen Häuschen nur wenig Geld

Wenn es so weh tut, warum hören wir nicht damit auf? 47

hinterlassen. Daher war Phyllis mit sechzig gezwungen gewesen, sich einen Job zu suchen. Sie betrachtete das jedoch als Chance, nicht als Last, weil sie so aus dem Haus kam, neue Leute kennen lernte und sich neue Fähigkeiten aneignete. Als die Interviewerin sie fragte, ob sie sich je bei anhaltendem Grübeln ertappe, beugte sie sich ein wenig vor, schob ihr den Teller mit den selbst gebackenen Plätzchen hin, und meinte lächelnd: »Ach, Schätzchen, wissen Sie, was Sie machen, wenn Sie in einer solchen Stimmung sind? Sie schicken ein kurzes Stoßgebet zum Himmel und suchen sich dann eine nützliche Beschäftigung im Haus.«

Unsere Gespräche mit älteren Erwachsenen führten mich zu dem Schluss, dass nur wenige von ihnen dazu neigten, sich zu viele Gedanken zu machen, auch wenn sie schon einiges im Leben durchgemacht, hart gearbeitet oder schlimme Verluste erlitten hatten. Manche von ihnen wurden von den Schicksalsschlägen gebrochen, doch die meisten von ihnen überstanden sie mit Würde und gingen gestärkt daraus hervor. Sie taten das in ihrer Macht Stehende, baten Freunde um Unterstützung und verließen sich auf ihren Glauben und ihre Überzeugungen.

In den letzten Jahrzehnten scheint dieses Verhalten immer mehr dem Zu-viel-Denken zu weichen. Damit einher geht eine drastisch gestiegene Zahl von Depressionserkrankungen, Angst- und Wutneurosen. Untersuchungen von Gerald Klerman und Myrna Weissman von der Columbia Universität beispielsweise haben ergeben, dass die jüngere Generation viel mehr zu starken Depressionen neigt als die früheren.[4] Weniger als 20 Prozent der vor 1915 geborenen Menschen litten jemals in ihrem Leben unter schweren Depressionen. Über 40 Prozent der nach 1955 Geborenen hingegen werden irgendwann in ihrem Leben von so schweren Depressionen heimgesucht, dass sie sich in ärztliche Behandlung begeben müssen. Und noch viel mehr Menschen dieser Altersgruppe werden es immerhin mit leichten Formen von Depressionen zu tun haben.

Wir können nur hoffen, dass wir Babyboomer und Angehörigen der »Generation X« lernen, besser mit Schicksalsschlägen und Depressionen umzugehen, wenn wir älter werden, und dass unsere Nachkommen nicht wie wir in der Grübelfalle landen. Doch erschrecken-derweise lassen Studien mit Kindern und Jugendlichen vermuten, dass viele von ihnen, besonders Mädchen, häufig grübeln. In einer solchen Untersuchung baten wir 615 Teenager von zwölf bis sechzehn Jahren, sich eine Listung anzusehen, die typische Sorgen ihrer Altersgruppe aufzählte. Dann sollten sie uns sagen, wie oft sie sich tatsächlich über solche Fragen Gedanken machten.[5] Vielleicht sollte ich noch erwäh-nen, dass diese Teenager sich nicht in psychologischer Behandlung be-fanden. Die Mädchen der Untersuchungsgruppe grübelten viel mehr über sämtliche Probleme nach, über die wir sie befragten, als die Jun-gen, unter anderem über ihr Aussehen, ihre Freunde und ihre Familie oder über sich selbst. Das einzige, worüber die Jungen sich öfter Ge-danken machten als die Mädchen, war Erfolg bei sportlichen und an-deren Freizeitaktivitäten. Leider gibt es für die Probleme, über die sich die Mädchen den Kopf zerbrechen – Beziehungen, ihr Bild von sich selbst, Konflikte mit Freunden und Angehörigen –, nicht immer eine einfache Lösung; sie laden geradezu zum Grübeln ein.

Ursachen des gegenwärtigen Zu-viel-Denkens

Was ist für die zunehmende Neigung zum Grübeln verantwortlich? Meiner Ansicht nach ist sie auf mindestens vier kulturelle Entwick-lungen zurückzuführen.

1. Wertevakuum

Wir haben heutzutage zwar viele Wahlmöglichkeiten, aber wir befin-den uns in einem Wertevakuum und verfügen kaum über Orientie-rung, die unsere Wahl leiten könnte. Wir können uns unseren Beruf und den Partner aussuchen und selbst bestimmen, ob wir Kinder ha-ben wollen oder nicht. Diese Wahlmöglichkeiten geben uns die Frei-heit, das zu tun, was wir für das Beste halten, und uns nicht nach den Vorgaben unserer Eltern, unserer Religion oder unseres gesellschaft-lichen Umfelds zu richten. Doch woher wissen wir, was das Beste für uns ist?

Frühere Generationen haben die Wertesysteme, die Grundlage ihrer Erziehung waren, meist nicht in Frage gestellt. Aber wir zweifeln alles an: Religion, Patriotismus, Menschlichkeit. Die Popkultur gaukelt uns vor, dass es erstrebenswert ist, reicher, erfolgreicher, schöner und beliebter zu sein als alle anderen. Doch Erfolg ist eine wandelbare Größe – wir glauben, erfolgreich zu sein, aber dann sagt uns jemand, wir seien es nicht. Wir werden befördert und kommen strahlend nach Hause, doch dann lesen wir in der Zeitung die Geschichte eines knapp über 20-jährigen Schulabbrechers, der ein Unternehmen gründete und Milliardär wurde. Und wir kommen ins Grübeln. Wir gehen alle Alternativen durch und versuchen, die für uns beste zu finden, wissen jedoch nicht, wie wir dieses »Beste« definieren sollen. Wir sehnen uns nach Ratschlägen von anderen, erhalten aber verwirrende und zum Teil widersprüchliche Auskünfte. Wir zweifeln unsere Motive, unsere Wünsche und unser Urteilsvermögen an, hinterfragen unsere Entscheidungen.

Vermutlich werden wir nie wieder zu dem strikten Verhaltenskodex unserer Eltern zurückkehren können. Die meisten von uns möchten das sicher auch nicht, aber ein Wertevakuum ist die ideale Brutstätte fürs Zu-viel-Denken.

Allerdings glaube ich, dass unter dem Grübelsumpf der meisten Menschen ein Wertesystem liegt, das ihnen wichtig ist und an dem sie gern ihre Entscheidungen ausrichten würden. Diese Werte sind nur leider manchmal kaum zu erkennen, wenn sie von der Negativität und dem Chaos des Zu-viel-Denkens überdeckt werden. Aber wenn wir in der Lage sind, Negativität und Chaos beiseite zu schieben, ermöglichen unsere Wertvorstellungen es uns, Antworten auf die drängendsten Fragen zu finden.

2. Anspruchsdenken

In unserer Zeit herrscht ein ausgeprägtes Anspruchsdenken. Wir glauben, ein Recht auf viel Geld, einen Traumjob sowie eine perfekte Beziehung zu haben; wir erwarten, dass andere unsere Meinung achten und dass wir uns die meiste Zeit gut fühlen. Wenn diese Erwartungen sich wie so oft nicht erfüllen, nehmen wir das nur ungern hin und grübeln darüber nach, warum wir nicht bekommen, was uns unserer

Meinung nach zusteht. Manchmal zerbrechen wir uns den Kopf darüber, warum die Welt uns nicht gibt, was wir wollen, manchmal auch darüber, warum wir selbst nicht in der Lage sind, unsere Ziele zu verwirklichen: »Wieso setzt sich mein Chef nicht endlich für meine Beförderung ein?« Oder: »Was mache ich bloß falsch; warum kriegt mein Freund einfach keine Erektion?« Oder: »Warum interessiert sich niemand für das, was ich denke?« Daraus resultieren Wut, Angst, Trauer, Negativität und impulsive Handlungen, die nicht nur uns selbst, sondern auch anderen schaden.

Unser Anspruchsdenken lässt sich in folgenden Sätzen zusammenfassen:

Mir steht zu, was ich mir wünsche.
Niemand hat das Recht, mein Wohlbefinden zu beeinträchtigen.
Jemand, der mein Wohlbefinden beeinträchtigt, sollte dafür
bestraft werden, am besten öffentlich, damit auch jeder weiß,
dass ich Recht habe.

Dieses Anspruchsdenken manifestiert sich in immer häufiger werdenden Streitfällen nicht nur vor Gericht und in den Medien, sondern auch im Alltag. Heutzutage endet oft schon die kleinste Auseinandersetzung zwischen Nachbarn vor dem Richter, und in Talkshows prangern die Gäste Dinge an, die andere ihnen angetan haben. Sogar bei einem Fußballspiel der Kinder kann es zu einer handgreiflichen Auseinandersetzung der Eltern kommen.

Anspruchsdenken führt leicht zu Grübeln: Warum komme ich in meinem Job nicht voran? Warum bin ich nicht reich? Warum habe ich vom wirtschaftlichen Boom der letzten Jahre nicht profitiert? Wir beantworten diese Fragen vor dem Hintergrund unseres Anspruchsdenkens durch noch intensiveres Grübeln: Vielleicht hindert mein Chef mich am Vorankommen, weil er Angst hat, dass ich ihm seinen Job weg nehme. Vielleicht hängt es damit zusammen, dass meine Eltern mir keine erstklassige Ausbildung finanzieren konnten. Vielleicht habe ich mich zu sehr von der Familie vereinnahmen lassen. Vielleicht bin ich einfach nicht so clever wie die anderen.

Möglicherweise steckt in jeder dieser Antworten tatsächlich ein Körnchen Wahrheit. Doch ein Aspekt des überzogenen Anspruchsdenkens ist, dass wir uns ausschließlich auf unsere Enttäuschung darüber konzentrieren, nicht zu bekommen, was uns zusteht, statt die Probleme aktiv anzupacken oder uns vor Augen zu führen, dass alles gar nicht so schlecht läuft. Außerdem lässt es uns in allen Mitmenschen automatisch Konkurrenten sehen, und viele von uns beginnen irgendwann daran zu zweifeln, dass uns die Dinge tatsächlich zustehen, von denen wir glaubten, wir wollten sie.

Olivias Geschichte passt genau in dieses Muster: Man würde nie vermuten, dass sie unter Bulimie leidet. Bei einer Größe von etwas über einen Meter sechzig wiegt sie um die sechzig Kilo. Sie trägt immer adrette Kleidung, und die blonden Haare reichen ihr bis über die Schulter. Mindestens einmal am Tag stopft Olivia sich regelrecht voll, normalerweise mit einer Mischung aus Süßigkeiten und Würzigem. Olivia kann erst aufhören, wenn ihr der Magen weh tut oder sie alles Essbare verschlungen hat. Dann geht sie ins Bad und erbricht sich in die Toilette.

Diese Fressanfälle und das darauf folgende Erbrechen nehmen jeden Tag etwa zwei bis drei Stunden Zeit in Anspruch. Früher war sie in der Lage, damit bis zum Abend zu warten, doch mittlerweile fängt sie schon tagsüber an. Sie schlingt während der Mittagspause alles mögliche Essbare in sich hinein und kehrt zu ihrer Arbeitsstelle am Empfang eines Immobilienmaklers erst weit nach ein Uhr zurück, wenn sie eigentlich schon längst wieder hätte da sein sollen. Dann verschwindet sie erst mal für weitere fünfundvierzig Minuten in der Toilette, wo sie sich erbricht und hinterher sauber macht. Weil sie so oft zu spät erschien, wurde ihr schließlich gekündigt. Seitdem verbringt Olivia ihre Tage allein zu Hause.

Der Fernseher läuft die ganze Zeit; normalerweise schaut Olivia sich Talkshows an, in denen die Gäste alles Mögliche beichten und in der Regel anderen die Schuld für ihre Verfehlungen geben. Inspiriert durch diese Sendungen, hat Olivia begonnen, über ihr Verhältnis zu Freunden und Angehörigen nachzugrübeln. Zwar hat sie noch keinen Schuldigen für ihre Lage gefunden, aber sie ist sich sicher, dass irgendein Ereignis ihrer Vergangenheit für die gegenwärtigen Probleme verantwortlich ist. Wurde sie als Kind sexuell missbraucht? Olivia kann sich an keine Vorfälle dieser Art erinnern, aber die Psychologen in den Talkshows sagen ja immer, dass Menschen solche kindlichen Traumata meist verdrängen. Vielleicht wurde sie nicht sexuell, sondern emotional missbraucht? Olivia denkt immer wieder über Dinge nach, die ihr Vater und ihre Mutter damals zu ihr sagten. Sie erlebte ihre Eltern eigentlich als unterstützend, aber was empfanden sie ihr gegenüber tatsächlich? Jedenfalls begriff ihre Mutter offenbar nicht, warum Olivia immer allein in ihrer Wohnung blieb und keine Anstrengungen unternahm, ihre Probleme in den Griff zu bekommen. Mit Sicherheit gab es ein Schlüsselerlebnis in Olivias Leben, das für ihre Traurigkeit und ihre Bulimie verantwortlich war. Schließlich bewiesen die Talkshows, dass man nur tief genug in der Vergangenheit graben musste, um irgendwann die Schuldigen zu finden.

Als Olivia eines Tages ein weiteres frustrierendes Telefongespräch über Bulimie mit ihrer Mutter führte, begann sie sie anzubrüllen, dass sie schuld an der Sache sei, weil sie ihr, Olivia, nicht die Zuneigung entgegenbringe, die ihre Tochter sich erwarte. Olivias Mutter war entsetzt über diesen Vorwurf und legte sofort auf. Eine Weile fühlte Olivia sich besser – sie war erleichtert, sich ihren Kummer von der Seele geredet zu haben –, doch dann geriet sie ins Grübeln über ihren Ausbruch und ihre Unfähigkeit, die Schuld ihrer Mutter wirklich festzumachen. Vielleicht lag es doch nicht an ihr? Möglicherweise war sie selbst, Olivia, einfach eine Versagerin und würde nie glücklich werden.

Auch wenn es uns gelingt, die Schurken in unserem Leben auszumachen, schaffen wir es nicht immer, unserer Wut auf sie Ausdruck zu verleihen. Und wenn wir es dann doch tun, fühlen wir uns hinterher nicht immer besser. Eine solche Entladung bringt oft nur vorübergehend Erleichterung, und hinterher wenden wir uns – trotz des Gefühls, im Recht zu sein – wieder dem Zu-viel-Denken zu und versuchen weiter zu ergründen, warum wir uns immer noch nicht gut fühlen und wer daran schuld ist. Ein solcher Ausbruch kann auch zu anderen Problemen führen – wir herrschen unseren Chef an und werden gefeuert; wir brüllen unsere Eltern an, die dann monatelang nicht mehr mit uns sprechen, wir werfen unserem Partner alle möglichen Dinge an den Kopf, und der will schließlich nichts mehr mit uns zu tun haben. Und wieder verfallen wir ins Grübeln.

3. Der zwanghafte Wunsch nach schnellen Lösungen

Die dritte gesellschaftliche Veränderung, die das Grübeln befördert hat, ist unser zwanghaftes Bedürfnis, schnelle Lösungen zu finden, wenn wir niedergeschlagen oder durcheinander sind: Wir wechseln die Arbeitsstelle, suchen uns einen neuen Partner, reden nicht mehr mit unseren Eltern. Manchmal ist das die richtige Entscheidung, aber wenn sie nur ein schnelles Heilmittel für unsere gegenwärtige Unzufriedenheit darstellt, zieht sie leicht negative Folgen nach sich, die uns noch mehr Stoff zum Grübeln liefern. Wir versuchen uns durch hektische Aktivität von unseren Sorgen abzulenken, fangen noch eine Sportart an oder schreiben uns in alle möglichen Kurse ein. Sich eine Pause von den Sorgen zu gönnen, um das gängige Verhaltensmuster zu durchbrechen, ist ein gesunder erster Schritt in Richtung Bewältigung. Aber, wie ich in diesem Buch noch mehrfach ausführen werde, eben nur der erste Schritt. Der zweite, genauso wichtige Schritt besteht darin, das Grübeln hinter sich zu lassen, die Ursachen für die Unzufriedenheit effektiv zu beurteilen, positive Veränderungen herbeizuführen und die Wahrscheinlichkeit zu verringern, dass sich die Anlässe zum Grübeln in Zukunft sogar noch häufen.

Eine schnelle Lösung ist seit jeher der Alkohol. Zu-viel-Denker sind doppelt so stark gefährdet, ihm regelmäßig zuzusprechen, wie Menschen, die nicht zum Grübeln neigen.[6] Zu-viel-Denker sagen, sie trinken, um ihre Sorgen zu vergessen und selbstbewusster zu werden. Bei ihnen führt der Alkohol jedoch eher dazu, dass ihre Aufmerksamkeit sich ganz auf die Sorgen richtet, ein Phänomen, das Claude Steele von der Stanford Universität und Robert Josephs von der Universität von Texas »alkoholische Kurzsichtigkeit« nennen.[7] Der Alkohol intensiviert die Wahrnehmung der Sorgen; sie wirken noch größer und schlimmer als zuvor. Und natürlich erzeugt der Alkoholkonsum selbst neue Probleme. Ich habe in Untersuchungen festgestellt, dass 25 Prozent der Zu-viel-Denker sich mit mindestens einem alkoholbedingten Problem herumschlugen – zum Beispiel Nichterscheinen am Arbeitsplatz. Bei einer Vergleichsgruppe, deren Mitglieder nicht zum Grübeln neigten, waren es nur 8 Prozent.

Eine andere weit verbreitete schnelle Lösung, Probleme loszuwerden, sind Medikamente. Prozac und andere Psychopharmaka können Menschen mit schweren Depressionen und Angstneurosen das Leben retten, doch viele Leute nehmen Medikamente, ohne an solchen Krankheiten zu leiden. Sie gehen zum Arzt, weil sie nicht mit dem Leben fertig werden, und bitten ihn, ihnen Antidepressiva zu verschreiben. Leider gibt es keinerlei Hinweise darauf, dass solche Psychopharmaka Menschen tatsächlich helfen, den Alltagsstress zu bewältigen. Häufig grübeln die Betroffenen weiter über ihre Sorgen nach und fühlen sich hilflos.

Um das Grübeln in den Griff zu bekommen, muss man sich von schnellen Auswegen verabschieden und sich der langwierigen, schwierigen Aufgabe zuwenden, sich den Problemen zu stellen und dauerhafte Lösungen zu finden.

4. Unsere Kultur der Nabelschau

Ein Hauptthema der Populärpsychologie und -kultur seit den Sechzigerjahren ist die Bedeutung und der Stellenwert von Selbstbewusstsein und Gefühlen, wie zahllose Bücher und Songtexte belegen.

Doch viele von uns treiben es mit dem Selbstbewusstsein zu weit. Wir haben eine Kultur der Nabelschau entwickelt, die jedes noch so kleine Gefühl analysiert. Wir machen uns Gedanken über den geringsten Anflug von Traurigkeit, Angst oder Gekränktheit, messen sogar winzigen Stimmungsveränderungen große Bedeutung bei. Manchmal verweisen diese tatsächlich auf tiefer liegende Probleme, doch sie können auch eine Reaktion auf relativ unwesentliche und banale Ereignisse sein – wir haben schlecht geschlafen, es regnet, wir stecken im Stau. Norbert Schwarz stellte fest, dass er die Einschätzung von Menschen, wie sie sich fühlten, beeinflussen konnte: Er ließ sie einfach auf dem Boden des Zimmers, in dem sie sich befanden, eine Münze finden, bevor er sie zu ihrer Stimmung befragte.[8]

Wir messen den Ereignissen in unserem Leben zu viel Bedeutung bei. Ein Freund macht eine unhöfliche Bemerkung, und wir überlegen stundenlang, was das über seinen Charakter aussagt. Der Chef hat eines Morgens schlechte Laune, und wir analysieren jedes Wort von ihm, um herauszufinden, was es für uns bedeutet. Unser Partner hat eine Weile keine Lust auf Sex, und wir meinen, das lässt auf unsere mangelnde Attraktivität und die Zukunft der Beziehung schließen. Natürlich könnte der Freund tatsächlich ein Idiot und der Chef unfair sein und der Partner uns langweilig finden, aber oft kommen wir überhaupt nicht auf simplere Erklärungen – der Freund hatte einfach einen schlechten Tag; der Chef steckte kurz zuvor im Stau; der Partner hatte Stress im Job. Wir überbewerten solche Dinge und achten zu sehr auf Problemsignale. Und schon haben wir die beste Grundlage, um zu viel zu denken.

3.
Frauen sind besonders anfällig

So mancher geht davon aus, dass die im Vergleich zu den Männern größere Neigung der Frauen zum Grübeln auf biologische Unterschiede zwischen den Geschlechtern zurückzuführen ist, zum Beispiel auf die weiblichen Hormone oder die Struktur des weiblichen Gehirns. Vielleicht werden künftige Untersuchungen diese Vermutungen bestätigen, doch im Augenblick deutet alles eher auf soziale und psychologische Ursachen hin.[1]

Vielleicht haben Frauen mehr Grund zum Grübeln

Der Status der Frau in den westlichen Industriegesellschaften hat sich in den vergangenen fünfzig Jahren deutlich verändert. Heute kann sie fast jeden Beruf wählen und erwartet im privaten Bereich Respekt und eine Beteiligung des Mannes an Hausarbeit und Kindererziehung.

Aber es ist längst nicht alles so, wie es sein sollte. Frauen verdienen immer noch nicht so viel wie Männer, in den USA beispielsweise nur 74 Cent für jeden Dollar der Männer; im wiedervereinigten Deutschland sind es durchschnittlich nur 70 Cent. Besonders groß ist die Kluft in den niedrigeren Einkommensgruppen.[2] Obwohl Frauen heute ihre Partner verstärkt um Mithilfe im Haushalt sowie bei der Kindererziehung bitten, sind diese nicht immer bereit dazu. Studien belegen, dass die Mehrheit der verheirateten, berufstätigen Mütter nach wie vor den Löwenanteil an der Hausarbeit erledigt. Und obwohl Frauen heutzutage in besser bezahlten und prestigeträchtigeren Jobs tätig sind als früher, beklagen sich doch viele, dass ihr Partner ihre Arbeit nicht wirklich ernst nimmt.[3]

Die ständige Belastung, die der geringere gesellschaftliche Einfluss der Frauen mit sich bringt, scheint deren Neigung zu fördern, sich oft zu viele Gedanken zu machen. Untersuchungen haben ergeben, dass Menschen mit starken chronischen Belastungen – und das sind im Regelfall eher Frauen als Männer – deutlich mehr zum Grübeln neigen.[4]

Solche chronischen Belastungen lassen bei Frauen unter Umständen die Überzeugung reifen, dass sie nicht viel tun können, um ihr Leben selbst zu bestimmen, und so beginnen sie, zu viel zu denken. Allerdings vermute ich, dass die meisten Frauen durchaus Aussicht haben, diese Situation zu verbessern, wenn sie versuchen herauszufinden, warum ihr Leben nicht so läuft, wie sie sich das vorstellen: Warum sind sie so oft frustriert? Wie können sie ihren Partner dazu bringen, sich an Hausarbeit und Kindererziehung zu beteiligen und ihnen mehr Respekt entgegenzubringen?

Doch leider liegen die Antworten auf solche Fragen nicht immer auf der Hand. Faye Crosby von der Universität von Kalifornien, Santa Cruz, hat Folgendes herausgefunden: Viele Frauen, die von ihren Männern nicht wie gleichberechtigte Partnerinnen behandelt oder am Arbeitsplatz diskriminiert werden, gestehen sich nicht ein, dass das ungerecht ist. Vielleicht können sie es gar nicht.[5] Aber selbst wenn sie diese Tatsache nicht leugnen, fehlt ihnen oft die Möglichkeit, sich gegen eine solche Behandlung zu wehren. Wenn eine Frau eine schlechte Beziehung nicht beenden, sondern sie verbessern möchte, bedeutet das, dass sich nicht nur das Verhalten des Partners, sondern auch ihr eigener Umgang mit diesem, der möglicherweise seit langem eingeschliffen ist, ändern muss.

Die schmerzlichen Erfahrungen, unter denen wir Frauen leiden, weil wir letztlich immer noch nicht hundertprozentig gleichberechtigt sind, liefern großartigen Stoff zum Grübeln. Ein Trauma, mit dem Frauen sich weit öfter auseinandersetzen müssen als Männer, ist sexueller Missbrauch. Psychologische Studien von Mary Koss zum Beispiel belegen, dass Frauen mindestens doppelt so häufig Opfer von Vergewaltigung oder Inzest werden wie Männer.[6] In eigenen Untersuchungen habe ich festgestellt, dass weibliche wie männliche Opfer sexuellen Missbrauchs viel eher dazu neigen, in die Grübelfalle zu tap-

pen, als Menschen ohne solche traumatische Erfahrungen.[7] Das hängt
damit zusammen, dass derartige Traumata unseren Glauben an eine
Welt, in der die schlimmen Dinge immer nur den anderen passieren,
erschüttern. Wenn es sich bei dem Täter um ein Familienmitglied
oder einen Freund handelte, kann das zur Folge haben, dass das Opfer anderen nicht mehr vertraut, sich in ihrer Gesellschaft nicht mehr
sicher fühlt und nicht mehr in der Lage ist, sich von Gedanken darüber, warum gerade ihm so etwas widerfahren musste, zu lösen.

Hier ein Beispiel: Die 22-jährige Caroline wurde als Kind von ihrem Vater missbraucht, lief mit sechzehn von zu Hause weg, um ihm
zu entkommen, und zog schließlich mit Martin zusammen, einem
Mann, den sie auf einer Party kennen gelernt hatte. Sie kam vom Re-
gen in die Traufe, denn manchmal prügelte Martin sie grün und blau.
Nach einem besonders schlimmen Zwischenfall landete Caroline mit
einer Gehirnerschütterung und einem zugeschwollenen Auge in der
Notaufnahme des örtlichen Krankenhauses.

Wendy, eine der Klinikberaterinnen, wurde auf Caroline aufmerksam und schlug ihr vor, Zuflucht in einem Frauenhaus zu suchen. Da
Caroline nicht wusste, wo sie sonst hin sollte, nahm sie den Rat an.
Im Frauenhaus traf sie, vielleicht zum ersten Mal im Leben, Leute, die
sich wirklich um sie kümmerten, ihr saubere Kleidung und ordentli-
ches Essen gaben und – noch wichtiger – glaubten, was sie ihnen erzählte. In den folgenden Wochen halfen sie Caroline bei der Suche
nach einem Job und einer billigen Wohnung.

Doch das Versprechen an Wendy, sich wegen ihrer Inzesterfahrung
an eine Psychologin zu wenden, löste Caroline nicht ein. Zum einen
hatte sie dafür kein Geld, zum anderen glaubte sie, sowohl den sexuellen Missbrauch durch ihren Vater als auch die Prügel von Martin
einfach vergessen zu können. So quälte sie sich durch die folgenden
sechs Jahre. Immerhin war sie gut genug in ihrem Job, um befördert
zu werden und Geld für eine bessere Wohnung zu sparen.

Doch immer wenn sie allein zu Hause war, begannen die Grübelattacken. Manchmal beschäftigte sie sich dabei direkt mit den Traumata der Vergangenheit und den Gründen dafür, dann wieder schie-
nen ihre Gedanken nichts mit dem Missbrauch zu tun zu haben:

Ich kriege nie einen besseren Job; ich bin eine Versagerin. Es gelingt mir ja nicht mal, ein vernünftiges Gespräch mit den Kunden im Laden zu führen. Wenn sie mir in die Augen sehen, werde ich nervös. Noch eine Beförderung schaffe ich mit Sicherheit nicht. Außerdem bin ich einsam. Aber es gibt niemanden, mit dem ich gern zusammen wäre. Halbwegs gut fühle ich mich nur allein zu Hause.

Carolines Apathie hat viel mit ihrem Mangel an Vertrauen und Selbstwertgefühlen zu tun, einer Folge ihrer traumatischen Erlebnisse. Ihre Grübelattacken führen sie häufig in Richtung Selbstverachtung, doch es fällt ihr schwer, die Verbindung zu der Missbrauchserfahrung herzustellen, die sie auszublenden versucht.

Wir Frauen haben aufgrund unseres mangelnden gesellschaftlichen Einflusses auch mit anderen Problemen zu kämpfen. Deborah Belle von der Boston Universität hat nachgewiesen, dass Frauen viel häufiger in Armut leben als Männer.[8] Und Armut bringt zahlreiche Stressfaktoren mit sich, darunter Kriminalität, Krankheit und Tod von Kindern sowie Gewalt. Dazu kommen unbeeinflussbare negative Lebensbedingungen wie schlechte Wohnverhältnisse, gefährliche Viertel, finanzielle Unsicherheit. Frauen, die in Armut leben, haben mehr als genug Grund zum Grübeln; das belegen auch meine Untersuchungen.[9]

Um solche Situationen und Erinnerungen an traumatische Erfahrungen der Vergangenheit zu überwinden, müssen wir uns aus der Grübelfalle befreien. Nur dann gelingt es uns Frauen, uns neu zu definieren.

Weibliche Selbstdefinition fördert Grübeln

Einer der größten Unterschiede zwischen Männern und Frauen besteht darin, wie sie die zwischenmenschlichen Beziehungen gestalten.[10] Frauen neigen eher dazu, sich über sie zu definieren, als Männer – ich bin die Tochter von Catherine und John, die Frau von Richard, die Mutter von Michael. Frauen bauen sich außerdem Netzwerke auf, die bedeutend tiefer gehen und breiter angelegt sind als die von Männern. Deshalb kennen wir Frauen die Emotionen anderer besser und sind mehr auf sie eingestimmt als Männer.

Diese Netzwerke bereichern unser Leben und sorgen in schwierigen Zeiten für Unterstützung. Doch durch sie sind wir auch mit mehr Menschen verbunden, über die wir uns Gedanken machen. Ron Kessler von der Harvard Universität hat festgestellt, dass Frauen sich eher von traumatischen Ereignissen im Leben anderer beeinflussen lassen als Männer.[11] Wenn ein Freund oder Angehöriger schwer erkrankt, sich verletzt oder mit einer anderen schwierigen Situation zu kämpfen hat, reagieren Frauen darauf eher mit Niedergeschlagenheit als Männer.

Vicki Helgeson von der Carnegie Mellon Universität hat etwas noch Wichtigeres herausgefunden, nämlich dass Frauen eher als Männer die Grenze zwischen Mitleid und übertriebenem Mitleid überschreiten.[12] Sie machen ihr Selbstwertgefühl und Wohlbefinden zu sehr davon abhängig, was andere von ihnen denken und wie ihre zwischenmenschlichen Beziehungen laufen. Das führt zu ständiger Angst vor den kleinsten Veränderungen in ihren Beziehungen und hat zur Folge, dass Frauen unkluge Entscheidungen treffen, um andere Leute bei Laune zu halten. Meine Untersuchungen belegen, dass die Neigung, übertriebenes Mitleid mit anderen zu empfinden, chronisches Grübeln bei Frauen fördert.[13]

Ein gutes Beispiel ist die temperamentvolle, schlaksige 29-jährige Physiotherapeutin Denise. Sie landet schon in der Grübelfalle, wenn ihr Mann Mark, ein ausgesprochener Morgenmuffel, nicht gut geschlafen hat. Dann sitzt er – die Haare zerzaust, die Kaffeetasse in der Hand – im Morgenmantel da und redet kein Wort oder herrscht die Kinder am Frühstückstisch grundlos an.

Denise hingegen liebt den Morgen. Sie wacht immer um halb sechs auf, absolviert fünf Kilometer auf dem Heimtrainer und setzt sich nach dem Duschen gut gelaunt an den Frühstückstisch. Aber sobald sie bemerkt, dass Mark schlechte Laune hat, beginnt sie zu grübeln:

Hab' ich gestern Abend was Falsches gesagt? Ich kann mich nicht erinnern. Aber ich bin abends immer so müde, vielleicht weiß ich es einfach nicht mehr. Haben die Kinder was angestellt? Hoffentlich hat er keine Probleme im Büro.

Nach einer Weile fragt Denise Mark für gewöhnlich, was los sei. Wenn er wirklich schlechte Laune hat, fährt er sie an: »Nichts!« Aber im Regelfall merkt er, dass es seine ganz normale Morgenmuffelei ist, und sagt es ihr. Denise jedoch glaubt das nie so ganz und bohrt weiter. Mark irritieren Denises Fragen. Meist gelingt es ihm, sich zu beherrschen; dann steht er auf und sagt, er müsse sich anziehen. Manchmal jedoch verliert er die Fassung und brüllt sie an, dass sie ihn in Ruhe lassen und nicht immer aus einer Mücke einen Elefanten machen solle.

Natürlich gibt das Denise noch mehr Stoff zum Grübeln. Sie kann sich den ganzen restlichen Tag den Kopf darüber zerbrechen, was wohl mit Mark los ist.

Selbstverständlich hat es keinen Sinn, anderen gegenüber kalt und lieblos zu werden. Aber Frauen, die sich zu sehr über ihre zwischenmenschlichen Beziehungen definieren, sollten sich eine solidere Basis für ihre Selbsteinschätzung suchen, damit sie nicht so sehr vom unvermeidlichen Auf und Ab dieser Beziehungen abhängen. Das ist nur möglich, wenn sie ihre Neigung zum schädlichen Zu-viel-Denken erkennen und Strategien zu ihrer Überwindung entwickeln.

Ist Grübeln für Frauen normal?

Vielleicht neigen Frauen einfach deshalb mehr zum Grübeln als Männer, weil sie emotionaler sind. Das lässt sich schon im Kindergarten feststellen. Frauen sagen nicht nur, sie hätten mehr emotionale Erfahrungen als Männer, sondern durch Beobachtungen von Männern und Frauen aus verschiedenen Altersgruppen und Gegenden lässt sich das auch empirisch nachweisen, meint Lisa Feldman Barrett vom Boston College. Sie und ihre Kollegen baten Testteilnehmer unterschiedlicher Berufe in sieben Orten der Vereinigten Staaten und Deutsch-

Frauen sind besonders anfällig

lands zu beschreiben, wie sie selbst und eine andere Person sich in zwanzig ausgewählten Situationen fühlen würden.[14] Ein Beispiel für eine solche Situation: »Sie und Ihr bester Freund sind im selben Bereich tätig. Jährlich wird ein Preis für die beste Leistung vergeben. Sie arbeiten beide hart, um diesen Preis zu erhalten, Ihr Freund bekommt ihn. Wie fühlen Sie sich? Wie fühlt Ihr Freund sich?« Die Teilnehmer an der Studie schrieben ihre Antworten auf, die dann nach dem Grad der Emotionalität bewertet wurden. In allen sieben Gruppen waren sich die Frauen ihrer eigenen Emotionen und der Gefühle der anderen in den Szenarien bewusster als die Männer.

Kommen Frauen mit größerer emotionaler Bewusstheit ausgestattet auf die Welt? Wahrscheinlich werden sie auch dazu erzogen, ihren Gefühlen mehr Beachtung zu schenken als Männer. Untersuchungen Eleanor Maccobys von der Stanford Universität und Judith Dunns vom Institute of Psychology in London haben gezeigt, dass Eltern die Manifestation von Trauer oder Sorge bei Mädchen eher wahrnehmen und fördern als bei Jungen. Theorien gehen davon aus, dass es den Jungen schadet, wenn die Eltern sie davon abhalten, ihre negativen Emotionen auszudrücken. Denn so lernen die Jungen, ihre Trauer und ihre Ängste zu verleugnen und zu verdrängen.[15] Für diese Annahme spricht einiges.

Doch Mädchen tut es nicht allzu gut, wenn die Eltern ihre negativen Stimmungen fördern. Beispielsweise indem sie sie ermutigen, über ihre Traurigkeit oder Sorgen zu sprechen, und ihnen dann erklären, warum sie diese Gefühle haben, statt ihnen Wege aus der schwierigen Situation zu weisen.[16] Überdies reden Eltern in Gegenwart ihrer Töchter häufiger über ihre eigene Niedergeschlagenheit und Hilflosigkeit als in Gegenwart ihrer Söhne. So begreifen die Mädchen sehr schnell: Die Welt ist voller Unglück, und man kann nicht viel dagegen machen, außer darüber nachzudenken.

Wir haben Männer und Frauen befragt, wie kontrollierbar negative Gefühle wie Trauer oder Sorge ihrer Meinung nach seien. Die Frauen antworteten häufiger als die Männer, solche Emotionen ließen sich nicht beherrschen, man könne wenig gegen sie tun.[17] Leider landet man, wenn man den negativen Emotionen und den damit verbundenen Gedanken freien Lauf lässt, früher oder später in der Grübelfalle. Unsere Untersuchung belegt, dass die Testpersonen umso eher zum Zu-viel-Denken neigten, wenn sie negative Emotionen für unkontrollierbar hielten.

Viele Frauen geben dem Impuls nach, ständig miteinander über ihre Gefühle zu reden, statt einander zur Bewältigung der Probleme zu ermutigen. Wenn Freundinnen einem bei solchen negativen Grübeleien Gesellschaft leisten, fühlt man sich verstanden und anerkannt, aber man hat immer noch keine Ahnung, wie man die Probleme anpacken soll. Ein Beispiel dafür sind Helen und Nora. Helen ist achtunddreißig, allein stehend, lebt in Chicago und arbeitet seit sechs Jahren an der Flughafenabfertigung. Wenn sie sich morgens anzieht, spürt sie, wie die Angst vor einem weiteren Tag mit ihrem strengen Chef, ihren egoistischen Kollegen und aggressiven Kunden in ihr hoch kriecht. Jeden Morgen denkt sie darüber nach, was sie lieber machen würde – einkaufen, reisen, alles, nur nicht zur Arbeit gehen. Und trotzdem zieht sie ihre Uniform an und fährt wieder hinaus zum Flughafen.

Warum sucht sie sich nicht einfach einen neuen Job? Diese Frage stellt sie sich ständig. Ihre inneren Monologe zu dem Thema sehen etwa folgendermaßen aus:

Ich sollte mich wirklich nach einem anderen Job umsehen, aber dazu habe ich nicht die Energie. Und mir fehlen die Qualifikationen für etwas Besseres. Ich sollte mich fortbilden, doch das kostet Geld. Ich habe kein Geld, weil ich mit meinem blöden Job nicht viel verdiene. Vielleicht könnte ich mir was von meinen Eltern leihen? Als ob ich die um was bitten könnte. Die würden mir das jedes Mal, wenn ich sie sehe, wieder aufs Butterbrot schmieren. Genauso wie sie es nicht verstehen können, dass ich immer noch nicht verheiratet bin und keine Kinder habe. Tja, vielleicht haben sie sogar Recht – mein Leben ist einfach Scheiße. Ich habe alles so satt.

So grübelt Helen vor sich hin, bis sie von einem äußeren Anlass aus ihren Gedanken gerissen wird – der Verkehr kommt zum Stehen, das

Frauen sind besonders anfällig

Telefon klingelt, jemand fragt sie während der Arbeit etwas. Die Ablenkung hebt ihre Laune ein bisschen, aber sobald sie wieder Zeit zum Nachdenken hat, verfällt sie sofort zurück in ihren inneren Monolog.

Manchmal ruft sie dann ihre Freundin Nora an, weil sie weiß, dass diese ihr zuhört. Doch nach solchen Gesprächen fühlt Helen sich oft noch schlechter als zuvor, denn Nora fällt immer nur folgender Kommentar ein: »Mein Gott, das ist wirklich schlimm.« Offenbar hält sie die Situation für genauso ausweglos wie Helen selbst. Wenn Nora dann tatsächlich einmal einen Vorschlag macht, wie die Freundin ihre Probleme in den Griff bekommen könnte, hat Helen sofort einige Gründe parat, warum der Vorschlag so nicht funktionieren kann. Und sie beschuldigt Nora obendrein noch der mangelnden Sensibilität. Daraufhin macht Nora sogleich einen Rückzieher und beschränkt sich wieder auf einsilbige Antworten. Am Ende des Arbeitstages hat Helen nur noch die Energie, nach Hause zu fahren, sich in der Mikrowelle etwas Essen warm zu machen, den Fernseher einzuschalten und irgendwann ins Bett zu gehen.

Freunde können uns helfen, aus der Grübelfalle herauszukommen. Allerdings dürfen wir nicht in dem Irrglauben, wir unterstützten uns gegenseitig, der schädlichen Neigung zum gemeinsamen Grübeln nachgehen.

Teil II

Strategien zur Überwindung des Zu-viel-Denkens

Sie können aus dem Teufelskreis des Grübelns herauskommen. Im folgenden Teil beschreibe ich die drei Phasen: sich befreien, sich davon emanzipieren sowie eine neue Perspektive gewinnen und schließlich der Falle auch in Zukunft entgehen, indem man innere Stärke aufbaut.

4.
Wege aus der Grübelfalle

Aus der Grübelfalle herauszukommen ist schwierig, aber unbedingt nötig, wenn Sie nicht irgendwann von quälenden Gedanken erstickt werden wollen.

In diesem Kapitel zeige ich Ihnen Wege aus der Grübelfalle, von denen einige Sie vermutlich ansprechen werden, andere eher nicht. Probieren Sie sie aus, passen Sie sie an Ihre jeweilige Situation an. Vergessen Sie dabei nicht, dass Sätze wie »Ich habe einfach keinen Antrieb« oder »Keiner dieser Vorschläge hilft mir weiter«, Ihrer Neigung zu verdanken sind, zu viel zu denken. Zahlreiche Untersuchungen haben erwiesen, dass die Befreiung aus der Grübelfalle und der Passivität ein wichtiger erster Schritt zur Besserung ist.

Machen Sie sich klar, dass Grübeln Ihnen schadet

Wenn Menschen sich in einer Grübelphase befinden, haben sie oft das Gefühl, einer wichtigen Erkenntnis auf der Spur zu sein: »Endlich habe ich die rosarote Brille abgesetzt und sehe, wie schlimm das Leben wirklich ist.« Das habe ich in einem Experiment festgestellt, das ich zusammen mit Sonja Lyubomirsky von der Universität von Kalifornien, Riverside, durchführte.[1] Wenn depressive Menschen nur acht Minuten mit Grübeln verbrachten, hatten sie das Gefühl, tiefe Einsichten über sich selbst sowie über ihre Beziehung zu anderen zu gewinnen. »Jetzt wird mir klar, wie schlecht meine Ehe wirklich ist!« Oder: »Jetzt begreife ich, dass ich in dem Job nie Erfolg haben werde!« Oder: »Ich werde die Schule nicht schaffen, das weiß ich jetzt!« Oder: »Meine Kindheit war so schlimm, dass ich nie ganz darüber hinwegkommen werde!«

Schätzen Grübler die Lage tatsächlich realistisch ein? Nein. Zu viel denken hilft nicht, klarer zu sehen, es verführt dazu, nur die negativen Dinge im Leben wahrzunehmen. Es raubt Ihnen die Motivation, etwas Positives zu tun, und mindert Ihre Fähigkeit, Probleme zu lösen. Möglicherweise lässt es Sie sogar in eine Depression versinken, aus der Sie nicht mehr herauskommen, oder verleitet Sie zu Wutanfällen, die Sie später bereuen.

Bevor Sie irgendeine der in diesem Kapitel beschriebenen Strategien einsetzen können, müssen Sie begreifen, dass zu viel denken Ihnen schadet und nicht zu tiefen Einsichten verhilft, sondern Ihnen die Kontrolle über Ihre Gedanken und Gefühle raubt. Es gaukelt Ihnen etwas vor und verführt Sie zu Handlungen, die Ihnen schaden.

Wenn Sie sich gerade in der Grübelfalle befinden, könnten Sie es durchaus mit etwas so Banalem versuchen wie folgendem Satz: »Lass mich in Ruhe, du schadest mir!« Erinnern Sie sich daran, wie Sie Ihren Kindern beigebracht haben, sich Gleichaltrigen gegenüber durchzusetzen. Verwenden Sie bei Ihrem Feind, dem Grübeln, die gleichen Sätze: »Ich mag das nicht! Hör auf damit!« Und setzen Sie anschließend eine der in diesem Kapitel beschriebenen Strategien ein, um sich noch weiter von Ihren Grübeleien zu distanzieren.

Gönnen Sie sich eine Pause

Eine der einfachsten, aber auch wichtigsten Übungen zur Befreiung aus der Grübelfalle ist es, Ihrem Gehirn eine Pause zu gönnen, indem Sie sich angenehmen Dingen widmen. In Tests habe ich festgestellt, dass schon acht Minuten Ablenkung vom Grübeln zu einer deutlichen Verbesserung der Stimmung und einer Distanzierung von repetitivem Denken führen.[2]

Und noch wichtiger: Die Befreiung aus der Grübelfalle durch angenehme Ablenkungen verbessert das Denken allgemein und stimmt positiver und ausgeglichener. Es erhöht zudem die Fähigkeit, angemessene Problemlösungen zu finden und sie in die Tat umzusetzen. Angenehme Ablenkungen bieten nicht nur kurzfristig Erleichterung und verbessern die Stimmung, sondern bereiten auch langfristig den Weg zu einer Lösung der Probleme, um die die Gedanken der Betroffenen immer wieder kreisen.

Jennifer, eine attraktive 39-jährige Schwarze aus Decatur, Illinois, saß morgens, wenn ihre Kinder sich auf den Weg in die Schule gemacht hatten, immer am Frühstückstisch, trank Kaffee und zerbrach sich den Kopf über all die Dinge, die in den vergangenen Tagen schief gegangen waren. Nach einer halben Stunde hatte sie keine Ahnung mehr, wie sich die Probleme in ihrem Leben jemals lösen ließen, die schlechten Mathenoten ihres Sohnes etwa oder die Pflegebedürftigkeit ihrer Mutter. Irgendwann jedoch lernte sie, dass es half, sich im Haushalt zu beschäftigen oder etwas Besonderes zu kochen:

Ich habe nur eine begrenzte Menge an mentaler Energie. Wenn ich mich ganz auf eine körperliche Arbeit wie zum Beispiel Brot- oder Plätzchenbacken konzentriere, bleibt kein Raum mehr, weiter über meine Probleme nachzudenken.

Jeder kann seine ganz persönliche Methode finden, sich vom Grübeln abzulenken. Zu den beliebtesten Strategien der Leute, die an meinen Untersuchungen teilnahmen, gehörte der Sport. Egal, ob es sich um Jogging, Rudern, Tennis, Squash oder eine andere Art der körperlichen Ertüchtigung handelt – sie verschafft dem Gehirn einen chemischen Kick und lenkt auf angenehme Weise vom quälenden Nachdenken ab. Allerdings sollten Sie eine Sportart wählen, die Ihrem Körper angemessen ist. Wenn die sportliche Betätigung Ihre Aufmerksamkeit voll und ganz in Anspruch nimmt – beispielsweise ein hartes Squashmatch oder eine anspruchsvolle Klettertour –, hilft Ihnen das mehr als eine monotone Sportart, die Sie mit geringer Konzentration ausüben können. Langstreckenläufer zum Beispiel stellen oft fest, dass sie beim Laufen in einen Automatismus verfallen und dann verstärkt zum Grübeln neigen. Wenn Sie über lange Zeit Einzelsportarten wie Laufen oder Schwimmen ausüben, sollten Sie hin und wieder für Abwechslung sorgen, damit nicht nur Ihr Körper, sondern auch Ihr Geist gefordert wird.

Hobbys wie Gartenarbeit, Modellbau oder Malen können ebenfalls Ablenkung bieten, solange Sie ganz und gar in der jeweiligen Tätigkeit aufgehen. Fangen Sie etwas Unbekanntes an, um neue Fähigkeiten zu entwickeln. Hobbys und Sport können Ihnen das Gefühl geben, etwas geleistet zu haben, und bewahren Sie vor der Grübelfalle.

Manche Menschen lesen ein Buch oder sehen sich einen Film an, um dem Grübeln entgegenzuwirken, andere konzentrieren sich auf die Arbeit. Auch Spielen mit Kindern, Spazieren gehen mit dem Hund oder Beschäftigung mit der Katze können davon ablenken, dass wir uns zu viele Gedanken machen, und uns zu den Dingen zurückführen, die wirklich wichtig sind im Leben.

Anderen Menschen zu helfen bietet ebenfalls Ablenkung. Arbeiten Sie zum Beispiel ehrenamtlich in einem Obdachlosenheim, helfen Sie einer Umweltschutzgruppe, den Müll im Park aufzusammeln, bringen Sie einer pflegebedürftigen Person das Essen. Vielleicht sehen Sie Ihre eigenen Sorgen in einem anderen Licht, wenn Sie Zeit mit Menschen verbringen, denen es schlechter geht als Ihnen.

Ablenkungen befreien Sie vom vielen Nachdenken, indem sie die für negative Erfahrungen zuständigen Schnittstellen im Gehirn aufbrechen. Ein bisschen ist das, wie wenn jemand die Telefonleitung in einem Viertel kappt. Wenn diese Schnittstellen nicht in der Lage sind, miteinander zu kommunizieren, können sie auch die negative Stimmung nicht verstärken und nicht zum andauernden Grübeln verführen.

Natürlich ist es nicht gesund, Problemen durch ständige Ablenkungen aus dem Weg zu gehen, das hat schon Freud nachgewiesen. Doch hier ist die Rede von Menschen am anderen Ende des Spektrums, die zu viel Zeit mit Nachdenken über ihre negativen Gefühle verbringen und sich immer stärker in Depressionen, Sorgen und Wut ziehen lassen. Für solche Leute sind gelegentliche Ablenkungen ein nützliches Mittel, um aus der Grübelfalle herauszukommen und effektiver mit Problemen umzugehen.

Es gibt auch ungesunde Arten der Ablenkung, zum Beispiel, gerade bei Frauen, Fressattacken. Anfangs verschaffen sie ein gutes Gefühl, doch hinterher hat man ein schlechtes Gewissen und einen schweren Magen, ist wütend über sich selbst und niedergeschlagen, weil man

Wege aus der Grübelfalle 73

sich nicht mehr im Griff hatte. Fressattacken führen normalerweise nur zu mehr Grübeleien.

Manche Frauen versuchen auch, ihren Kummer mit Alkohol zu ertränken. Kurzfristig mag das Erleichterung verschaffen, doch langfristig geht der Schuss nach hinten los. Alkohol wirkt depressionsfördernd und verleitet zum Rückzug auf sich selbst, was das trübsinnige Zu-viel-Denken noch verstärkt. Dazu kommen die Probleme, die der Alkohol verursacht. Wie bereits im ersten Kapitel ausgeführt, neigen Grübler eher zum Alkoholmissbrauch als Nichtgrübler und haben gesellschaftliche Probleme, die sich darauf zurückführen lassen (zum Beispiel der Verlust des Arbeitsplatzes).

Das war auch bei Paula, einer 28-jährigen Immobilienmaklerin, der Fall. Paulas Grübelattacken drehten sich für gewöhnlich um ihren Exmann Dennis, von dem Paula sich scheiden ließ, als sie entdeckte, dass er sie mit einer gemeinsamen guten Freundin betrog. Paula und Dennis hatten für ein Haus gespart, und Paula hatte gehofft, sich weiterbilden zu können, sobald sie finanziell Boden unter den Füßen hätten. Doch so weit kam es nie, zum Teil deshalb, weil Dennis ihr Geld für ein Schnellboot im Sommer, teure Schiausrüstung im Winter, die Mitgliedschaft in einem Golfclub und einem Fitnessstudio sowie einen Anteil an einer Ferienwohnung ausgab. »Nun sei nicht so knickrig, gönn dir auch ein bisschen Spaß«, sagte er, wenn Paula sich beklagte.

Als Paula dann noch Dennis' Seitensprung bemerkte, war sie fassungslos, wenn auch nicht völlig überrascht. Er flehte sie an, ihm zu verzeihen und bei ihr zu bleiben, doch sie war so wütend und verletzt, dass sie so schnell wie möglich die Scheidung einreichte. Das war vor zwei Jahren. Seit der Scheidung hat Paula oft darüber nachgedacht, ob sie richtig gehandelt hatte.

Wieso habe ich es nicht gemerkt, dass Dennis fremdgeht? Ich muss blind gewesen sein. Vielleicht wäre alles nicht so schief gelaufen, wenn ich früher die Augen aufgemacht hätte. Ich hasse ihn für das, was er mir angetan hat. Wir wollten uns doch ein gutes Leben zusammen aufbauen mit einem hübschen Haus und

Kindern. Wir hatten Spaß, auch wenn wir uns den eigentlich nicht wirklich leisten konnten. Und jetzt habe ich gar nichts mehr, keinen Mann, kein Haus, keine Kinder. Allein werde ich es nie schaffen, mich weiterzubilden. Warum habe ich nicht versucht, die Ehe zu retten?

Wenn Paula von solchen Gedanken heimgesucht wird, schenkt sie sich ein Glas Wein aus der Flasche ein, die immer im Kühlschrank bereit steht. Sie versucht, den Alkoholgenuss auf die Abendstunden zu beschränken, aber weil sie sich den Tag relativ frei einteilen kann, kommt sie manchmal während der Arbeitszeit kurz nach Hause, um etwas zu trinken und »sich zu entspannen«. Allerdings entspannt der Alkohol sie nicht wirklich. Sie sitzt oft stundenlang auf dem Sofa, trinkt Wein und macht sich und Dennis Vorwürfe, weil ihre Ehe gescheitert ist.

In den vergangenen sechs Monaten ist ihr Alkoholkonsum tagsüber so sehr angestiegen, dass sie praktisch täglich mehrere Gläser Wein trinkt, auch wenn sie später noch einen geschäftlichen Termin hat. Als ein Kunde bemerkte, sie habe wohl »ein feuchtfröhliches Business-Lunch« hinter sich, weil er um zwei Uhr nachmittags den Alkohol roch, ist sie von Wein auf Wodka-Tonic umgestiegen. Schließlich ist es vorgekommen, dass Paula einige wichtige Kundentermine einfach vergessen oder verpasst hat, weil sie nach dem Alkoholgenuss zu Hause eingeschlafen war. Ihre Verkaufserfolge sind drastisch zurückgegangen, was auch ihrem Chef nicht verborgen blieb. Paula sitzt in einer Falle aus Grübelei, Wut, Depression und Alkohol.

Sie muss sich von ihren Selbstvorwürfen und ihrer Wut auf Dennis befreien und sich ein neues Leben ohne ihn aufbauen. Das wird ihr allerdings erst dann gelingen, wenn sie mit dem Alkohol aufhört, denn er ist nicht nur eine schlechte Ablenkung vom zu vielen Nachdenken, sondern verstärkt es sogar noch.

Werden Sie aktiv

In meinen Untersuchungen habe ich festgestellt, dass Ablenkungen, die Konzentration und Aktivität erfordern, am effektivsten sind, um aus der Grübelfalle herauszukommen. Jannay Morrow und ich gaben in einem Test niedergeschlagenen Menschen zwei unterschiedliche Aufgaben, die sie ablenken sollten: eine, bei der die Testpersonen aufstehen und sich im Raum bewegen mussten, und eine andere, die sie am Tisch sitzend erledigen konnten.[3] Die erste Aufgabe reduzierte ihre Niedergeschlagenheit und ihre Grübelei stärker als die zweite. Warum? Möglicherweise hängt das mit biochemischen Vorgängen zusammen, zum Beispiel damit, dass bei Aktivitäten bestimmte Stoffe – nämlich Norepinephrin und Serotonin – im Gehirn ausgeschüttet werden. Außerdem ist es schwieriger, wieder ins Grübeln zu verfallen, wenn man sich bewegt und sich voll und ganz auf die gegenwärtige Tätigkeit konzentriert.

Besonders wichtig kann es bei Grübelattacken in der Nacht sein, die länger als fünfzehn oder zwanzig Minuten dauern, aufzustehen und sich zu bewegen. Glauben Sie nicht, dass Sie, wenn Sie weiter so liegen bleiben, schon irgendwann mit dem Denken aufhören und einschlafen. Genauso wenig gelangen Sie durch nächtliche Grübeleien zu erhellenden Einsichten; sie führen normalerweise nur zu Sorgen und Ängsten. Außerdem sind Sie am nächsten Tag müde und ausgelaugt, wenn Sie in der Nacht nicht richtig schlafen, und das schadet Ihrer Fähigkeit, konzentriert zu denken und Probleme anzupacken. Stehen Sie auf, begeben Sie sich an einen ruhigen Ort, zum Beispiel ins Wohnzimmer, und lesen Sie ein bisschen. Beginnen Sie nicht zu arbeiten, und wählen Sie auch keine Lektüre, die Sie emotional aufwühlt. Wenn Sie dann müde werden, gehen Sie zurück ins Bett.

Falls es Orte gibt, die besonders oft Grübelattacken auslösen, beispielsweise das Büro, sollten Sie versuchen, sie neu zu gestalten. Wenn ich mein Arbeitszimmer betrete und riesige Papierstapel auf meinem Schreibtisch sehe, fühle ich mich überfordert. Sobald ich aber meinen Schreibtisch aufgeräumt habe, verschwindet dieses Gefühl. Ich weiß nicht, ob das mit dem Kontrollgewinn, der Bewegung oder der aktiven Veränderung meines Arbeitszimmers zu tun hat – vielleicht ist es eine Mischung aus allem zusammen.

Manchmal nützt es bei einer Grübelattacke auch schon, den Raum zu verlassen. Machen Sie einen Spaziergang, fahren Sie eine Runde mit dem Wagen, gehen Sie zum Mittagessen. Wichtig ist, dass Sie sich mit etwas Angenehmem vom zu vielen Denken ablenken.

Die Gedankenpolizei

Bisweilen ist es schwierig, uns durch Bewegung vom Grübeln abzulenken. Ein Beispiel: Carolyn, eine attraktive 40-jährige leitende Angestellte in einer Investmentgesellschaft an der Wall Street, musste oft langweilige Sitzungen über sich ergehen lassen. Der Mann, der gerade einen Vortrag darüber hielt, wie die Märkte sich entwickeln würden, wirkte mit seinem schwarzen Anzug und der Krawatte wie ein Klon der übrigen Männer im Raum. Carolyn war sicher, dass der Typ noch nie einen Fuß in die Börse gesetzt oder sich wirklich mit Investmentfragen beschäftigt hatte.

In ihrer Langeweile begann Carolyn, über eine Auseinandersetzung mit ihrem Freund Kevin vom Vorabend nachzudenken. Sie hatten sich auf dem Ledersofa im Wohnzimmer zusammen einen Film im Fernsehen angesehen. Kevin hatte die ganze Zeit Carolyn angestarrt, weil er sie an jenem Abend besonders attraktiv fand. Nach einer Weile begann er sie zu streicheln, aber Carolyn sagte, sie sei zu müde, um mit ihm zu schlafen. Daraufhin schmollte Kevin während des ganzen Films vor sich hin. Carolyn wusste, dass er sauer auf sie war, doch statt sich in ihn hineinzuversetzen, wurde sie wütend und beschuldigte ihn des Egoismus. Er konterte mit dem Vorwurf, sie habe eigentlich nie wirklich Lust auf Sex, und irgendwann stand er auf und fuhr nach Hause. Carolyn lag die halbe Nacht wach und zerbrach sich den Kopf über den Streit und die möglichen Folgen für die Beziehung.

Carolyn begann, darüber zu rätseln, ob das, was Kevin gesagt hatte, möglicherweise stimmte – sie hatte in der Tat selten Lust auf Sex und schon ein paar Wochen lang nicht mehr die Initiative ergriffen.

Auch an jenem Abend wäre ihr Sex überhaupt nicht in den Sinn gekommen. Je mehr sie darüber nachgrübelte, desto mehr fühlte sie sich als Versagerin. Sie erinnerte sich daran, dass ihre Mutter ihr erzählt hatte, ihre Lust auf Sex habe sich jenseits der Vierzig verflüchtigt. Hatte sie das geerbt? Verlor Carolyn allmählich den Spaß an der Sexualität – wie ihre Mutter?

Carolyn war klar, dass sie mit dem ewigen Nachdenken aufhören musste, doch die Sitzung, in der sie sich befand, half ihr nicht gerade dabei. Normalerweise bekämpfte sie die Grübelei, indem sie ins Fitnessstudio ging oder ein gutes Buch las, aber in der Konferenz war das natürlich nicht möglich. Also sagte sie sich innerlich: »Schluss damit!« So kam sie eine Weile aus dem Teufelskreis ihrer Gedanken heraus. Als sie wieder einsetzten, ermahnte sie sich im Geist erneut aufzuhören und zeichnete auf das vor ihr liegende Blatt Papier ein Stoppzeichen. Danach sah sie sich auf der Suche nach einer Ablenkung in dem Raum um und beschloss, dem Mann, der den Vortrag hielt, tatsächlich zuzuhören und Argumente gegen seine Äußerungen zu notieren. Das beanspruchte ihre ganze Aufmerksamkeit, und so gelang es Carolyn, die Gedanken an Kevin und die Auseinandersetzung für den Rest der Sitzung auszublenden.

Jeder hat die Möglichkeit, sein eigenes inneres Stoppschild zu kreieren und mit dessen Hilfe die Grübelattacke zu beenden. Manche Leute kaufen sich sogar ein kleines Stoppschild in einem Spielzeugladen, das sie in die Schreibtischschublade oder die Handtasche stecken und herausholen können, wenn sie die »Gedankenpolizei« benötigen. Andere zeichnen sich ein solches Schild und kleben es an eine deutlich sichtbare Stelle im Büro.

Lassen Sie sich nicht von den negativen Gedanken unterkriegen

Wenn es Ihnen gelingt, sich für ein paar Augenblicke von den negativen Gedanken zu befreien, hat Ihr Gehirn Zeit, mit Hilfe komplexerer Phrasen oder Konzepte mehr Distanz zum Grübeln zu schaffen.

Wenn Sie über eine Auseinandersetzung mit jemandem in übertreibendes Zu-viel-Denken verfallen, können Sie sich beispielsweise sagen: »Ich lasse mir nicht vorschreiben, was ich denke!« Rufen Sie sich außerdem ins Gedächtnis, dass Sie sich, wenn Sie nicht aus der Grübelfalle herauskommen, schlecht fühlen. Sich von wütendem Zu-viel-Denken zu distanzieren, bedeutet nicht, dass Sie nachgeben oder sich den Forderungen anderer unterwerfen, sondern nur, dass Sie Ihre Gedanken selbst bestimmen und sich die Laune nicht verderben lassen. Sobald Sie Distanz zu dem jeweiligen Konflikt haben, sollten Sie sich in ruhigerer Stimmung noch einmal damit auseinandersetzen.

Lisa zum Beispiel kam in Gedanken nicht von einem Brief los, den sie am Morgen erhalten hatte. In den vergangenen vier Jahren hatte sie ihren Rasen immer am Sonntagmorgen gemäht, ohne dass es Klagen der Nachbarn gegeben hätte. Sie wartete damit meist bis nach elf, um niemanden aufzuwecken, und war nach einer halben Stunde fertig. Die körperliche Betätigung tat ihr gut, und sie war stolz darauf, wie gepflegt ihr Rasen trotz des sandigen Untergrunds aussah.

Doch dann kam der Brief, in dem es hieß, es habe »Klagen über ihr Rasenmähen« gegeben, sie solle es künftig wochentags zwischen neun Uhr morgens und fünf Uhr nachmittags erledigen. Natürlich ging das nicht, weil sie in dieser Zeit arbeitete. Um der Forderung nachzukommen, hätte sie jemanden beauftragen müssen, und eigentlich wollte sie dafür kein Geld ausgeben.

Warum sagen meine Nachbarn mir nichts, wenn das
Rasenmähen sie stört? Wie können sie es wagen, mir
Vorschriften zu machen? Wieso spionieren sie mir hinterher?
Haben die nichts Besseres zu tun?

Lisas Gedanken waren vermutlich zumindest zum Teil gerechtfertigt, aber etliche Stunden kam sie nicht davon los und konnte sich nicht auf die Arbeit konzentrieren. Sie dachte sich alle möglichen Dinge aus, die sie ihren Nachbarn an den Kopf werfen würde, und wurde immer wütender. Der Tag war gelaufen.

Also rief Lisa sich selbst »Schluss damit!« zu, weil sie keine Lust hat-

Wege aus der Grübelfalle

te, ihre Gedanken von den Nachbarn beeinflussen zu lassen. Es würde ihr schon etwas einfallen, um die Situation in den Griff zu bekommen, aber bestimmt nicht, solange sie sich so aufregte. Fürs Erste war es wichtiger, sich zu beruhigen und wieder Herrin ihrer Gedanken zu werden.

Nachdem sie ihrem Gehirn eine Ruhepause von ein paar Stunden gegönnt hatte, warf Lisa einen Blick in den Vertrag mit der Anwohnergemeinschaft, um herauszufinden, ob die Nachbarn überhaupt das Recht hatten, solche Forderungen zu stellen. Sie selbst kam zu keinem eindeutigen Schluss und zeigte das Dokument am Abend einem befreundeten Anwalt. Er riet ihr, einen Brief an die Verwaltung zu schreiben und dieser mitzuteilen, dass sie von ihm die Auskunft erhalten habe, sie könne ihren Rasen durchaus am Wochenende mähen. Lisa befolgte seinen Rat und hörte nie wieder etwas von der Verwaltung.

Wenn sich Ihre Grübelei um eine spezifische Situation dreht, können Sie zu sich selbst sagen: »Ich lasse mich nicht von so etwas unterkriegen!« Oder Sie denken sich einen anderen Satz aus, der Ihnen hilft, die Lage wieder in den Griff zu bekommen. Es geht darum, sich nicht dem Grübeln geschlagen zu geben, sondern klare Entscheidungen darüber zu treffen, wann und wie Sie sich mit einer Situation auseinandersetzen, die Sie beschäftigt.

Schreiben Sie es in den Terminkalender

Sie bekommen die Situation leichter in den Griff, wenn Sie sich bestimmte Zeiten eigens fürs Nachdenken reservieren. Dann können Sie sich sagen: »Ich gehe meinen Problemen nicht aus dem Weg, ich mache nur einen Termin mit ihnen aus, weil ich mich jetzt um andere Dinge kümmern muss.« Das befreit Sie so lange aus der Grübelfalle, und Sie können sich den Aufgaben zuwenden, die im Moment anstehen – die Arbeit, die Kinder, der Schlaf.

Dann werden Sie feststellen, dass die Probleme, wenn der festgesetzte Termin erst einmal da ist, gar nicht mehr so groß erscheinen. In der Grübelfalle waren Sie sich vielleicht noch absolut sicher, dass Sie Ihr Leben vergeuden oder dass die Beziehung zu Ihrem Kind schlecht ist. Beim übertreibenden Zu-viel-Denken glaubten Sie, ausgenutzt zu werden, und dachten sich alle möglichen Aktivitäten aus, sich an dem Ihrer Meinung nach Schuldigen zu rächen. Doch wenn Sie sich erst zu dem vorher festgesetzten Zeitpunkt wieder dem Problem zuwenden, wirkt es möglicherweise längst nicht mehr als unlösbar, und der Rachegedanke ist nicht mehr so stark. Das hängt damit zusammen, dass die Befreiung aus der Grübelfalle Ihre Stimmung verbessert und Ihre Gedanken klarer gemacht hat.

Allerdings sollten Sie nicht die Zeit unmittelbar vor dem Zu-Bett-Gehen fürs Nachdenken wählen, sondern sie so legen, dass Sie sich einigermaßen gut fühlen und sich allein oder zusammen mit einer guten Freundin in Ruhe Ihren Gedanken widmen können. Wenn Sie dann während der Nachdenkzeit eine schwere Grübelattacke erleiden, sollten Sie sich immer wieder kurze Auszeiten nehmen, um nicht in ein tiefes Loch zu fallen. Wenn Ihnen das nicht gelingt, wäre es sinnvoll, sich an einen Vertrauten oder einen Therapeuten zu wenden.

Delegieren Sie Ihre Sorgen

Erinnern Sie sich noch an die agile Siebzigerin Phyllis aus dem ersten Kapitel, die uns in einem Gespräch sagte, wir sollten unsere Sorgen einfach in Gottes Hand geben und uns dann wieder sinnvolleren Dingen zuwenden? Meine Untersuchungen haben etwas Überraschendes gezeigt: Obwohl unsere Gesellschaft heutzutage angeblich so wenig religiös ist, sagten doch vierzig Prozent der von uns Befragten, dass sie sich dem Gebet oder der Meditation zuwenden, um sich von ihren Sorgen und quälendem Nachdenken zu befreien.[4] Sogar Leute, die keinem bestimmten Glauben anhängen, gaben an, oft ein kleines Gebet zum Himmel zu schicken, wenn ihnen alles über den Kopf zu wachsen drohe.

Wenn Sie Atheist sind, könnten Sie es mit Meditation versuchen. Alan Marlatt von der Universität von Washington, der Meditation zur

Wege aus der Grübelfalle

Überwindung von Suchtverhalten und Zwangsneurosen empfiehlt, geht von zwei Grundarten der Meditation aus, der »Concentrative Meditation« und der »Insight Meditation«.[5] Bei der ersten Methode konzentriert man sich voll und ganz auf den Augenblick, auf einen Satz oder ein Bild, sodass die Grübelei von selbst aufhört. Der Körper entspannt sich, die Atmung wird bewusst gesteuert. Man spürt, wie die kühle Luft durch die Nase in den Körper dringt und ihn warm wieder verlässt. Nach etwa zehn Minuten ist der Körper vollkommen entspannt, und die Gedanken werden freier.

Bei der »Insight Meditation« oder, wie John Teasdale vom Medical Research Council in England sie nennt, »Mindfulness Meditation« macht man sich alle Gedanken, Bilder, körperlichen Wahrnehmungen oder Gefühle so, wie sie sich von Augenblick zu Augenblick ergeben, bewusst.[6] Statt sich gegen diese Gedanken und Sinneseindrücke zu wehren, akzeptiert man sie als distanzierter Beobachter, ohne sie zu werten. Das Ziel besteht darin, nicht mehr von den Gedanken beherrscht zu werden und das Ichgefühl nicht mehr von ihnen kontrollieren zu lassen, sie völlig leidenschaftslos zu betrachten.

Wenn Sie keine Meditationskurse besuchen wollen, können Sie sich eins der Bücher zu diesem Thema besorgen, zum Beispiel Paul Wilsons *Wege zur Ruhe*. Es stellt Techniken vor, die Ihnen helfen, sich schnell von negativen Gedanken zu befreien und ruhiger zu werden. Schon dreimaliges tiefes Durchatmen und die Konzentration auf das Gefühl der Luft in Ihrem Körper können den Teufelskreis der Grübelei durchbrechen. Ein weiteres nützliches Buch zum Thema Entspannungstechniken ist Herbert Bensons *Heilung durch Glauben*.

Vielleicht finden Sie das alles ein bisschen zu esoterisch oder Sie haben das Gefühl, Ihre Probleme seien zu groß, als dass Sie mit Meditation dagegen angehen könnten. Untersuchungen von Alan Marlatt, John Teasdale und J. Kabat-Zinn jedoch haben ergeben, dass Menschen, die unter schweren Depressionen, Panikattacken, Zwangsneurosen, Essstörungen oder Drogenabhängigkeit leiden, es mit Hilfe der Meditation schaffen, ihre Gefühle, Gedanken und Verhaltensweisen besser in den Griff zu bekommen.[7] Auch bei chronischem Schmerz oder Herz-Kreislauf-Erkrankungen kann Meditation die Beschwerden lindern. Man muss nicht religiös sein, um Nutzen aus ihr ziehen zu können.

Wie funktioniert Meditation? Es gibt mehrere Erklärungsversuche, aber eigentlich wissen wir es nicht so genau. Fest steht lediglich, dass entspannende Meditation Sorge, Wut oder Niedergeschlagenheit entgegenwirkt. Eine kurzfristige Befreiung davon kann auch den Teufelskreis des Zu-viel-Denkens aufbrechen und die Betroffenen davon überzeugen, dass sie tatsächlich in der Lage sind, sich besser zu fühlen. Tests deuten darauf hin, dass Meditation das Aktivitätsgleichgewicht der beiden Hirnhälften beeinflusst, was möglicherweise eine positive Wirkung hat. John Teasdale ist der Meinung, dass die Befreiung von negativen Gedanken mit Hilfe der Meditation uns befähigt, unsere Gedanken zu beherrschen, statt von ihnen beherrscht zu werden, und so mit dazu beiträgt, dass wir Probleme selbstbewusster angehen.

Akzeptieren Sie die Hilfe anderer

Eine der beliebtesten Methoden, sich aus der Grübelfalle zu befreien, war für die Teilnehmer an unseren Tests das Gespräch mit einem Angehörigen oder Freund. Neunzig Prozent der von uns Befragten sagten, sie redeten zumindest manchmal mit anderen über ihr häufiges quälendes Nachdenken, und 57 Prozent meinten, sie redeten oft oder immer mit anderen, um den Teufelskreis der trübsinnigen Grübelei zu durchbrechen.[8]

Das Gespräch mit einem anderen Menschen hilft gegen anhaltendes Nachdenken, wenn der Partner einem das Gefühl gibt, akzeptiert und verstanden zu werden. Es erleichtert auch das Ordnen der Gedanken und den ersten Schritt in Richtung Problemlösung.

Allerdings kann ein solches Gespräch auch nach hinten losgehen, wenn der Partner die Sorgen durch gemeinsames Grübeln eher noch verstärkt, als Vorschläge für die Lösung des Problems zu suchen.

Teresa beispielsweise wusste, dass sie mit jemandem reden musste. Sie und ihr Mann Jan hatten sich beim Frühstück gestritten, und die Auseinandersetzung gipfelte darin, dass Jan sagte, er wolle sich schei-

Wege aus der Grübelfalle

den lassen. Obwohl es in der Ehe schon seit Monaten kriselte, war Teresa von Jans Entschluss überrascht. Bei ihren vormittäglichen Besorgungen wurde sie den Gedanken an den Streit und alle anderen Auseinandersetzungen der vergangenen Monate nicht mehr los. Fast hätte sie einen Unfall gebaut, weil sie nicht auf den Straßenverkehr achtete. Also fuhr sie zu Susan.

Susan und Teresa kannten sich seit der Schule und standen damals im Ruf, eher »intellektuell« als sportlich zu sein. Beide waren nach der Ausbildung wieder in ihre Heimatstadt zurückgekehrt. Susan hatte sich entschieden, zu Hause bei den Kindern zu bleiben, Teresa dagegen etablierte sich als Buchhalterin. Sie waren nicht die dicksten Freundinnen, aber Teresa wusste, dass sie immer zu Susan kommen konnte, wenn sie jemanden brauchte, der sie beruhigte und ihr half, ihre Gedanken zu ordnen.

Als Susan die Tür öffnete, sah sie sofort, dass mit Teresa etwas nicht stimmte. Sie bat sie herein und machte ihr einen Kaffee. Teresa atmete tief durch und sagte: »Jan will sich scheiden lassen. Was soll ich tun? Ich möchte nicht, dass alles so weitergeht wie bisher, aber unsere Ehe will ich auch nicht aufs Spiel setzen. Ich kann keinen klaren Gedanken fassen. Ich fühle mich so hilflos!«

Susan bat Teresa, ihr zu erzählen, was am Morgen passiert war, und die Hauptprobleme ihrer Ehe zu schildern. Susan hörte aufmerksam zu, doch als Teresa anfing, sich Vorwürfe zu machen, dass sie die Ehe »ruiniert« habe, oder zu jammern, wie hilflos und mutlos sie sich fühle, forderte Susan sie auf, tief durchzuatmen und sich auf die Fakten zu konzentrieren. Sie redeten mehrere Stunden. Danach war Teresa bedeutend ruhiger, denn sie hatten Möglichkeiten besprochen, wie Teresa auf Jan zugehen könnte – sie würde ihm schreiben, sie wolle zusammen mit ihm versuchen, die Ehe zu retten. Schließlich beschaffte Susan Teresa noch die Telefonnummer einer Eheberaterin, die sie über eine andere Freundin kannte. Als Teresa Susans Haus verließ, war sie sich zwar nicht sicher, ob sie in der Lage wäre, ihre Ehe zu retten, aber immerhin hatte sie das Gefühl, den Tag überstehen und am Abend mit Jan reden zu können.

Schreiben Sie es auf

Viele Menschen sehen in der schriftlichen Fixierung eine nützliche Alternative zum Gespräch. Die eigenen Ängste genau zu benennen hilft oftmals, sie zu begrenzen und zu strukturieren. Statt weiter unkontrolliert im Gehirn zu brodeln, werden sie in Schriftzeichen gebannt. Das Aufschreiben kann Ihnen das Gefühl geben, die eigenen Gedanken und Gefühle zu beherrschen, statt von ihnen beherrscht zu werden. Manche Leute meinen, etwas aufzuschreiben sei wie eine Reinigung des Gehirns, eine große Erleichterung. Judith, eine 50-jährige Sekretärin, die oft über das Wohlergehen ihrer erwachsenen Kinder nachgrübelt, hat uns Folgendes gesagt:

Ich schreibe meine Gedanken auf, werde mir über sie klar, lasse sie los. Das hilft. Ich sehe das als Reinigung.

Ihre Gedanken schriftlich fixiert zu sehen hilft Ihnen, sie zu ordnen. Sobald sie schwarz auf weiß auf dem Papier stehen, wirken manche von ihnen nur noch lächerlich, andere hingegen können sich als Kern des Problems entpuppen. Nach dem Aufschreiben sollten Sie Ihre Aufzeichnungen eine Weile ruhen lassen, bevor Sie sich ihnen wieder zuwenden, denn dann sind Sie besser in der Lage, die wirklich wichtigen Fragen von den nebensächlichen zu unterscheiden.

James Pennebaker von der Universität von Texas in Austin hat nachgewiesen, dass das Aufschreiben unserer Gedanken und Gefühle über die Vergangenheit unsere physische und psychische Gesundheit verbessert.[9] Pennebaker sagt aber auch, dass das Schreiben nur dann hilft, wenn man damit den Teufelskreis des Zu-viel-Denkens durchbricht und zu Problemlösungen gelangt.

Gönnen Sie sich etwas Schönes

Wir fragten Leute, die einen geliebten Mensch beim Sterben begleiteten, wie sie mit der Last der Pflege und dem Gedanken an die baldige Trennung fertig würden. Viele antworteten ganz ähnlich wie die 37-jährige schwarze Letitia, bei deren 45-jähriger Schwester Annie ein inoperabler Gehirntumor diagnostiziert worden war:

Ich nehme mir jeden Tag etwas Schönes vor. Manchmal gönne ich mir nur den Genuss einer Süßigkeit. Ich mache mir die Schönheit des blauen Himmels bewusst und erinnere mich an etwas Positives, das Annie und ich zusammen erlebt haben, zum Beispiel als sie bei einer Einkaufstour ein perfekt passendes enges schwarzes Kleid fand. Es braucht nichts Großes zu sein, nur eine kleine Erinnerung, die ein bisschen Freude in diese Zeit der Sorge und des Kummers bringt.

Neuere Untersuchungen haben ergeben, dass die bewusste Bemühung, in Stresssituationen positive Gefühle wachzurufen, nicht nur das psychische Wohlergehen erhöht, sondern auch das physische und die Fähigkeit, Probleme zu lösen, verbessert. Susan Folkman von der Universität von Kalifornien, San Francisco, nennt das »Positive Emotion Strategies«, positive Emotionsstrategien.[10] Sie hat herausgefunden, dass Männer, deren Partner an Aids starb, sich schneller von Depressionssymptomen erholten, wenn sie sich aktiv darum bemühten, positive Gefühle wachzurufen.

Auch ich habe in Tests festgestellt, dass es Menschen wie Letitia langfristig besser geht, weil es ihnen gelingt, in eine Situation der psychischen Belastung und des Verlustes Augenblicke positiver Emotion zu bringen. Wir fragten die Teilnehmer an unseren Untersuchungen, wie oft sie die folgenden vier Typen positiver Emotionsstrategien einsetzten:

1. Ich versuche, mich an die schönen Zeiten mit diesem geliebten Menschen zu erinnern.
2. Ich sage mir Dinge, die mir helfen, mich besser zu fühlen.
3. Ich suche nach positiven Aspekten der Situation.
4. Ich besinne mich auf meinen Humor.

Menschen, die sagten, sie setzten in belastenden Situationen bewusst solche positiven Emotionsstrategien ein, kamen schneller mit ihrem Verlust zurecht, egal wie niedergeschlagen sie sich zum Zeitpunkt dieses Verlusts fühlten.

In ihrer »Broaden-and-build«-Theorie argumentiert Barbara Fredrickson von der Universität von Michigan, dass der Einsatz positiver Emotionen bei schlechter Stimmung nicht nur zu deren Verbesserung beiträgt, sondern auch die Denkfähigkeit steigert, sodass man angemessener auf Herausforderungen reagiert und leichter die Initiative ergreift.[11] Tests beweisen, dass Körper und Geist von deprimierten Menschen sich mit Hilfe positiver Emotionen (die zum Beispiel durch die Vorführung komischer Filmsequenzen hervorgerufen werden) schneller erholen. Folglich reduzieren positive Gefühle vermutlich auch die negativen Auswirkungen von chronischem Stress auf den Körper.

Eine Studie über katholische Nonnen scheint zu bestätigen, dass positive Emotionen gut für die Gesundheit sind. Deborah Danner, David Snowdon und Wallace Friesen von der Universität von Kentucky sammelten Kurzbiografien von 180 Nonnen aus zwei Klöstern in den Vereinigten Staaten, die die Nonnen zwischen 1931 und 1943 im Alter von achtzehn bis zweiunddreißig Jahren verfasst hatten.[12] Die Forscher bewerteten jede dieser Aufzeichnungen nach der Menge positiver Emotionen, die darin zum Ausdruck kamen. Dann setzten sie den positiven Inhalt der Tagebücher in Bezug zur empirisch feststellbaren Gesundheit der jeweiligen Nonne – besonders ging es dabei darum, welche von ihnen im Jahr 2000 noch am Leben waren. Die Schwestern hatte alle ungefähr den gleichen Bildungsgrad, sozioökonomischen Status und Zugang zu medizinischer Versorgung. Es stellte sich heraus, dass die Neigung der Schwestern, positive Gefühle aufzuschreiben, in direkter Relation zu ihrer Langlebigkeit stand. Diejenigen unter ihnen, die in den Aufzeichnungen über ihre frühen Erwachsenenjahre am wenigsten positive Gedanken zum Ausdruck brachten, waren im Jahr 2000 mit 2,5-mal so hoher Wahrscheinlichkeit gestorben wie die Nonnen, in deren Autobiografien die meisten positiven Emotionen aufgeführt waren. Zudem starben die Nonnen,

Wege aus der Grübelfalle

die nur wenige positive Gefühle erinnert hatten, im Schnitt zehn Jahre früher als die anderen.

Positive Emotionen bewusst zu nutzen kann auch Ihnen helfen, besser mit dem Leben zurecht zu kommen. Es gibt viele Möglichkeiten, unsere augenblickliche Situation mit einer positiven Emotion anzureichern. Hier ein paar Anregungen:

Gehen Sie zum Friseur.
Lassen Sie sich massieren.
Gönnen Sie sich ein Schaumbad.
Spielen Sie mit Kindern.
Sehen Sie sich einen lustigen Film an.
Erzählen Sie Witze.
Machen Sie einen Spaziergang in schöner Landschaft.
Sehen Sie sich Fotos von lieben Menschen an.
Hören Sie Ihre Lieblingsmusik.
Spielen Sie ein Instrument.

Zusammenfassung

Hier eine Zusammenfassung der in diesem Kapitel beschriebenen Strategien:

Strategie	Beschreibung	Beispiel
Machen Sie sich klar, dass Grübeln Ihnen schadet.	Erkennen Sie, dass Grübeln Ihnen nicht zu Einsichten verhilft, sondern Ihren Blick verzerrt.	Sagen Sie: »Lass mich in Ruhe, du schadest mir!«

Strategie	Beschreibung	Beispiel
Gönnen Sie sich eine Pause.	Verwenden Sie positive Strategien zur kurzfristigen Ablenkung vom Grübeln.	Lesen Sie ein spannendes Buch. Gehen Sie Ihrem Lieblingshobby nach. Helfen Sie jemandem.
Werden Sie aktiv.	Lenken Sie sich mit körperlicher Aktivität ab; hören Sie vorübergehend mit dem Grübeln auf.	Stehen Sie bei Grübelattacken in der Nacht auf und lesen Sie etwas Aufmunterndes. Machen Sie einen Spaziergang, wenn Sie in die Grübelfalle geraten.
Die Gedankenpolizei	Ermahnen Sie sich, eine Weile mit dem Grübeln aufzuhören.	Sagen Sie: »Schluss damit!« zu sich selbst. Stellen Sie ein Spielzeugstoppschild auf Ihren Schreibtisch.
Lassen Sie sich nicht von den negativen Gedanken unterkriegen.	Sagen Sie sich, dass Sie sich nicht von ihnen beherrschen lassen.	Erkennen Sie, dass der Gegner gewinnt, wenn Sie über einen Konflikt nachgrübeln.

Wege aus der Grübelfalle

Strategie	Beschreibung	Beispiel
Schreiben Sie es in den Terminkalender.	Verschieben Sie das Nachdenken auf einen festgesetzten Zeitpunkt.	Sagen Sie sich: »Ich werde erst um sechs drüber nachdenken, damit ich mich jetzt auf meine Arbeit konzentrieren kann.«
Delegieren Sie Ihre Sorgen.	Lernen Sie Meditationstechniken. Oder, wenn Sie gläubig sind, beten Sie.	Stoppen Sie mittels Meditation das Grübeln.
Akzeptieren Sie die Hilfe anderer.	Sprechen Sie mit anderen über Ihr Grübeln.	Bitten Sie eine Freundin, die gut mit Stress zurechtkommt, Ihnen zu helfen.
Schreiben Sie es auf.	Notieren Sie Ihre Gedanken.	Führen Sie Buch über Ihr Grübeln.
Gönnen Sie sich etwas Schönes.	Wählen Sie Aktivitäten, die positive Emotionen hervorrufen.	Lassen Sie sich massieren. Hören Sie Musik. Schauen Sie sich eine Komödie an.

5.
Die Grübelei hinter sich lassen

Wenn Sie sich erst einmal aus der Grübelfalle befreit haben, ist es verführerisch, überhaupt nicht mehr über Ihre Probleme nachzudenken, um nicht wieder traurig, besorgt oder wütend zu werden. Das gilt besonders, wenn Sie sich an schnelle Lösungen gewöhnt haben: »Jetzt ist alles wieder in Ordnung. Über so etwas will ich mir keine Gedanken machen.« Aber Probleme verschwinden nicht einfach, sie erzeugen immer mehr Stoff zum Nachdenken. Wenn Sie sich also aus der Grübelfalle befreit haben, ist es wichtig, sich Ihren Problemen zu stellen und sich an die Lösung zu machen. In diesem Kapitel beschreibe ich Strategien, die es Ihnen erleichtern, klare Entscheidungen zu treffen und aktiv Ihr Leben zu verbessern.

Schärfen Sie Ihren Blick

Der *Zerrspiegeleffekt* des Zu-viel-Denkens lässt uns unsere Probleme ausschließlich aus der hoffnungslosesten Perspektive sehen. Wir erkennen nur die negative Seite unserer Situation und blenden die positiven aus. Das hindert uns, das Problem zu lösen.

Eine solche Verzerrung lässt sich nur beheben, wenn wir einen klareren Blick bekommen. Der erste Schritt besteht darin, zu sagen: »Ich habe das Recht, mir meine Sichtweise selbst auszusuchen, und dieses Recht werde ich auch ausüben.« Wenn Sie so vorgehen, haben Sie das Gefühl, die Situation besser im Griff zu haben und nicht so sehr vom Grübeln beherrscht zu werden. Sie können klarere Gedanken fassen und bessere Entscheidungen treffen.

Doch woher soll ich wissen, was richtig ist? Wie kann ich das, was andere sagen, ignorieren? Manche Menschen werden tatsächlich mit einem starkem Selbstbewusstsein geboren, aber auch ein zunächst schwach ausgeprägtes kann mit der Übung wachsen. Der Beschluss, selbst die Perspektive zu wählen, statt sie sich von außen aufzwingen zu lassen, macht stärker, und beim nächsten Mal geht es dann schon leichter.

Zum Beispiel Lore, eine temperamentvolle 38-jährige Kranken-schwester mit kurzen braunen Haaren und leuchtend blauen Augen, die ihr achtjähriger Sohn Andy von ihr geerbt hat. Andys größte Lei-denschaft ist der Fußball; er spielt seit der Kindergartenzeit in dersel-ben Mannschaft. Die Jungen toben sich auf dem Spielfeld aus, erzielen auch das eine oder andere Tor, aber im Großen und Ganzen versuchen sie, nicht über den Ball und die eigenen Füße zu stolpern. In diesem Jahr ist der Vater, der das Team betreute, in eine andere Stadt gezogen. Lore, die während ihrer Schulzeit selbst Fußball gespielt hat, wurde von den anderen Eltern zu seinem Nachfolger gewählt. Eigentlich wollte sie das gar nicht, denn sie hatte noch nie eine Kindermannschaft be-treut und stand auch nicht gern im Mittelpunkt. Doch Andy ließ ihr keine Ruhe, und da das Team sie brauchte, sagte sie schließlich ja, er-warb mehrere Bücher zum Thema Kindertraining, besuchte ein paar Kurse und begann die Arbeit mit der Mannschaft.

Und sie erwies sich als sehr geschickt: Die Jungen gewannen im Frühjahr alle Spiele und hatten trotzdem einen Mordsspaß. Sie waren den anderen Mannschaften haushoch überlegen. Da kam Lore auf die Idee, sie könnten in einer Liga spielen, und unterbreitete diesen Vor-schlag den anderen Eltern. Die meisten waren begeistert.

Einige jedoch fürchteten, dass ihre Kinder nun den Anschluss ver-lieren würden. Mike, ein Vater aus dieser Gruppe, bearbeitete die an-deren Eltern telefonisch, Lores Vorschlag nicht zuzustimmen. Er be-schuldigte Lore, »zu ehrgeizig« zu sein, und meinte, dass sie sich in der Liga nur noch um Andy und die besseren Spieler kümmern und die schwächeren vernachlässigen würde.

Lore bekam Wind von diesen Aktivitäten und verbrachte mehrere schlaflose Nächte mit Gedanken darüber, was hinter ihrem Rücken lief.

Die Grübelei hinter sich lassen

Meint Mike es mit dem, was er sagt, ernst? Da ist doch nichts
Wahres dran, oder? Was soll ich machen – Mike zur Rede
stellen? Ich hasse solche Konfrontationen. Seine Anschuldigungen sind einfach lächerlich. Ich könnte ihm erklären, dass
er sich selbst zum Narren macht oder nur an seinen eigenen
Sohn denkt und nicht an die Mannschaft. Vielleicht sollte ich
alle anderen Eltern anrufen und ihnen meine Sicht der Dinge
darlegen. Aber ich möchte nicht, dass es aussieht, als müsste
ich mich verteidigen, denn dann wirkt es am Schluss so, als
hätte Mike tatsächlich Recht. Was soll ich tun? Wenn das so
weitergeht, zerfällt das Team!

Nach einer Woche voller Grübeleien wurde Lore klar, dass Mike sie
dazu brachte, sich wie das hilflose Opfer einer Verschwörung zu fühlen. Sie wusste, dass sie sich von diesem Gefühl befreien musste, um
nicht an der Sache zu zerbrechen. Als sie sich um drei Uhr morgens
wieder beim Grübeln ertappte, schob sie die Gedanken beiseite und
sagte sich, sie würde sich später damit beschäftigen, in ihrer ganz persönlichen Sorgenstunde. Sobald diese dann da war, nahm sie sich vor,
sich nicht weiter von vornherein wie das Opfer zu fühlen. Ihrer Meinung nach machte Mike sich lächerlich, aber wenn er nicht wollte,
dass sein Sohn in einem leistungsorientierteren Team spielte, sollte
Lore das recht sein. Und wenn andere Eltern entschieden, ihre Söhne
ebenfalls aus der Mannschaft herauszunehmen, konnte sie auch nichts
machen. Sie würde trotzdem das tun, was ihrer Ansicht nach für die
Jungs das Richtige war. Nun konnte Lore wieder ruhig schlafen und
schaffte es, ihr Team mit Unterstützung der meisten anderen Eltern in
die Liga zu bringen.

Sobald Lore ihre Gedanken zu dem Thema in ihre persönliche Sorgenstunde verbannte, stoppte sie das Grübeln und fand eine sinnvol-
lere Möglichkeit, mit der Situation umzugehen. Sie ließ sich von Mike nicht mehr seine Sicht der Dinge aufzwingen. Hätte Lore sich
weiter von seinen Anschuldigungen und den Zweifeln, die diese in ihr
auslösten, beeinflussen lassen, wäre sie in der Grübelfalle stecken geblieben. Vielleicht hätte sie die Betreuung der Mannschaft sogar auf-

gegeben, um der Konfrontation aus dem Weg zu gehen, oder das Team nicht in die Liga geführt, obwohl sie wusste, dass das das Beste war.

Wenn Sie bewusst Ihre Sichtweise verändern und aktiv Ihre Perspektive wählen, wenden Sie den Blick automatisch von der negativen Seite ab und erhalten eine umfassendere Sicht der Dinge.

Lore löste ihr Problem, indem sie:

- ihr Nachdenken über das Problem auf eine bestimmte Tageszeit beschränkte;
- sich bewusst von der Perspektive des Opfers befreite;
- die absurden Bemerkungen von Mike herausfilterte;
- an ihre eigene Sicht der Dinge glaubte;
- beschloss, die Verantwortung für Ihre Entscheidungen und Handlungen zu übernehmen.

Erleben Sie Ihre negativen Gefühle bewusst und überwinden Sie sie

Ironie des Schicksals: In unserem Zeitalter des Anspruchsdenkens zerbrechen wir uns oft den Kopf darüber, ob wir ein Recht auf bestimmte Emotionen haben. Ist es in Ordnung, wenn ich wütend bin? Darf ich mich niedergeschlagen fühlen? Wieso mache ich mir immer so viele Sorgen? Besonders wir Frauen fragen uns ständig, ob wir ein Recht auf unseren Zorn haben. Die Frauenbewegung sagt uns nun seit vierzig Jahren, dass dem so ist, und irgendwie glauben wir das auch. Trotzdem haben wir ein schlechtes Gewissen, wenn wir dieses Recht ausüben, weil es bedeutet, gegen Regeln des zwischenmenschlichen Umgangs zu verstoßen, an die viele von uns sich halten, ohne es überhaupt zu merken: Wir dürfen andere Menschen nicht aus der Fassung bringen, und alle müssen uns mögen. Hieraus resultieren dann Grübelattacken. Etwas passiert, wir flippen aus, und noch Tage später hängen wir trüben Gedanken nach, ob unser Verhalten in Ordnung war.

Der erste Schritt, sich von solchen Gedanken zu befreien, besteht darin, Emotionen ohne Wenn und Aber zu akzeptieren und sie nicht ständig zu rechtfertigen. In einem weiteren Schritt können Sie dann erkennen, dass Gefühle nicht immer das Handeln beeinflussen müssen. Sie sind nämlich in der Lage zu akzeptieren, dass Sie wütend, traurig oder besorgt sind, und trotzdem die sinnvollste Reaktion auf die jeweilige Situation zu wählen.

Ein Beispiel: Rhonda, eine 50-jährige bescheidene Frau, die Lehrbücher und wissenschaftliche Texte verfasst. Obwohl sie ungern im Mittelpunkt steht, ist sie doch stolz auf ihre Arbeit, besonders auf ein naturwissenschaftliches Lehrbuch, das bereits in der sechsten Auflage verwendet wird. Vor kurzem hat sie eine E-Mail der jungen Lektorin Hannah erhalten, die mit ihr zusammen die siebte Auflage erarbeiten soll. Rhonda hatte sich schon monatelang darüber geärgert, wie der Verlag mit ihr und ihrem Buch umsprang: Entscheidungen wurden gefällt und dann aus unverständlichen Gründen wieder gekippt. Das Lektorat trat ständig mit Fragen an sie heran, deren Beantwortung eigentlich Aufgabe des Verlags gewesen wäre. Schließlich bat Hannah Rhonda, alle Anmerkungen, die sie bereits Monate zuvor abgegeben hatte, neu zu strukturieren. Rhonda erledigt ihre Schreibarbeiten selbst, weil sie keine Sekretärin hat, also bedeutete diese Bitte Stunden langweiliger Arbeit, die sie selbst für völlig überflüssig hielt. In ihrer E-Mail-Antwort erklärte sie Hannah, dies sei die unerfreulichste Erfahrung, die sie je im Zusammenhang mit der Veröffentlichung eines ihrer Bücher gemacht habe, der Verlag wolle sie wohl zur Sekretärin und Setzerin degradieren. Dann begann das Kopfzerbrechen.

War ich arrogant und unvernünftig? Aber welches Recht haben die, mir diese Arbeit aufzuhalsen? So etwas hat noch nie jemand von mir verlangt! In dem Projekt ist von Anfang an der Wurm drin. Ich sollte mich bei der Verlagsleitung beschweren und eine Entschuldigung fordern. Aber was ist, wenn keine Entschuldigung kommt? Was, wenn die Verlagsleitung hinter der Sache steht? Finde ich genug Punkte zu meiner Rechtfertigung?

Rhonda versuchte zuerst, diese Gedanken einfach beiseite zu schieben. Doch das wollte ihr nicht glücken, weil sie sofort wieder dachte: »Aber ich muss mich doch nicht entschuldigen, wenn ich im Recht bin!«

Sie musste als Erstes erkennen, dass sie wütend war und ein Recht auf diese Wut besaß. Als sie es geschafft hatte, ihre Emotionen zu akzeptieren, konnte sie auch klarer über ihre künftigen Aktionen nachdenken. Trotz ihres Zorns wurde ihr bewusst, dass es nicht gerade klug gewesen war, Hannah gegenüber derart die Fassung zu verlieren. Schließlich wollte sie ihr Buch veröffentlicht sehen und sich nicht in endlosen Scharmützeln aufreiben. Sobald sie das begriffen hatte, gelang es Rhonda, das fruchtlose Nachdenken zu stoppen und etwas zur Verbesserung ihrer Lage zu unternehmen. Nachdem sie sich bei Hannah entschuldigt und ihr erklärt hatte, warum sie so wütend gewesen war, musste Hannah zugeben, dass Rhonda tatsächlich ziemlich viele unnötige Dinge aufgehalst worden waren, und bemühte sich zusammen mit ihr, eine für beide befriedigende Lösung zu finden.

Wenn Rhonda sich den Kopf über ihre Wut zerbrochen hätte, statt sie zu akzeptieren, hätte sich ihr Verhältnis zu Hannah vielleicht irgendwann überhaupt nicht mehr einrenken lassen. Doch sobald es Rhonda gelungen war, ihren Zorn anzunehmen, hatte sie einen klareren Kopf und fand eine angemessene, aber auch ehrliche Reaktion.

Halten Sie es einfach (jedenfalls am Anfang)

Wenn wir von chaotischem Zu-viel-Denken gequält werden, sehen wir Probleme in unserem Leben, die nicht wirklich existieren oder doch zumindest nicht so groß und überwältigend sind, wie wir sie wahrnehmen. Diese Art des Grübelns entwickelt sich vor allen Dingen dann, wenn wir aus der Fassung sind, ohne zu wissen, warum. Es ist nichts Besonderes passiert, und wir finden die Ursache einfach nicht. Erst wenn wir anfangen, trübsinnigen Gedanken nachzuhängen, meinen wir schließlich, alle möglichen Gründe zu entdecken – unsere Arbeit, unsere Beziehung, unsere Gesundheit.

Manchmal liegt der Anlass für unsere schlechte Stimmung auf der Hand. Wir haben unsere Tage, konnten in der vergangenen Nacht nicht gut schlafen oder haben einfach ein bisschen zu viel getrunken. Vielleicht liegt es auch am Essen. Oder wir sind mit einem außergewöhnlichen Ereignis konfrontiert – der Chef hat schlechte Laune, oder der Sohn hat eine schlechte Note bekommen. Doch statt diese simplen Gründe für unsere Stimmung zu erkennen, betreiben wir Nabelschau, bis uns sehr viel dramatischere und komplexere Antworten auf unsere Fragen einfallen – unsere Ehekrise, unser Versagen im Beruf, unsere allgemeine Unzulänglichkeit.

Wenn Sie sich schlecht fühlen, ohne den Grund dafür zu kennen, und zu grübeln beginnen, sollten Sie sich zuerst mit den einfachen Erklärungen befassen. Haben Sie Alkohol getrunken? Sind Sie hungrig oder müde? Hat es mit der Periode zu tun? Wenn die Antwort auf eine dieser Fragen Ja lautet, sollten Sie sich besonders vor Grübeleien hüten. Schlafen Sie lieber eine Runde, essen Sie einen Happen oder lenken Sie sich mit einer Aktivität vom nutzlosen Nachdenken ab. Natürlich werden die echten Probleme immer noch da sein, wenn Sie sich ihnen wieder zuwenden. Aber jene Probleme, die nur eine Ausgeburt Ihrer Grübelei sind, verflüchtigen sich ganz oder wirken längst nicht mehr so übermächtig wie zuvor.

Hören Sie auf, sich mit anderen zu vergleichen

Wir neigen alle dazu, uns mit anderen zu vergleichen, weil uns das von Kindesbeinen an eingebläut wird. Eltern sagen ganz offen, dass eins ihrer Kinder klüger, sportlicher oder extrovertierter ist als die anderen. Schon in der Schule vergleichen wir unsere Leistungen, und im Verlauf der späteren Ausbildung lassen sich manche Chancen nur realisieren, wenn wir uns gegen Konkurrenten durchsetzen. Wir kennen unseren Status auf vielen Gebieten – Gehalt, Stellung im Betrieb, das Können als Tennisspieler sind gute Indikatoren.

Neuere Studien von Sonja Lyubomirsky von der Universität von Kalifornien, Riverside, zeigen deutliche Unterschiede auf, wie glückliche und unglückliche Menschen mit ihrer gesellschaftlichen Positionierung umgehen.[1] Unglückliche Menschen vergleichen sich häufig mit anderen. Sie sind sich ihres gesellschaftlichen Status bewusster und machen sich mehr Gedanken über ihre Leistung. Ihre Stimmung ist stärker davon abhängig, was sie über ihren Status zu wissen glauben. Wie sie sich im Vergleich zu anderen schlagen, ist unglücklichen Zu-viel-Denkern noch wichtiger als ihre tatsächliche Leistung. In einer Laborstudie bat Sonja Lyubomirsky Collegestudenten, schwierige Aufgaben zu lösen, und gab ihnen dann ein Feedback über ihre eigene und über die Leistung der anderen Teilnehmer. Die unglücklichen Studenten fühlten sich, wenn ein anderer Teilnehmer eine bessere Bewertung erhielt, auch bei einer ausgezeichneten eigenen Beurteilung schlechter als bei einer negativen eigenen und noch negativeren Beurteilung der anderen. Mit anderen Worten: Die Wahrnehmung und Zufriedenheit der unglücklichen Studenten hingen eher vom Vergleich mit den anderen ab als von der eigenen Leistung.

Glückliche Menschen hingegen blenden Informationen über die gesellschaftliche Positionierung im Allgemeinen aus. Ihre Wahrnehmung von sich selbst speist sich eher aus einem inneren Standard. Wenn es ihnen gelingt, diesem inneren Standard zu genügen, sind sie glücklich. Wenn nicht, sind sie weniger zufrieden, werden aber aktiv, um sich entweder besser zu fühlen oder ihre künftige Leistung zu verbessern.

Und die Moral von der Geschicht? Am besten vergleicht man sich nicht mit anderen. Das ist manchmal gar nicht so leicht, weil wir doch von klein auf dazu erzogen werden. Anspruchsdenken fördert gesellschaftliche Vergleiche – wenn jemand etwas besitzt, das wir nicht haben, oder besser behandelt wird als wir, verleitet es uns zu Grübeleien darüber, warum wir das, was uns unserer Meinung nach auch zusteht, nicht bekommen. Und wenn wir in einem Wertevakuum leben, haben wir Schwierigkeiten, unseren eigenen inneren Standard zu bilden, und neigen eher dazu, uns an den Standards der modernen Kultur zu orientieren.

Wenn Sie sich beim Grübeln darüber ertappen, wie Sie sich im Vergleich zu anderen schlagen, sollten Sie sich fragen: »Wieso mache ich mir darüber Gedanken? Ist mir das überhaupt wichtig? Soll der andere doch etwas haben, was ich nicht habe. Was sind meine wahren Ziele?«

Warten Sie nicht darauf, gerettet zu werden

Wir kennen alle die zahllosen Filme, in denen die schöne junge Frau in einer schwierigen Situation steckt: Sie droht gleich von einem Dinosaurier verschlungen oder von einem Bösewicht angegriffen zu werden oder muss ein elendes Dasein fristen, als der attraktive Held die Bühne betritt und sie rettet. Tja, was für eine hübsche Phantasie! Aber im wirklichen Leben passiert so etwas nur sehr selten. Trotzdem warten viele Frauen immer noch darauf, gerettet zu werden: vor Ehemännern oder Freunden, die sie schlagen; vor dem System, das ihnen eine bessere Bildung oder einen guten Job verwehrt. Andere fühlen sich von unsichtbaren Mächten in die Enge getrieben: von Langeweile und Mittelmaß, vom Bedauern über vergangene Entscheidungen, von der Ahnung, dass alles besser sein könnte. Wir grübeln und beginnen unsere Sätze immer wieder mit »Wenn doch nur …«:

Wenn ich doch nur ein paar Kilo abnehmen könnte, würde ich sicher einen Freund finden. Wenn ich doch nur einen besseren Job hätte, wäre ich glücklich. Wenn ich doch nur einen Mann kennen lernen würde … Wenn das Telefon klingeln würde …

Warten auf Rettung verlängert das Elend garantiert. Im Wesentlichen haben Sie zwei Alternativen: sich mit Ihrer Situation abzufinden oder sie zu verändern. Wenn Sie sich in einer schlechten Beziehung befinden, vielleicht sogar misshandelt werden, ist eine solche Veränderung unerlässlich. Dafür brauchen Sie möglicherweise die Unterstützung einer Sozialarbeiterin oder Anwältin, die Ihnen die Optionen für Ihr neues Leben verdeutlichen kann. Bitte warten Sie nicht auf Rettung, wenn es die Möglichkeit gibt, jemanden um Hilfe zu bitten.

Wenn die Situation nicht ganz so schlimm ist, gibt es meist mehrere Optionen; die vernünftigste besteht vermutlich darin, die gegenwärtigen Umstände lieben zu lernen. Wir haben uns so sehr an schnelle Abhilfe gewöhnt, dass wir uns nur zu leicht auf hastige Veränderungen – ein neuer Job, ein neuer Liebhaber, eine Schwangerschaft – stürzen. Doch wir sollten die Belastungen, die solche Veränderungen nach sich ziehen, immer gegen den potenziellen Nutzen abwägen und uns darüber klar werden, ob sie tatsächlich eine Verbesserung bringen. Vielleicht ist es vernünftiger, sich mit dem zufrieden zu geben, was man hat, oder nur kleinere Modifikationen vorzunehmen. Wenn Ihr Job Sie anödet, nützt es mehr, ihn interessanter zu gestalten als ihn hinzuschmeißen. Wenn Sie sich in Ihrer Beziehung langweilen, sollten Sie sich nicht sofort nach einem neuen Partner umsehen, sondern sich über Ihr eigenes Verhalten klar werden. Wenn Sie mit Ihrem Familienleben unzufrieden sind, sollten Sie nicht gleich an ein weiteres Kind denken und glauben, alle Probleme seien damit gelöst. Probieren Sie lieber neue Aktivitäten aus, die die Beziehungen zwischen allen Beteiligten fördern und vertiefen.

Falls eine Veränderung nötig ist, um Ihr Leben zu verbessern, müssen Sie diejenige sein, die diese herbeiführt. Die Strategien, die ich im Folgenden beschreibe, werden Ihnen dabei helfen, diesen Prozess in Gang zu setzen.

Lassen Sie Ihren Gedanken freien Lauf

Wenn Sie ein konkretes Problem haben, ist es sinnvoll, ganz altmodisch Ideen zu einer möglichen Lösung zu sammeln. Statt alle Einfälle so lange zu analysieren, bis Sie sicher sind, dass sie ohnehin nicht funktionieren werden, sollten Sie Ihre Gedanken frei fließen lassen, sie notieren, einer Freundin davon erzählen oder sie auf Kassette sprechen und am Schluss die Vor- und Nachteile eines jeden Vorschlags abwägen.

Die 43-jährige Sozialarbeiterin Dora zum Beispiel geht ganz darin auf, anderen zu helfen, auch wenn das anstrengend ist. Nach einem langen Arbeitstag ist sie oft wütend auf die Leute, die keinerlei Motivation verspüren, aktiv zu werden und sich selbst zu helfen. Jedoch hat

Die Grübelei hinter sich lassen

sie auch Mitleid mit denen, die dazu nicht in der Lage sind, aber trotzdem keine Hilfe vom Staat erhalten. Sie versucht, den Stress im Büro zu lassen, doch in letzter Zeit reagiert sie ihrem Mann Frank und den beiden Kindern gegenüber oft gereizt. Manchmal brüllt sie ihren Sohn an, weil er den Fernseher nicht sofort ausschaltet und kommt, wenn sie ihn zum Essen ruft, oder sie zieht sich in ihr Zimmer zurück, um nicht aus der Fassung zu geraten.

Eines Tages sprach sie mit dem Pfarrer ihrer Gemeinde über ihre Sorgen. Der riet ihr, etwas gegen den Stress zu unternehmen und ihre Ungeduld in den Griff zu bekommen. Zu Hause stellte Dora eine Liste möglicher Vorgehensweisen zusammen:

1. Kündigen
2. Teilzeit arbeiten
3. Dafür sorgen, dass die Kinder nicht mehr so nerven
4. Frank bitten, dass er die Kinder zu mehr Disziplin anhält
5. Einen weniger stressigen Job suchen
6. Vor dem Feierabend Stress abbauen

Dora ging die Punkte auf ihrer Liste einen nach dem anderen durch. Sie wusste, dass Nummer 1 und 2 sich nicht verwirklichen ließen. Sie konnte nicht kündigen oder auf Teilzeitbasis arbeiten, weil die Familie das ganze Einkommen brauchte. Also wandte sie sich Nummer 5 zu. In den Zeitungen befanden sich zahllose Stellenanzeigen für Jobs im Dienstleistungsgewerbe, zum Beispiel im Verkauf, doch eigentlich konnte Dora sich eine solche Tätigkeit nicht vorstellen. Selbst wenn ihr jetziger Job als Sozialarbeiterin sie manchmal ziemlich frustrierte, verschaffte es ihr große Befriedigung, wenn es ihr gelang, jemandem zu helfen. Ihr Engagement speiste sich aus christlicher Nächstenliebe. Außerdem wollte sie nicht in einem Laden arbeiten, sondern weiter anderen Menschen helfen. Wenn die gesetzlichen Regelungen sowie die Sozialpolitik allgemein sich jedoch nicht grundlegend änderten, brachte ein Job wie der ihre notgedrungen Stress mit sich.

Das bedeutete, sie musste zu Hause etwas ändern. Probleme, die sie mit Lösungen Nummer 3 und 4 auf ihrer Liste bearbeiten konnte, gehörten zu den häufigsten Auslösern für ihre Grübelattacken. Ihr Gedankengang sah dann etwa folgendermaßen aus: »Ich setze mich so sehr für andere und meine Familie ein, da hätte ich auch ein bisschen Ruhe und Frieden verdient. Die Kinder müssen einfach lernen, sich besser zu benehmen. Sie haben keine Ahnung, was Disziplin heißt.« Jetzt, da Dora das Grübeln gestoppt hatte und wieder klarer denken konnte, wurde ihr bewusst, dass Frank und die Kinder eigentlich nicht das Problem waren. Sie nahm sich vor, sich das bei der nächsten Grübelattacke ins Gedächtnis zu rufen.

Nun überlegte Dora, ob sich Punkt 6 in die Tat umsetzen ließe. Die Fahrt vom Büro nach Hause konnte ihr nicht helfen, Stress abzubauen, weil sie jeden Abend mindestens eine Stunde im dichten Verkehr unterwegs war. Und wenn sie während der Fahrt in den Nachrichten hörte, wie Politiker Steuergelder für sinnlose Projekte vergeudeten, verstärkten sich ihre Wut und Hilflosigkeit noch.

Dora beschloss, mit Frank über ihre Ungeduld zu reden und über ihren Wunsch, Stress loszuwerden, bevor sie nach Hause kam. Frank war erleichtert, dass Dora das Thema anschnitt, und machte ihr eine Reihe von Vorschlägen: Hör dir während der Heimfahrt beruhigende Musik an statt der Nachrichtensendung; mach ein bisschen früher im Büro Schluss und schau noch ein Stündchen im Fitnessstudio vorbei, bevor du nach Hause kommst. Außerdem vereinbarten sie ein Signal, mit dem Frank Dora zeigen konnte, dass sie wieder gereizt war. Wenn er es einsetzte, sollte Dora einmal um den Block marschieren, um Dampf abzulassen. Dora war begeistert von seinen Ideen. Und sie fand es rührend und motivierend, dass Frank sich so viel Mühe gab, zusammen mit ihr Lösungen zu finden.

Verzetteln Sie sich nicht

Zu viel denken konzentriert sich oft auf die Details einer Situation – er hat gesagt, sie hat gesagt, warum habe ich nicht gesagt?, und so weiter und so fort. Auch Dora hätte sich in Schuldzuweisungen für ihren

Die Grübelei hinter sich lassen

Stress ergehen können – ihr Sohn hätte nicht mit dem Nintendospielen anfangen sollen, wenn Dora Fernsehen wollte; Frank hatte Doras abendlichen Termin vergessen und dass er für die Kinder kochen sollte; Dora hatte sich einen Monat lang bemüht, für einen Drogensüchtigen einen Platz in der Klinik zu bekommen, und der Junkie war im allerletzten Augenblick abgesprungen.

Dora beschloss, sich von den Details nicht den Blick fürs große Ganze verstellen zu lassen und sich auf ihren Wunsch, anderen Menschen zu helfen, zu konzentrieren. So befreite sie sich aus der Grübelfalle und fand Lösungen gegen den Stress. Die meisten von uns besitzen Wertvorstellungen, auch wenn diese bisweilen von Anspruchsdenken und Idealen der Popkultur überlagert werden. Studien von Abigail Stewart von der Universität von Michigan und Dan McAdams von der Northwestern Universität zeigen, dass viele von uns, besonders wenn wir älter werden, den Wunsch verspüren, das Leben anderer zu verbessern und so etwas wie ein positives Erbe auf dieser Welt zu hinterlassen.[2] Wie wir diesen Wunsch verwirklichen, hängt von unseren individuellen Fähigkeiten ab.

Diese Wertvorstellungen helfen uns dabei, schwierige Situationen richtig einzuschätzen und mit ihnen umzugehen. Wenn wir uns aus der Grübelfalle befreit und das negative Denken hinter uns gelassen haben, gelingt es uns eher, diese Werte zu erkennen. Sie können uns Antworten auf die Fragen liefern, über die wir uns den Kopf zerbrechen, und uns den Weg zu Veränderungen weisen.

Doch wie besinnt man sich auf seine Werte? Ziehen Sie sich zurück und beschäftigen Sie sich, ohne ins Grübeln zu verfallen, mit Fragen wie: »Was ist mir wirklich wichtig und warum? Was würde ich der Welt gern hinterlassen? Was sollen die Leute über mich sagen?« Denken Sie an Menschen, die Sie bewundern – nicht an Filmstars oder Reiche, sondern an Personen, die einen wichtigen Beitrag zu Kunst und Kultur, Umweltschutz oder dem Wohlergehen anderer geleistet haben. An welchen Werten orientieren sie sich? Lesen Sie Biografien und Autobiografien solcher Menschen, um deren Motivation besser zu begreifen. Wenn Sie die Ziele, für die eine Interessensgruppe eintritt, gut finden, beschäftigen Sie sich genauer damit. Werte werden

Ihnen nicht auf dem Silbertablett serviert, Sie müssen die finden, die Ihnen entsprechen und derentwegen Sie richtungweisende Entscheidungen zu treffen bereit sind.

Wagen Sie kleine Schritte

Auch wenn Sie einen Plan zur Bewältigung eines Problems haben, können Sie das Gefühl bekommen, seiner Umsetzung nicht gewachsen zu sein. Wenn Sie glauben, Sie müssten dieses Problem sofort und ein für allemal aus der Welt schaffen, verfallen Sie möglicherweise in Apathie. Doch diese Apathie überwinden Sie, indem Sie sich auf kleine Schritte konzentrieren. Genau wie jede kleinste Spende für einen guten Zweck nützt, trägt auch die kleinste Aktivität dazu bei, Ihre Probleme in den Griff zu bekommen. Und obendrein hilft sie Ihnen, sich aus der Grübelfalle zu befreien.

Marlene wusste nicht, was sie tun sollte, als sie ihren Job in der Autofabrik verlor. Ihr war klar, dass sie kaum eine Chance hatte, ihre Stelle wiederzubekommen, weil die Firma kurz vor der Pleite stand und alle guten Stellen in ihrer Gegend von High-Tech-Unternehmen vergeben wurden. Sie hatte nicht studiert, wusste nichts über Computer und war bereits fünfundfünfzig Jahre alt. Also konnte sie sich ausrechnen, wie gut ihre Aussichten auf einen solchen Job waren. Marlene verbrachte ein paar Tage mit Grübeln über die Ungerechtigkeit, dass sie nach fünfunddreißig Jahren einfach entlassen wurde und die jüngeren Arbeitnehmer alle wieder Stellen fanden. Sie saß zu Hause herum, schaute den ganzen Tag fern und stopfte sich mit Chips und Cola voll. Doch bald schon hatte sie das satt und beschloss, etwas zu unternehmen. Sie informierte sich über Computerfortbildungen und stellte fest, dass die angebotenen Kurse sie tatsächlich interessierten. Außerdem fand sie heraus, dass es besondere Förderungsmöglichkeiten für Arbeitslose mittleren Alters gab, die umschulen wollten. Sofort verbesserte sich ihre Laune.

Manchmal hilft schon ein kleiner Schritt in Richtung Problemlösung. Dieser erleichtert den nächsten und wieder den nächsten.

Irgendwann kommt dann die gesamte Lösung in Sicht. Die Energie und Motivation, die uns kleine Siege schenken, wappnen uns gegen unvermeidliche Rückschläge.

Packen Sie den Stier bei den Hörnern

Ein weiterer Faktor, der uns in die Grübelfalle locken und uns am Handeln hindern kann, ist der Wunsch, dass das, was wir unternehmen, tatsächlich Früchte bringt. In einem Experiment baten wir eine Gruppe von chronischen Zu-viel-Denkern und eine Vergleichsgruppe, deren Mitglieder nicht zum Zu-viel-Denken neigten, Strategien zur Lösung eines schwierigen Problems – des Mangels an angemessenen Studentenunterkünften auf dem Campus unserer Universität – zu entwickeln.[3] Beide Gruppen arbeiteten Pläne aus, doch die Zu-viel-Denker waren sich viel weniger sicher als die Testpersonen der Vergleichsgruppe, dass diese sich wirklich in die Tat umsetzen ließen. Sie zögerten auch, sich für ihre Pläne einzusetzen oder sie anderen eindringlich zu erklären. Sie sagten immer wieder, sie benötigten mehr Zeit zum Nachdenken und mehr Informationen, bevor sie sich für eine Vorgehensweise entscheiden könnten. Die Teilnehmer der Vergleichsgruppe hingegen akzeptierten, dass ihre Pläne sich möglicherweise nicht verwirklichen lassen würden, waren aber gleichzeitig der Ansicht, dass es besser sei, die Sache anzupacken, als gar nichts zu tun.

Ein gutes Beispiel ist Sarah. Eine Krise in der Familie hatte Sarah, eine 49-jährige Hausfrau, und ihre 46-jährige Schwester Nina in eine schwierige Situation gebracht. Ihre 82-jährige Mutter hatte sich bei einem Sturz die Hüfte gebrochen, und ihr 89-jähriger Vater war selbst zu gebrechlich, um sich um sie zu kümmern. Sarah und Nina hatten das Leben immer schon unterschiedlich angepackt. Sarah war umsichtig und ging methodisch vor; Familienaktivitäten plante sie bereits Wochen im Voraus. Ihr Haus war immer blitzblank, die Haare hatte sie perfekt gestylt, und Sarahs Nachbarn wussten, dass sie sich in Notsituationen auf sie verlassen konnten. Nina dagegen war impulsiv und spontan. Sie hatte sich für eine Tätigkeit im Reisebüro entschieden, um in exotische Weltgegenden reisen und problemlos die Stelle wechseln zu können, sobald es ihr langweilig wurde. Wenn Sarah und Nina sich trafen, hatte Nina jedes Mal eine neue Frisur, manchmal mit bunten Strähnchen.

Beide Frauen liebten ihre Eltern sehr, weil diese die Unterschiedlichkeit ihrer Töchter akzeptiert hatten, obwohl Sarah und Nina einander in Kindheit und Jugend nicht ausstehen konnten. Plötzlich wurden die beiden nun mit der Frage konfrontiert, wie sie die Pflege der Mutter organisieren sollten. Ihre Telefonate zu dem Thema endeten immer damit, dass die beiden sich lautstark gegenseitig vorwarfen, was sie sich in der Vergangenheit angetan hätten. Nach einem solchen Gespräch verfiel Sarah in stundenlanges Grübeln darüber, was sie und Nina gesagt hatten, wie sehr sie das belastete, wie unsensibel ihre Schwester war und so weiter und so fort. Sarah wusste, dass sie wieder mit Nina würde sprechen müssen, und legte sich im Kopf einen Text zurecht. Manchmal erschienen ihr die Worte vernünftig und ruhig, dann wieder verbittert und vorwurfsvoll. Sarah war nicht klar, ob sie überhaupt mit ihrer Schwester reden sollte. Was, wenn es ihr nicht gelang, das auszudrücken, was sie meinte? Was, wenn ihre Schwester anfing, sie anzubrüllen? Sarah schob das Telefonat mit Nina einige Tage vor sich her und wurde in dieser Zeit immer frustrierter und schuldbewusster darüber, dass sie sich nicht angemessen mit dem Pflegeproblem der Mutterbeschäftigte.

Irgendwann beschloss sie, etwas zu unternehmen, auch wenn sie dadurch riskierte, dass ihre Schwester sich noch mehr von ihr distanzierte. Sie fand, eine gute Methode, sich aus der Unsicherheit zu befreien, bestand darin, auf einem Blatt Papier zu notieren, was sie zu Nina sagen würde. Sie bemühte sich sehr, sich von den Gedanken an frühere Auseinandersetzungen mit ihr zu lösen und sich stattdessen dem Pflegeproblem zuzuwenden. Sie übte das, was sie aufgeschrieben hatte, vor dem Spiegel ein. Das half ihr festzustellen, wann sie sich nicht klar ausdrückte. An solchen Stellen überarbeitete sie den Text. Ihr wurde auch bewusst, dass einige der Dinge, die sie zu Nina sagen wollte, den Konflikt eher noch verschlimmern würden als das Problem zu lösen. Also befasste sie sich auch damit noch einmal.

Außerdem dachte Sarah sich eine Belohnung für sich selbst aus, wenn sie das Gespräch mit Nina hinter sich gebracht hätte – eine Packung Pralinen. Dann verabredete sie sich mit Nina und trug ihr den Text vor. Zu Sarahs Überraschung wirkte Nina erleichtert darüber, dass sie konkrete Vorschläge zur Lösung des Pflegeproblems ausgearbeitet hatte. Die beiden verabschiedeten sich in bestem Einvernehmen voneinander.

Sarah säße vermutlich immer noch in der Grübelfalle, wenn sie nicht beschlossen hätte, den Stier bei den Hörnern zu packen. Wichtig ist in diesem Zusammenhang, dass Sarah sich ausführlich Gedanken darüber machte, wie sie auf Nina zutreten würde, statt impulsiv zu handeln.

Erwarten Sie nicht zu viel

Monica ist eine hoch intelligente, temperamentvolle Siebenundzwanzigjährige mit lebhaften braunen Augen und langen schwarzen Haaren. Sie hat hart gearbeitet, um eine Stelle als Assistenzprofessorin für Soziologie an einer der prestigeträchtigsten Universitäten des Landes zu ergattern. Das Studium hat sie sich als Kellnerin finanziert, weil ihre Eltern, Einwanderer aus Guatemala, sie nicht unterstützen konnten. Monicas Noten waren immer ausgezeichnet, sodass sie schon bald zum Liebling der Professoren wurde und ein Stipendium bekam.

Monica hatte das Gefühl, im ersten Jahr als Assistenzprofessorin gut mit dem Stress, den die Tätigkeit mit sich brachte, zurechtzukommen. Die älteren Kollegen halfen ihr, wo es ging, und belasteten sie nicht mit zu vielen Verwaltungsaufgaben. Einige der Studenten bekundeten ihr Interesse, ihre Doktorarbeit von Monica betreuen zu lassen. Belinda, eine von ihnen, beklagte sich bei ihr, die älteren Professoren könnten nichts mit ihren Ideen anfangen und erwarteten, dass sie sie bei ihren eigenen Forschungsarbeiten unterstützte. Monica wusste, dass das nichts Ungewöhnliches war. Doch sie konnte die etwa gleichaltrige Belinda gut leiden, unterhielt sich gern mit ihr und erklärte sich bereit, deren Doktorarbeit zu betreuen.

Doch schon wenige Wochen später wurde das Verhältnis zwischen ihnen angespannt. Monica gab Belinda Lektürehinweise, die ihrer Meinung nach wichtig für ihr Projekt waren, und bat sie, einige Daten auszuwerten. Zwei Wochen vergingen, und Belinda hatte keine der beiden Aufgaben erledigt. Als Monica sie fragte, warum, erklärte Belinda ihr, sie habe sich einen Kurzurlaub gegönnt, weil ihr jemand einen billigen Flug nach St. Thomas angeboten habe. Und das, obwohl Belinda das Exposé für ihre Arbeit bis Ende des Semesters einreichen sollte. Monica sagte ihr, sie müsse sich auf die Arbeit konzentrieren. Das nahm Belinda ihr übel. Sie klinge, meinte sie, wie die älteren Kollegen, und wenn sie nicht aufpasse, würde sie bald auch nur noch für die Uni leben.

In den folgenden Wochen fand Belinda immer wieder neue Ausreden, und die unbefriedigende Situation ließ Monica keine Ruhe mehr. Sie begann sich zu fragen:

Warum steht Belinda sich selbst im Weg? Warum gelingt es mir nicht, sie zu motivieren? Hat Belinda Recht, und ich konzentriere mich zu sehr auf die Arbeit? Ja, natürlich schufte ich mehr denn je, und ich will kein Workaholic werden. Aber wieso begreift sie nicht, dass sie ihr Arbeitspensum für dieses Semester schaffen muss?

Zum Glück kam Monica auf die Idee, mit Ellen, einer zwanzig Jahre älteren Kollegin, zu sprechen. Monica sagte ihr, sie verstehe Belinda nicht und habe Schuldgefühle, weil sie ihr nicht mehr helfen könne. Ellen hörte sich alles an und meinte dann: »Wissen Sie, die meisten Studenten sind nicht so wie Sie. Ich meine damit übrigens nicht nur die Intelligenz. Studenten begreifen im Regelfall nicht, dass für den Erfolg viel mehr nötig ist als Intelligenz – harte Arbeit, die Bereitschaft, von anderen zu lernen, Durchhaltevermögen. Sie wissen das, Monica, aber Belinda ist es nicht klar, und vielleicht wird sie es auch nie verstehen.« Ellens Worte halfen Monica, sich aus der Grübelfalle zu befreien und zu akzeptieren, dass sie Belinda nicht zum Erfolg zwingen konnte. Sie beschloss, mit ihr offen darüber zu reden,

Die Grübelei hinter sich lassen

was sie von ihr erwartete, wenn sie weiter mit ihr zusammenarbeiten wollte. Nach diesem Gespräch wirkte Belinda enttäuscht und verbittert, doch Monica wusste, dass ihre Offenheit ihr selbst und Belinda nützen würde.

Viele der Fragen, die wir uns in Grübelattacken stellen, haben mit anderen Menschen zu tun: Wieso wählt mein Sohn nicht dieselbe Partei wie ich? Wie konnte mein Chef bloß auf die Idee kommen, dass ich für die Firma lügen würde? Die Antwort lautet: Die Menschen sind einfach unterschiedlich. Wenn wir das akzeptieren, müssen wir nicht ständig überlegen, wieso das Verhalten anderer unseren Erwartungen nicht entspricht – es ist nun mal so.

Vergeben Sie

Wie konnte der oder die mir das antun?, ist eine der häufigsten Fragen in Grübelattacken. Wie konnten meine Eltern mich bloß so erziehen? Wieso haben sie mich so behandelt? Wieso lassen meine Freunde mich im Stich? Wie konnte mein Lehrer, mein Chef oder mein Partner mich nur so hintergehen?

Wenn wir in der Lage wären, in die Leute hineinzuschauen, die uns etwas Böses angetan haben, und die Motivation für ihr Verhalten zu verstehen, gelänge es uns möglicherweise, uns von Grübeln und emotionalen Verletzungen zu befreien. Das passiert manchmal in der Psychotherapie, wenn man sich daran macht, seine Vergangenheit zu analysieren und zu begreifen, warum man so ist, wie man ist, und die Motivation anderer zu ergründen. Das kann sich auch ergeben, wenn wir mit anderen über das Unrecht sprechen, das sie uns angetan haben.

Doch normalerweise wissen wir nichts über ihre Beweggründe, und selbst wenn wir sie begriffen, würden wir sie möglicherweise nicht akzeptieren. Franziska beispielsweise wurde irgendwann klar, dass ihr Vater, ein Alkoholiker, sie meist dann verprügelte, wenn er betrunken war. Aber diese Einsicht beantwortete nicht folgende Fragen:

Warum hat er nicht versucht, sein Alkoholproblem mit professioneller Hilfe in den Griff zu kriegen? Warum musste das ausgerechnet mir passieren? Wie soll ich je darüber hinwegkommen?

Helfen konnte Franziska schließlich nur der Versuch, ihrem Vater zu vergeben, obwohl sein Verhalten eigentlich unverzeihlich war. Doch wenn sie ihm nicht verzieh, schaffte sie es selbst nicht, eine Struktur im Leben zu finden.

Anderen zu vergeben, passt nicht zu dem Anspruchsdenken, das sich in den letzten Jahrzehnten in unserer Kultur herausgebildet hat. Das Anspruchsdenken suggeriert, dass wir ein Recht darauf besitzen, unsere Forderungen durchzusetzen, und wenn uns das nicht gelingt, öffentlich Rache an denjenigen zu nehmen, die uns daran hindern. Zu verzeihen bedeutet, auf das Recht auf Rache zu verzichten. Das fällt vielen von uns schwer, weil wir dazu erzogen werden, nicht klein beizugeben. Besonders wenn es um sexuellen Missbrauch, Vernachlässigung oder eine ungerechtfertigte Entlassung geht, kann es uns unmöglich erscheinen, dem Schuldigen zu verzeihen.

Ein wichtiger Schritt in Richtung Vergeben besteht darin, die Handlungen des anderen weder gut zu heißen noch akzeptabel zu finden und den Übeltäter trotzdem nicht durch persönliche Konfrontation oder gerichtliches Vorgehen zur Rechenschaft zu ziehen. Laut Aussage von Michael McCullough von der Southern Methodist Universität bedeutet Verzeihen, den Wunsch nach Rache um der Rache willen aufzugeben und sich von Wut und Hass zu befreien.[4]

Ein weiterer wichtiger Auslöser fürs Grübeln sind unsere Gefühle der Schuld und Scham. Also müssen wir manchmal auch uns selbst verzeihen. Die moderne Gesellschaft gibt uns mehr als genug Anlass, wegen unserer Handlungen und Entscheidungen zerknirscht oder verlegen zu sein.

Wie konnte ich nur so schreckliche Dinge zu meinem Sohn sagen? Schadet es meinen Kindern, wenn ich so viel arbeite? Meine Eltern wollen mich öfter sehen – wieso besuche ich sie so selten? Was, wenn sie in der Zwischenzeit sterben?

Die Grübelei hinter sich lassen 111

Wenn Sie Ihr Verhalten begreifen, können Sie eine Wiederholung vermeiden. Doch dieses Begreifen befreit nicht immer von Schuldgefühlen, genauso wenig, wie es uns nicht gegen Zorn gefeit macht, wenn wir verstehen, warum andere uns Leid zugefügt haben. Vielleicht wissen Sie, warum Sie Ihr Kind anschreien, haben aber trotzdem hinterher Schuldgefühle. Ihnen ist klar, dass Sie arbeiten müssen, und dennoch plagen Sie jedes Mal, wenn Kinder oder Eltern mehr Engagement von Ihnen fordern, Gewissensbisse. Genau hier sollte das Vergeben einsetzen. Wenn es uns gelingt, uns selbst zu verzeihen, können wir uns dem Handeln zuwenden, auf Rache verzichten und uns auf Lösungen konzentrieren, statt weiter in der Grübelfalle zu sitzen. Nur dann sind wir in der Lage, mit klarem Kopf gegen den Arbeitsstress anzugehen. Nur dann besitzen wir die Energie und Kreativität, berufliche und häusliche Zeit ausgewogen in Einklang zu bringen. Nur dann verwandeln sich unsere Schuldgefühle nicht in Wut.

Wichtige neue Untersuchungen weisen darauf hin, dass Vergeben nicht nur die psychische, sondern auch die physische Gesundheit verbessert. Charlotte vanOyen Witvliet, Thomas Ludwig und Kelly Vander Laan vom Hope College baten Teilnehmer an einer Studie, eine Person zu nennen, die sie für schlechte Behandlung, Beleidigungen oder Verletzungen in der Vergangenheit verantwortlich machten, und zu beschreiben, was diese Person getan hatte.[5] Dann sollte die Hälfte der Teilnehmer sich vornehmen, der betreffenden Person zu verzeihen, sie zu verstehen und sich in sie hineinzuversetzen. Die andere Hälfte sollte sich vornehmen, ihr nicht zu verzeihen, und sich gedanklich immer wieder mit der Missetat auseinandersetzen. Die Forscher erfassten eine Reihe von physiologischen Daten, anhand derer sich Rückschlüsse auf Angst, Anspannung und Herzfunktion ziehen ließen, darunter auch Pulsfrequenz und Blutdruck. Es zeigte sich, dass Puls und Blutdruck sich deutlicher erhöhten, wenn die Testpersonen sich vornahmen, nicht zu verzeihen. Die Forscher schließen daraus, dass Menschen, die zu nachtragendem Verhalten neigen, eher unter chronischen Erregungszuständen leiden, die das Risiko von Herz-Kreislauf-Erkrankungen und Immunsystemschwäche erhöhen.

Allerdings kann man Verzeihen lernen, und das hat positive Auswirkungen auf die Gesundheit. Carl Thoreson von der Stanford Universität arbeitete mit Männern, die mindestens einen Herzinfarkt hinter sich hatten, und stellte fest, dass ihre Herzfunktionen sich verbesserten, wenn sie lernten, Vorwürfe, Feindseligkeiten und Hass abzulegen und anderen zu vergeben.[6]

Hören Sie genau hin

Oft haben Sorgen ihren Ursprung gar nicht in uns selbst, sondern in dem, was wir nach Meinung anderer tun, denken und fühlen sollten: »Sei nicht so schüchtern!« »Du wirst es nie zu etwas bringen, wenn du nicht abnimmst!«

Häufig sagen uns die Stimmen der anderen, dass wir Frauen nett zu allen sein, alle zufrieden stimmen, unsere Beziehung auf jeden Fall erhalten sollen. Wenn jemand, der uns nahe steht, aus der Fassung gerät, fragen wir uns: Was habe ich verkehrt gemacht? Wie kann ich die Sache wieder einrenken? Wir geben unser Bestes, damit unsere Partner, Kinder, Eltern, Kollegen sich glücklich fühlen. Wir könnten uns selbst dafür ohrfeigen, machen es aber immer wieder.

Am häufigsten begegnen uns diese Stimmen der anderen in einer Form, die David Burns von der Stanford Universität »die Tyrannei des Du-solltest« genannt hat.[7] Du solltest eine bessere Mutter sein. Du solltest mehr Erfolg haben. Du solltest mehr für deine Bildung tun. Du solltest nicht fernsehen. Du solltest dir keinen Urlaubstag fürs Einkaufen gönnen.

Wenn Sie sich bei einem »Ich sollte« ertappen, wäre es sinnvoll, sich zu fragen: »Wer sagt das?« Wer sagt, dass ich mir keinen Urlaubstag fürs Einkaufen gönnen darf? Mein Vater, der mich die ganze Zeit angetrieben hat und meine Leistung im Beruf nun nicht zu würdigen weiß? Wer sagt, dass ich etwas für mein Aussehen tun sollte? Unternehmen, die mir ihre Produkte andrehen wollen? Wer sagt, dass ich mehr für meine Bildung tun sollte? Mein hochnäsiger Bruder, der den größten Teil seines Lebens in der Schule verbracht hat, weil er sich dort wohl fühlt?

Die Grübelei hinter sich lassen　　　113

Manchmal sind diese Stimmen so tief in uns verwurzelt, gehören so sehr zu unserem Bild von uns selbst, dass wir gar nicht erkennen, woher sie kommen. Psychotherapie kann helfen, ihren Ursprung zu ergründen. Doch das bringt Sie nur ein Stückchen weiter. Um sich von diesen Stimmen zu emanzipieren, müssen Sie sich ihnen stellen und bewusst die auswählen, auf die Sie hören wollen.

Zusammenfassung

Hier eine Zusammenfassung der in diesem Kapitel diskutierten Strategien:

Strategie	Beschreibung	Beispiel
Schärfen Sie Ihren Blick.	Lösen Sie sich von der verzerrenden Sicht des Grübelns und erlangen Sie eine gesündere Perspektive.	Marie bezog die harsche Kritik ihres Chefs nicht auf sich, sondern erklärte seine schlechte Laune mit seiner bevorstehenden Scheidung.
Erleben Sie Ihre negativen Gefühle bewusst und überwinden Sie sie.	Akzeptieren Sie Ihre negativen Emotionen, ohne sich von ihnen beherrschen zu lassen.	Brenda akzeptierte die Niedergeschlagenheit über den Verlust ihres Jobs, machte sich jedoch gleich auf die Suche nach einem neuen.

Strategie	Beschreibung	Beispiel
Halten Sie es einfach (jedenfalls am Anfang).	Suchen Sie zuerst nach nahe liegenden Gründen für Ihre Sorgen.	Carla drohte eine Grübelattacke, aber ein Blick auf den Kalender sagte ihr, dass es mit ihrer Periode zusammen-hängen konnte.
Hören Sie auf, sich mit anderen zu vergleichen.	Beurteilen Sie Sie sich nicht im Vergleich zu anderen.	Hilla beschloss, ihr Einkommen nicht mehr mit dem ihrer Schwester zu vergleichen, sondern zu überlegen, welches Gehalt angemessen war.
Warten Sie nicht darauf, gerettet zu werden.	Statt darauf zu warten, dass andere etwas an Ihrer Situation ändern, sollten Sie sie selbst verändern oder akzeptieren.	Aisha wartete nicht mehr auf eine gute Heirat, sondern sorgte selbst für eine Möglichkeit, sich finanziell besser zu stellen, indem sie sich fortbildete.
Lassen Sie Ihren Gedanken freien Lauf.	Überlegen Sie sich mögliche Lösungen für Ihre Probleme.	Aisha notierte alle Möglichkeiten zur Gehaltsverbesserung, bevor sie beschloss, wieder die Schul-bank zu drücken.

Die Grübelei hinter sich lassen

Strategie	Beschreibung	Beispiel
Verzetteln Sie sich nicht.	Besinnen Sie sich auf Ihre Werte, um mögliche Lösungen für Ihre Probleme zu finden.	Patti überlegte, wie ihre Großmutter, die sie sehr schätzte, mit Pattis Eheproblemen umgehen würde.
Wagen Sie kleine Schritte.	Machen Sie den ersten Schritt zur Lösung Ihrer Probleme.	Steffie setzte sich mit einer Familienberaterin in Verbindung, um mit ihr die Schulprobleme ihres Sohnes zu besprechen.
Packen Sie den Stier bei den Hörnern.	Machen Sie sich an die Lösung Ihres Problems, auch wenn Sie sich unsicher fühlen.	Paula hielt sich an die neue Diät, die der Arzt ihr empfohlen hatte, obwohl sie sich nicht sicher war, ob sie dadurch tatsächlich abnehmen würde.
Erwarten Sie nicht zu viel.	Werden Sie sich darüber klar, dass andere nicht immer Ihren Maßstäben genügen.	Gilda akzeptierte, dass ihre Tochter in Mathe nie so gut sein würde wie sie selbst.

Strategie	Beschreibung	Beispiel
Vergeben Sie.	Versuchen Sie, anderen zu verzeihen, um sich aus der Grübelfalle zu befreien.	Nicole verzieh ihrer Mutter die emotionale Distanziertheit und versuchte nicht mehr, sie zu ändern.
Hören Sie genau hin.	Erkennen Sie, wann andere Ihnen Gefühle, Handlungen oder Gedanken einflüstern wollen.	Als Lisa sich dabei ertappte, wie sie sagte: »Du solltest das und das tun«, fragte sie sich: »Wer sagt das? Will ich das?«

6.

Wie Sie auch in Zukunft vermeiden, zu viel zu denken

Wenn wir uns neuen Problemen und Herausforderungen gegenübersehen, verfallen wir gern wieder ins Zu-viel-Denken. Vielleicht ist es uns gelungen, die innere Stimme des Zweifels und der Sorge zum Verstummen zu bringen, aber dann kehrt sie, angelockt durch ein besonderes Ereignis, zurück – eine enttäuschende Beurteilung in der Arbeit, eine Auseinandersetzung mit einer Freundin, der Tod eines geliebten Menschen –, und wir versinken erneut im Treibsand des Grübelns. In diesem Kapitel möchte ich Ihnen zeigen, wie Sie das verhindern können.

Meiden Sie bestimmte Situationen

Grübeleien werden oft durch bestimmte Themen und Situationen ausgelöst, besonders durch Auseinandersetzungen mit anderen: Sie ertragen es nicht, wenn jemand sauer auf Sie ist, was bedeutet, dass jeder Streit potenzieller Grund für eine Grübelattacke sein kann. Oder Sie haben sich ein hohes Ziel gesteckt, und jeder Rückschlag weckt Zweifel in Ihnen, ob Sie tatsächlich das Zeug zur Verwirklichung dieses Ziels haben.

Natürlich können Sie Ihren Schwächen nicht ganz aus dem Weg gehen – der Alltag bringt einfach Konflikte und Probleme mit sich. Aber es gibt Möglichkeiten, das Leben so zu gestalten, dass die Gefahr von Rückschlägen sich reduziert.

Die 33-jährige Karla arbeitete seit acht Jahren im Forschungslabor eines großen pharmazeutischen Unternehmens. Jetzt bot man ihr eine bessere Position an, die mehr Verantwortung und ein höheres Gehalt mit sich bringen würde. Karla war sehr beliebt bei ihren Kollegen, weil sie in den Firmensportmannschaften mitspielte, Humor hatte und politische Karikaturen zeichnete, die sie ans Schwarze Brett pinnte. Zudem war sie eine hervorragende Technikerin, die gern neue Experimente organisierte.

Allerdings wusste sie nicht so genau, ob sie sich für die neue Stelle eignete. Sie diskutierte gern mit den anderen Forschern des Labors über Versuchsanordnungen, doch die neue Tätigkeit würde auch die Beurteilung der Kollegen sowie die Aufgabe, Gehaltsempfehlungen auszusprechen, mit sich bringen, beides konfliktträchtige Gebiete, auf die Karla sich eigentlich nicht vorwagen wollte. Außerdem fürchtete sie die Budget- und Kompetenzverhandlungen für das Labor. Karla hatte zwei Wochen Bedenkzeit, und den größten Teil dieser vierzehn Tage zerbrach sie sich den Kopf darüber, was sie bei schwierigen Entscheidungen sagen und tun würde.

Am Ende der zwei Wochen beschloss Karla, das Angebot auszuschlagen, weil sie sich nicht in eine Situation bringen wollte, die zu ständigem Grübeln führen würde. Stattdessen handelte sie weit reichende neue technische Kompetenzen für sich aus. Sie war höchst zufrieden mit ihrem neuen Verantwortungsbereich und sehr froh, dass sie nicht in die Grübelfalle getappt war.

Es ist nicht immer gut, den Auslösern fürs Zu-viel-Denken auszuweichen, weil man so möglicherweise günstige Gelegenheiten ungenutzt lässt. Allerdings gibt es auch Situationen, in die Sie sich nicht bringen sollten, weil der potenzielle Nutzen nicht so groß ist wie die Wahrscheinlichkeit, in der Grübelfalle zu landen.

Schließen Sie Lücken

Welche Optionen wären Karla offen gestanden, wenn sie sich für die neue Stelle entschieden hätte – trotz ihrer Unsicherheit, ob sie in der Lage wäre, die sich möglicherweise ergebenden zwischenmenschlichen Probleme zu bewältigen? Wenn sie den Job einfach angenommen hätte und dann in chronisches Zu-viel-Denken verfallen wäre, hätte sie in der neuen Position nicht effektiv sein können und wäre unglücklich gewesen. Folglich hätte es sich angeboten, dass sie sich die Fähigkeiten aneignete, die ihrer Meinung nach notwendig waren, damit sie auch in dem neuen Job die innere Ruhe nicht verlor.

Wenn wir uns aus der Grübelfalle befreien, erkennen wir unsere Schwächen deutlicher und können etwas gegen sie unternehmen, indem wir zum Beispiel mit Hilfe von Kursen zusätzliche berufliche Qualifikationen erwerben. Wenn Sie mit dem Alkohol Probleme haben oder unter Essstörungen leiden, sollten Sie einen Therapeuten aufsuchen, der Ihnen hilft, Ihre Wut in den Griff zu bekommen oder sich besser durchzusetzen. Wenn Ihre Schwäche im Bereich der Kindererziehung liegt, sollten Sie sich mit einem Familientherapeuten in Verbindung setzen, der Ihnen einen liebevolleren und effektiveren Umgang mit Ihren Kindern zeigt.

Der Grübelfalle entkommen Sie nur dann dauerhaft, wenn Sie an Ihren Plänen festhalten und andere um Beistand bei der Bewältigung von Problemen bitten. Es hat keinen Sinn, sich auf schnelle Lösungen zu verlassen und kleine Löcher zu stopfen in der Hoffnung, dass sich keine größeren auftun. Wir müssen die langwierige, schwierige Aufgabe anpacken, unsere Schwächen zu bekämpfen und unsere Fähigkeiten zu verbessern, damit wir nicht wieder und wieder in der Grübelfalle landen.

Verabschieden Sie sich von unrealistischen Zielen

Möglicherweise haben Sie Ziele, nach denen Sie schon Ihr ganzes Leben lang streben, die Ihnen aber nur Schmerz und Grübeln bringen. Es ist gar nicht so leicht, sie aufzugeben, denn bisweilen definieren wir uns über sie.

Während meiner ersten Jahre als Assistenzprofessorin in Stanford lernte ich viele kluge junge Studenten kennen, die fest davon überzeugt waren, dass sie irgendwann Arzt werden würden. Doch dann besuchten sie die ersten Biologie- und Physikkurse, und die Hälfte von ihnen bestand sie nicht. Die andere Hälfte war alles andere als glücklich über die Noten. Viele waren gezwungen, ihren Traum von der Arztkarriere aufzugeben und sich einem anderen Beruf zuzuwenden. Am traurigsten jedoch war es, wenn Studenten gute Noten schrieben, aber trotzdem eigentlich nichts in diesem Studium verloren hatten, weil sie nicht mit dem Herzen dabei waren. Oft stammten sie aus Familien, die von ihnen erwarteten, dass sie den Arztberuf ergriffen.

Bei Trin zum Beispiel traf das zu, einer hübschen zierlichen Vietnamesin mit glänzenden schwarzen Haaren und schüchternem Lächeln. Sie stammte aus einer Familie, die sich Mitte der siebziger Jahre nach ihrer Flucht aus Vietnam im Mittleren Westen angesiedelt hatte. Als die Kommunisten in Vietnam an die Macht kamen, machte sich die ganze Familie einschließlich der kleinen Trin und ihrer sechs älteren Brüder mit einem Boot auf den Weg nach Westen, nachdem sie alle Besitztümer verkauft und das erlöste Geld in Gold umgetauscht hatte, das die Eltern in die Säume ihrer Kleidung einnähten. Doch das Boot sank auf hoher See; Trins Eltern mussten die schwere Kleidung ausziehen, um nicht zu ertrinken. Wie durch ein Wunder wurden sie gerettet. Mehrere Monate und Flüchtlingslager später landeten Trin und ihre Familie in den Vereinigten Staaten und wurden von einer Kirche im Mittleren Westen »adoptiert«. Der Vater fand eine Stelle als Hausmeister, dann als Verkäufer und schließlich als Geschäftsführer eines Ladens. Trin machte schon in den ersten Schuljahren durch ihre Intelligenz auf sich aufmerksam, aber als einzige Tochter musste sie immer um die Zuneigung ihres Vaters kämpfen.

Dann schrieb Trin sich mit dem Traum, eine berühmte Neurologin – reich und international anerkannt – zu werden, an der Stanford Universität ein. Trin sah keinen Zusammenhang zwischen diesem Traum und ihrem lebenslangen Kampf um die Liebe ihres Vaters, sondern erachtete ihre Entscheidung als vernünftige, auf ihren Fähigkeiten und Interessen beruhende Wahl.

Die Biologie-, Chemie- und Physikkurse meisterte sie mit Bravour. Aber wer sie gut kannte, fragte sich, ob sie tatsächlich mit Leidenschaft bei der Sache war, denn ihre Augen leuchteten eigentlich nur, wenn sie die Dichterlesungen, die wir hin und wieder im Studenten-

Wie Sie auch in Zukunft vermeiden, zu viel zu denken 121

wohnheim veranstalteten, oder einen Vortrag über die Geschichte der ersten Siedlerfrauen im amerikanischen Südwesten besuchte. Erhielt Trin einmal nicht die beste Note im Kurs, kam sie ins Grübeln:

Warum habe ich mich nicht intensiver mit dem Kapitel über Quantenmechanik beschäftigt? Ich habe mich ablenken lassen – ich werde aus dem Studentenwohnheim ausziehen, damit ich in Ruhe lernen kann. Aber dann muss ich selber kochen, und die Zeit fehlt mir beim Lernen. Ich muss einen Platz in einem ruhigeren Studentenwohnheim finden, nicht hier mitten auf dem Campus, wo immer Trubel herrscht.

Dann ereignete sich eine Tragödie: Trins Vater starb während der Fahrt von der Arbeit nach Hause bei einem Autounfall. Trin verlor völlig die Orientierung, erschien nicht mehr zu den Kursen, hatte auch privat keine Motivation mehr. Sie saß nur noch in der Wohnung ihres Freundes herum, ging manchmal spazieren oder sah fern, aber die meiste Zeit verbrachte sie damit, aus dem Fenster zu starren.

Erst sechs Monate nach dem Tod ihres Vaters sah ich Trin wieder. Sie war jetzt noch schmaler als zuvor und hatte sich die Haare kurz schneiden lassen. Doch als Erstes fielen mir ihre Augen auf. In ihnen war nicht mehr jener Ausdruck unbedingter Entschlossenheit von früher zu lesen, sondern eine Sanftheit und Tiefe, die ich bis dahin nur bemerkt hatte, wenn Trin klassische Musik hörte oder einen Gedichtband las. Ich fragte sie, was passiert sei.

»Ich habe mich ein paar Monate lang treiben lassen. Zum Glück hat Sven [ihr Freund] mich vor der Selbstzerstörung bewahrt. Sogar Selbstmordgedanken sind mir gekommen. Ich habe überall meinen Vater gehört und gesehen. Er wollte mir etwas sagen, aber ich habe ihn in meiner Angst nicht verstanden. Ich dachte, ich werde wahnsinnig.« Nun begann sie zu weinen. »Irgendwann hörte ich meinen Vater dann in der Nacht rufen: 'Trin, Trin, meine Tochter. Folge deinem Herzen. Folge deinem Herzen.' Ich wusste nicht, ob das ein Traum war oder nicht, nur, dass er gesagt hatte: 'Folge deinem Herzen'. Aber was bedeutete das? Ich lag die restliche Nacht lauschend wach, hörte jedoch nichts mehr, nur noch das Echo seiner Worte ›Folge deinem Herzen.‹

Ich habe lange Wanderungen gemacht, immer noch in der Hoffnung, die Stimme meines Vaters noch einmal zu hören. Aber ich sah und hörte ihn nun nicht mehr – es war, als hätte er das ausgesprochen, was er mir sagen wollte, und sich endgültig von mir verabschiedet. So war er nun mal: Er sagte etwas einmal, ein einziges Mal, dann wandte er sich anderen Dingen zu. Wie sah es in meinem Herzen aus? Das fragte ich mich und erhielt keine klaren Antworten. Nur eines wusste ich: Die Medizin war mir letztlich nicht wirklich wichtig. Wie konnte das sein? Ich beschäftigte mich doch seit der Schulzeit damit und hatte nur die besten Noten. Aber wie gesagt, die Materie lag mir einfach nicht am Herzen. Als mir das klar wurde, dachte ich: 'Nun habe ich meinen Vater verloren und meine Berufung.'

Merkwürdigerweise erzeugte das kein Gefühl der Leere und Trauer in mir, sondern Erleichterung. Es war, als hätte mich die Hand meines Vaters, die mich jahrelang zurückhielt, plötzlich losgelassen. Eigentlich war nicht er es gewesen, der mich festhielt, sondern der Gedanke, was er von mir erwartete, was ich für ihn erreichen musste. Und jetzt ist er nicht mehr da. Das heißt, auch meine Gründe, Medizin zu studieren, sind hinfällig geworden.«

Ich hatte Trin immer schon für sehr reif gehalten, aber diese Einsicht überraschte mich. »Und was«, fragte ich sie, »wird nun an die Stelle der Medizin treten?«

»Das weiß ich noch nicht«, antwortete sie. »Ich werde mir andere Studiengänge ansehen, zum Beispiel Amerikanistik. Meine Mutter und meine Brüder glauben, ich hätte den Verstand verloren. Doch ich denke, ich habe ihn gefunden.«

Trin machte ihren Magister in amerikanischer Literatur und begann danach ihre Doktorarbeit. Ihre eigentliche Leistung bestand darin, ein Ziel aufgegeben zu haben, das ihr nicht am Herzen lag, das aber ihr ganzes Leben beherrschte.

Der Hauptgrund, warum Menschen immer wieder in die Grübelfalle tappen, besteht nach Ansicht von Psychologen darin, dass sie unrealistische, nicht umsetzbare oder ungesunde Projekte nicht aufgeben

Wie Sie auch in Zukunft vermeiden, zu viel zu denken

können.[1] Oft definieren wir uns gerade über solche Ziele. Jennifer Crocker von der Universität von Michigan nennt sie die »Eventualitäten des Selbstwerts«.[2] Wir stellen uns Aufgaben, die wir bewältigen müssen, um uns gut zu fühlen – wir wollen beispielsweise eine bestimmte Gehaltsstufe erreichen oder wie die Models in den Modemagazinen aussehen. Schwierig wird es, wenn diese Ziele uns zu selbstzerstörerischem Verhalten verleiten oder wenn sie von vornherein unerreichbar sind: Ihr Wunschgewicht ist unrealistisch, und trotzdem hungern Sie, bis Sie Ihren Körper schädigen. Jennifer Crocker hat herausgefunden, dass Frauen, deren »Eventualitäten des Selbstwerts« mit extremer Schlankheit zu tun haben, eher zu Essstörungen neigen als andere.

Ihre Ehe ist schlecht, aber Sie können Ihre Idealvorstellung von der glücklichen Beziehung mit einem erfolgreichen Mann, wohl geratenen Kindern und einem hübschen Haus einfach nicht aufgeben. Also geraten Sie ins Grübeln:

Ich muss meine Ehe retten. Vielleicht findet Jerry mich wieder attraktiv, wenn ich abnehme. Aber ich habe das Gefühl, dass ich ihn nicht mehr glücklich machen kann. Ich weiß, dass er mich betrügt. Was tue ich bloß, wenn er mich verlässt?

Wir Frauen halten oft an unmöglichen Zielen fest, zum Beispiel an dem, alle zufrieden zu stellen. Wenn jemand unglücklich, traurig oder deprimiert ist, haben wir Mitleid, versuchen, ihm zu helfen, und kommen ins Grübeln. Wenn jemand wütend auf uns ist, und sei es auch nur eine Verkäuferin, schreiben wir uns selbst die Schuld dafür zu und grübeln wieder. Wir müssen endlich lernen zu akzeptieren, dass nicht alle unsere zwischenmenschlichen Begegnungen positiv verlaufen können und dass es uns nicht gelingen wird, nie jemanden zu verletzen.

Manchmal haben wir das Gefühl, dass nur die Verwirklichung eines bestimmten Ziels unsere schwerwiegenderen Probleme lösen wird. Sie müssen die Ehe retten, weil Sie wenig Geld haben und das Einkommen Ihres Partners benötigen, um die Kinder großzuziehen. Sie müssen in dem Job bleiben, den Sie hassen, weil Sie keine richtige

Ausbildung haben und das Haus verlieren könnten, wenn Sie arbeitslos werden. Weil Frauen eher in Armut leben als Männer, im Regelfall die Kinder aufziehen und geringere Qualifikationen besitzen, bleiben ihnen oft nur wenige Auswege. Doch Grübeln verstellt uns den Blick für real existierende Alternativen. Wenn wir zu viel denken, sehen wir zum Beispiel nicht, dass es staatliche Hilfen gibt, die uns aus der gegenwärtigen Situation holen können. Deshalb ist es, auch wenn wir unserer Lebensumstände wegen auf unmögliche Ziele fixiert bleiben müssen, wichtig, sich aus der Grübelfalle zu befreien. Denn dann sind wir vielleicht irgendwann in der Lage, diese Ziele loszulassen und unser Leben freier zu gestalten.

Woher weiß man, dass die gewählten Ziele realistisch und gesund sind? Psychologen haben etliche Merkmale gesunder Ziele festgestellt. Erstens müssen sie tatsächlich Ihnen selbst entspringen (denken Sie an das Beispiel mit Trin), nicht Ihrer Familie, Ihren Freunden oder äußeren Quellen. Zweitens: Wenn Sie nicht in die Grübelfalle tappen wollen, sollten Ihre Projekte realistisch sein. Ständig nicht verwirklichbaren Zielen hinterherzurennen – Kleidergröße 36, die Mutter verändern, den Partner niemals verärgern –, führt garantiert zu quälendem, fruchtlosem Nachdenken. Seien Sie nicht so streng mit sich selbst. Versuchen Sie es mit einem Kleid der Größe 40. Entwickeln Sie Strategien, sich von Ihrer Mutter nicht mehr aus der Fassung bringen zu lassen. Machen Sie sich klar, dass Konflikte in einer Partnerschaft ganz normal und oft sogar gesund sind. Bei der Beschäftigung mit »erfolgreichem Altern« – das heißt, wie ältere Menschen angemessen und positiv mit dem körperlichen Verfall und den Einschränkungen umgehen, die das Alter mit sich bringt – haben Paul und Margret Baltes vom Max-Planck-Institut an der Freien Universität Berlin herausgefunden, dass die älteren Menschen am glücklichsten waren, die ihre Ziele ihrer Lebensrealität anpassten.[3] Eine Frau, die ihr Leben lang gejoggt war, musste das Laufen aufgeben, weil sie Gelenkprobleme hatte, aber dafür stellte sie sich ein Programm aus weniger belastenden Übungen zusammen, um gesund und aktiv zu bleiben. Eine begeisterte Gärtnerin konnte sich nicht mehr um den Gemüsegarten der Gemeinde kümmern, also legte sie ein kleines Beet direkt vor ihrer

Wie Sie auch in Zukunft vermeiden, zu viel zu denken

Tür an. Natürlich sollten Sie ein Ziel nicht deshalb aufgeben, weil jemand behauptet, es sei unrealistisch. Schon viele Menschen haben sich über solche Behauptungen hinweggesetzt und Recht behalten.

Drittens: Versuchen Sie herauszufinden, wann Ihre Ziele einander widersprechen, und diesen Konflikt zumindest teilweise zu beseitigen. Berufstätige Mütter beispielsweise haben viel Erfahrung bei der Bewältigung von Konflikten, weil sie parallel ihren Beruf ausüben und gesunde Kinder großziehen wollen. Doch die Realisierung des einen Ziels scheint immer die des anderen zu behindern, also zerbrechen sich die betroffenen Frauen den Kopf:

Ich schaffe die Professur nicht, wenn ich nicht mehr Artikel veröffentliche. Ich habe nie genug Zeit. Diese Woche sind mir schon zwei Arbeitstage verloren gegangen, weil Alex eine Ohrenentzündung hatte. Wie kann ich bloß so denken? Er hatte Schmerzen, und ich war in Gedanken bei dem Abgabetermin nächste Woche. Ich verbringe zu wenig Zeit mit ihm. Und wenn ich mich ihm widme, bin ich müde und geistesabwesend. Ich bekomme zu wenig von seiner Kindheit mit.

Manche Frauen beschließen, ein wichtiges Ziel aufzugeben, wenn es einem anderen im Wege steht. Sie entscheiden sich gegen Kinder, weil sie ihrer Karriere schaden. Oder sie ziehen sich so weit wie möglich aus dem Berufsleben zurück, um den Kindern mehr Zeit widmen zu können. Das muss nicht negativ sein. Doch selbst solche Entscheidungen führen möglicherweise zu Bedauern und Grübeln:

Ich habe immer geglaubt, ich will mit dem Arbeiten aufhören und Kinder kriegen. Jetzt bin ich mir nicht mehr so sicher, ob diese Entscheidung richtig war. Es strengt mich an, mir ständig Aktivitäten für die Kinder auszudenken. Meine Schwester hält mich für verrückt, weil ich meinen gut bezahlten Job aufgegeben habe, als der Kleine zur Welt kam. Sie weiß nicht mehr, was sie mit mir reden soll. Wahrscheinlich bin ich ihr kein Gespräch mehr wert.

Einander widersprechende Ziele aufzugeben kann gegen Grübeln helfen, aber eine Garantie ist es nicht. Eine andere Strategie besteht darin, die Erwartungen zu senken und beide Ziele in einer reduzierten Version zu verwirklichen. Angenommen, Sie wollen unterrichten und gleichzeitig eine gute Mutter sein, doch die Belastungen bringen Sie fast um den Verstand. Dann könnten Sie auf Teilzeitbasis arbeiten und nicht wie Ihre Mutter vier Kinder haben, sondern sich mit zweien begnügen.

Viertens: Wenn Sie sich Ziele setzen, sollten Sie sich eher auf den Erfolg konzentrieren, nicht auf die Vermeidung von Niederlagen. Carol Dweck von der Columbia Universität hat eine Reihe von Untersuchungen mit Kindern durchgeführt: Es gab eine Gruppe, deren Ziel es war, Erfolg zu haben; und es gab eine Vergleichsgruppe von Kindern, die Versagen vermeiden sollten.[4] Erfolgsorientierte Kinder wagen sich an schwierigere Aufgaben heran, sind kreativer und risikofreudiger und lassen sich von Misserfolgen nicht so leicht unterkriegen. Kinder hingegen, die nur darauf achten, Versagen zu vermeiden, beschränken sich auf ihnen bereits vertraute Aufgaben. Sie reagieren bei Misserfolgen niedergeschlagen, machen sich Vorwürfe und neigen zum Grübeln, wenn die Dinge nicht so laufen, wie sie sich das vorstellen.

Wenn wir darauf fixiert sind, Misserfolge zu vermeiden, statt darauf, Erfolg zu haben, kann jeder kleine Rückschlag den Weg in die Grübelfalle bedeuten:

Wieso habe ich mich überhaupt um die bessere Stelle beworben? Ich hätte wissen müssen, dass ich keine Chance habe. Ich hasse meinen alten Job, aber wenigstens ist mir der sicher. Was hält der Chef jetzt von mir? Nun weiß er, wie schlecht meine Qualifikationen im Vergleich zu denen der anderen sind. Vielleicht ist mir jetzt nicht mal mehr mein alter Job sicher!

Wenn wir uns stärker auf die Verwirklichung unserer Ziele als auf mögliche Misserfolge konzentrieren, deuten wir Rückschritte als unvermeidliche Ausrutscher auf dem Weg zum Erfolg und sehen nicht alle negativen Dinge als Hinweis darauf, dass das Schlimmste passieren wird. Und wenn es dann tatsächlich passieren sollte, fällt es uns leichter, uns aufzurappeln und einen zweiten Anlauf zu wagen.

Seien Sie nicht so streng mit sich selbst

Im vierten Kapitel habe ich auf Erkenntnisse von Susan Folkman von der Universität von Kalifornien, San Francisco, hingewiesen, dass Personen, die sich in besonders belastenden Situationen – zum Beispiel der schweren Krankheit eines geliebten Menschen – bewusst Gelegenheiten für positive Emotionen suchen, langfristig sowohl psychisch als auch physisch besser fahren. Ich habe außerdem Barbara Fredrickson von der Universität von Michigan zitiert, die der Meinung ist, dass positive Emotionen unseren Horizont erweitern und uns bei Problemlösungen kreativer machen. Die Kultivierung positiver emotionaler Erfahrungen kann sowohl kurz- als auch langfristig von Vorteil sein, weil sich unsere Stimmung verbessert, wir leichter mit unseren Schwierigkeiten zurechtkommen und weniger zum Zuviel-Denken neigen.

Sehen wir uns das Beispiel von Debby, einer 29-jährigen Hausfrau mit rötlich-braunen Haaren, an, die ihr Leben lang Probleme mit ihrer verbitterten, überkritischen Mutter hatte. Debby hatte sich geschworen, es bei ihren eigenen Kindern besser zu machen. Doch während ihrer ansonsten problemlosen Schwangerschaft grübelte sie darüber nach, ob ihr das angesichts ihrer eigenen Vorgeschichte gelingen würde. Debby brachte einen hübschen kleinen Jungen zur Welt, den sie Thomas nannte und der sich ganz normal entwickelte. Aber bei der kleinsten Schwierigkeit, zum Beispiel als Thomas Zähne bekam, begann Debby ihre Eignung als Mutter anzuzweifeln.

Ich kann das nicht, genau wie meine Mutter gesagt hat. Wenn ich so weitermache, wird er später neurotisch. Warum musste ausgerechnet ich so eine schreckliche Mutter haben? Warum hat sie uns damals nicht zur Adoption freigegeben? Dann hätte ich jetzt keine solchen Probleme mit dem Selbstwertgefühl.

Am ersten Geburtstag von Thomas beschloss Debby, mit diesen nutzlosen Grübeleien aufzuhören und lieber ihre Stärken zu nutzen als ständig über ihre Schwächen nachzudenken. Debby befreite sich aus der Grübelfalle, indem sie mit ihrer ein paar Jahre älteren Schwester Patty sprach, die sich bereits Jahre zuvor emotional von ihrer Mutter distanziert hatte. Patty konnte Debbys Sorgen verstehen, machte ihr aber klar, dass sie eher auf die Verbitterung ihrer Mutter zurückzuführen waren als auf Debbys eigene Unfähigkeit. Patty ermutigte Debby, sich Aktivitäten zu suchen, an denen sie Freude hatte und die ihr lagen. »Du bist doch sehr sportlich und hast handwerkliches Geschick«, meinte sie. Schon ein paar Tage später trat Debby einem Tennisclub mit Kinderbetreuung bei und schrieb sich für einen Bildhauerkurs an der Volkshochschule ein.

Obwohl Debby ihr Zu-viel-Denken nun einigermaßen im Griff hatte, wusste sie, dass sie jederzeit wieder in die Grübelfalle geraten konnte. Also traf sie Vorkehrungen. Erstens notierte sie sich Aktivitäten, die positive Emotionen in ihr auslösten und sie vom Grübeln befreiten – regelmäßig Tennis spielen, an einer Skulptur arbeiten, Patty anrufen. Dann schrieb sie einige Dinge auf, die sie seit ihrer ersten Befreiung aus der Grübelfalle gelernt hatte – dass ihre Unsicherheit nicht auf Unfähigkeit zurückzuführen war, dass alle sie für eine großartige Mutter hielten, dass sie ihre eigene Mutter nie ändern würde und dass sie vielleicht nicht immer sofort wusste, was zu tun war, wenn ein Problem mit Thomas auftrat, aber ihr Bestes gab. Wenn sie wieder anfing, sich zu viele Gedanken zu machen, warf sie einen Blick auf diese Liste, um sich ihre Stärken in Erinnerung zu rufen, und begann eine der Aktivitäten, die ihre Stimmung verbesserten.

Debby pflegte die positiven Emotionen auf zweifache Art: Erstens suchte sie sich neue Aktivitäten, die ihr Freude machten. Zweitens fand sie Möglichkeiten, ihre Ängste in den Griff zu bekommen und sich auf ihre Stärken zu besinnen. Diese Strategien halfen ihr, sich vor Selbstvorwürfen zu schützen, sich selbst gegenüber nicht mehr so streng zu sein und eine positive Lebenssicht zu kultivieren, die sie auch ihrem Sohn Thomas vermitteln wollte.

Es ist wichtig, positive emotionale Erfahrungen in den Alltag zu integrieren, und zwar nicht erst, wenn Sie mit dem Grübeln beginnen und es Ihnen schwer fällt, überhaupt an etwas Positives zu denken. Suchen Sie sich eine körperliche Betätigung, meditieren Sie, gehen Sie im Wald spazieren – egal was, Hauptsache, es hellt Ihre Stimmung auf. Besonders wenn Sie sich im Moment wie in der Tretmühle fühlen – Sie machen jeden Tag das Gleiche oder stehen die ganze Zeit unter Stress –, ist es wichtig, immer ein paar Minuten für etwas Angenehmes zu reservieren. Denn dann bekommen Sie das Gefühl, Ihr Leben besser im Griff zu haben, sowohl kurz- als auch langfristig.

Finden Sie Ihre Geschichte

Oft versuchen wir, indem wir uns anhaltende Gedanken machen, unsere eigene Geschichte zu ergründen und zu verstehen – warum sind wir so geworden, wie wir sind; warum widerfahren uns bestimmte Dinge. Besonders Frauen scheinen eine Erklärung dafür zu brauchen, warum sich ihr Leben so und nicht anders entwickelt hat. Wir wollen wissen, warum unsere Kinder drogensüchtig sind, wieso wir nicht mit unserem Chef zurechtkommen, warum es uns nicht gelingt, eine harmonische Beziehung zu führen.

Probleme lassen sich nur dann lösen, wenn wir um ihre Ursachen wissen. Die Suche nach der Geschichte dahinter kann sinnvoll sein, aber auch schaden, wenn sie zu ständigen Grübeleien führt. Wenn Sie sich ständig »Warum« fragen, aber keine Antworten finden, wird das zur Grundlage fürs Grübeln, das haben wir in einer Untersuchung festgestellt.[5] Menschen, die keine Antwort auf die Frage, »Warum ist dieser geliebte Mensch gestorben?«, fanden, waren oft noch Monate nach dem Verlust deprimiert. Personen hingegen, die diese Frage beantworten konnten, hörten eher mit dem Grübeln auf und schafften es, sich schneller von der verlustbedingten Depression zu befreien. Dabei spielte die Art der Antwort keine große Rolle – sie konnte fatalistisch sein (»Man wird geboren, und irgendwann stirbt man wieder. So ist das eben.«) oder religiös (»Gott wollte es so.«) oder sachlich begründet (»Sie hat jeden Tag drei Päckchen Zigaretten geraucht.

Deshalb hat sie Lungenkrebs bekommen und ist gestorben.«). Wesentlich war, dass sie überhaupt eine für sie befriedigende Antwort fanden.

Zur langfristigen Bekämpfung von Grübeleien empfiehlt es sich also, eine Geschichte zu finden, die die essentiellen »Warum«-Fragen befriedigend beantwortet. »Aber«, sagen Sie jetzt vielleicht, »das versuche ich doch schon die ganze Zeit!« Wenn Sie bei der Suche nach Antworten auf Ihre »Warum«-Fragen nur in Grübeleien verfallen sind, sollten Sie professionelle Hilfe in Anspruch nehmen, zum Beispiel bei einem Psychotherapeuten. Jerome Frank, selbst Psychotherapeut, ist der Meinung, allen Therapien sei gemein, dass sie uns eine Geschichte geben, eine Möglichkeit, unsere Gefühle und unser Leben zu begreifen.[6] Die Geschichten unterscheiden sich je nach Spielart der jeweiligen Therapie. Der psychodynamische Ansatz beispielsweise wird Ihnen helfen, sich mit den Konflikten und Erfahrungen Ihrer Kindheit und Jugend auseinander zu setzen, die Sie zu dem gemacht haben, was Sie jetzt sind. Der kognitive Ansatz zeigt Wege zur Erforschung der ungesunden Denkstrukturen auf, die Ihren Emotionen und Verhaltensweisen zugrunde liegen. Die Geschichte, die ein Psychotherapeut Ihnen vorschlägt, ergibt für Sie vielleicht mehr Sinn als die eines anderen. Und möglicherweise müssen Sie mehr als einen Therapeuten ausprobieren, um die Geschichte zu finden, die Ihnen richtig erscheint und die Sie annehmen können.

Heutzutage wenden sich viele Leute der Biologie zu, um ihre Geschichte zu begreifen. Die Popularität biologischer Erklärungen für psychologische Probleme lässt sich zum Teil darauf zurückführen, dass beim Aufspüren genetischer und biochemischer Faktoren, die unsere Stimmung und unsere Persönlichkeit beeinflussen, schnelle Fortschritte erzielt wurden. Meiner Ansicht nach hat unsere Vorliebe für biologische Erklärungen aber auch etwas mit unserer Besessenheit von schnellen Lösungen zu tun. Wenn mein Sohn zu viel trinkt, liegt das mit Sicherheit daran, dass er die Gene meines Onkels geerbt hat, der Alkoholiker war. Wenn ich mich niedergeschlagen fühle, hat das bestimmt damit zu tun, dass mein Gehirn chemisch aus dem Gleichgewicht ist. Manchmal stimmt das tatsächlich, doch oft lenken uns sol-

Wie Sie auch in Zukunft vermeiden, zu viel zu denken 131

che simplen biologischen Antworten nur von den schmerzlichen Realitäten ab.

Es gibt noch viele andere Möglichkeiten, unsere Geschichte zu finden. Manche wenden sich der Religion oder der Esoterik zu, andere bilden sich weiter, lesen Bücher, besuchen Kurse, um Antworten auf ihre Fragen zu finden. Oder sie sprechen mit Freunden oder Angehörigen. Vielleicht stellen Sie fest, dass Ihr Bruder oder Ihre Schwester unter ähnlichen Ängsten und Schwächen leidet wie Sie, aber nie mit Ihnen darüber geredet hat. Dieser Bruder oder diese Schwester ist mittlerweile bestimmt auf eine eigene Geschichte gestoßen, und unter Umständen hat sie Ähnlichkeit mit der, die Sie gefunden haben.

Egal, für welche Art von Geschichte Sie sich entscheiden: Sie müssen sich darüber im Klaren sein, dass die Sache selten so simpel ist, wie wir sie uns zurechtlegen. Vielleicht sind wir in der Lage, Schlüsselerlebnisse unserer Vergangenheit zu identifizieren, die unsere Persönlichkeit geformt haben. Vielleicht haben wir handfeste Hinweise darauf, dass wir tatsächlich eine genetische Veranlagung zu Depressionen oder anderen psychischen Problemen besitzen. Aber wir Menschen sind nun mal komplexe biologische und psychologische Systeme, und wir leben in noch komplexeren gesellschaftlichen Strukturen. Wie E. B. White es einmal ausdrückte: »Es gibt keine Grenzen, wie kompliziert alles werden kann, weil immer eins zum andern führt.« Wenn wir uns zu sehr auf eine einfache Erklärung konzentrieren, landen wir wieder in der Grübelfalle, sobald Fakten auftauchen, die dieser Erklärung widersprechen. Wir müssen uns der Komplexität der menschlichen Natur immer bewusst sein und ihre zahllosen Veränderungsmöglichkeiten akzeptieren. Wenn Sie beispielsweise glauben, dass Ihre Depression hauptsächlich auf biologische Ursachen zurückzuführen ist, die Arzneien aber nicht wirken, sollten Sie erkennen, dass auch eine Psychotherapie Ihnen helfen könnte. Wenn Sie andererseits davon überzeugt sind, dass Ihre Depression in Ihrer Kindheit wurzelt, Sie aber auch nach Jahren der Therapie noch drastischen Stimmungsschwankungen unterworfen sind, ist eine Unterstützung der Therapie durch Arzneien anzuraten.

Erweitern Sie Ihre Basis

Ins Grübeln verfallen Sie meist über die Bereiche Ihres Lebens, die Ihnen am wichtigsten sind. Wenn wir uns ausschließlich über eine Rolle definieren – zum Beispiel Mutter oder Karrierefrau –, laufen wir besonders leicht Gefahr, zu viel zu denken. Dann ist es wesentlich, dass in dieser Rolle alles klappt, denn sie ist alles, was wir haben. Wenn tatsächlich Schwierigkeiten auftauchen, stehen uns keine anderen Möglichkeiten zur Verfügung, unser Selbstwertgefühl wieder aufzubauen.

Die 31-jährige Sheila zum Beispiel glaubte, sie habe im Leben alles erreicht, was sie sich wünschte. Sie war glücklich mit einem erfolgreichen Anwalt verheiratet, hatte zwei hübsche, gesunde Kinder und ein schönes Haus im gefragtesten Vorort einer großen Stadt. Vor ihrer Heirat mit David hatte sie als Marketing Manager für ein kleines Softwareunternehmen gearbeitet und diesen Job nach der Geburt ihrer ersten Tochter Christine aufgegeben, um sich voll und ganz auf sie konzentrieren zu können. Sheila liebte Christine abgöttisch, denn die Kleine hatte ihre blauen Augen und würde später vermutlich blond werden wie sie. Achtzehn Monate später kam Mark zur Welt, und Sheila hatte alle Hände voll zu tun mit der Erziehung der beiden.

David musste häufig Überstunden machen, sodass nur wenig Zeit für Sheila und die Kinder blieb. Als Sheila sich aus dem Berufsleben zurückzog, verlor sie ihren kleinen Freundeskreis und war so sehr mit den Kindern beschäftigt, dass sie sich keinen neuen aufbauen konnte. Sheila fühlte sich isoliert und einsam. »Aber«, sagte sie sich, »ich habe ja die Kinder. Es ist kaum genug Zeit für sie, also könnte ich mich Freunden sowieso nicht widmen.«

Doch obwohl Sheila sich ständig mit ihren Kindern beschäftigte, den beiden Geschichten vorlas, sie fütterte oder mit ihnen im Park spielte, blieb genug Zeit zum Grübeln:

Mache ich alles richtig? Sollte ich sie im Kindergarten anmelden? Schließlich liest man überall, dass das wichtig für ihre spätere Leistung in der Schule ist. Aber ich möchte sie den ganzen Tag um mich haben. Vorlesen kann ich ihnen auch.

Wie Sie auch in Zukunft vermeiden, zu viel zu denken 133

Genügt es, wenn sie hier im Park mit anderen Kindern zusammen sind? Ich war auch nicht im Kindergarten. Vielleicht bin ich deswegen so schüchtern. Vermutlich würde es mir leichter fallen, Spielkameraden für meine Kinder zu finden, wenn ich selbst nicht so schüchtern wäre.

Als Sheila mit ihrer inzwischen dreijährigen Tochter zu einer Routineuntersuchung ging, fiel ein Schatten auf ihr idyllisches Familienleben. Die Kinderärztin entdeckte ein Herzgeräusch bei Christine, maß den Blutdruck der Kleinen und stellte fest, dass er stark erhöht war. Also empfahl sie Sheila, mit Christine einen Kinderkardiologen aufzusuchen. Auf der Heimfahrt gingen Sheila folgende Gedanken durch den Kopf:

Was ist los mit meiner Kleinen? Warum haben sie den Herzfehler nicht früher entdeckt? Wieso habe ich nicht gemerkt, dass etwas nicht in Ordnung ist? Was werden sie mit ihr anstellen müssen? Mein Gott, ich ertrage das nicht.

Wie üblich kam David erst gegen neun Uhr abends nach Hause. Inzwischen hatte Sheila sich in Angst und Wut hineingesteigert, weil er nicht da war, wenn sie ihn brauchte. Als er durch die Tür trat, herrschte sie ihn an, obwohl er ihr eine Nachricht auf den Anrufbeantworter gesprochen hatte, dass er später nach Hause kommen würde. Dann eröffnete sie ihm ohne Vorbereitung die Geschichte mit Christines Herzfehler und erhöhtem Blutdruck. David versuchte, Sheila zu beruhigen und ihr zu sagen, dass alles sich wieder einrenken würde, doch sie hörte ihm kaum zu. Sie machte die ganze Nacht kein Auge zu vor Sorge:

Was ist, wenn mit Mark auch etwas nicht stimmt und sie es nur noch nicht entdeckt haben? Kaum zu fassen, dass ich das mit Christine nicht gemerkt habe! Was bin ich bloß für eine Mutter! Soll ich mit Mark auch zum Kardiologen gehen? Ist der Herzfehler von Christine genetisch bedingt? Von wem hat sie ihn

geerbt? In meiner Familie hat niemand Herzprobleme.
Was, wenn sie Christine operieren wollen? Das könnte ich
nicht ertragen.

Am nächsten Tag war Sheila völlig ausgelaugt. Bis zu dem Kardiologentermin zwei Wochen später zermarterte sie sich Tag und Nacht das Gehirn. Der Arzt untersuchte die Kleine und bestätigte das Herzgeräusch. Sheila hätte am liebsten zu weinen angefangen. Der Kardiologe versuchte ihr zu erklären, dass solche Herzgeräusche zahlreiche Ursachen haben können und nicht unbedingt gefährlich sein müssen. Doch Sheila hörte ihm nur mit halbem Ohr zu, weil ihr immer wieder das Bild von Christine im Operationssaal in den Sinn kam. Christines Blutdruck, so stellte der Arzt fest, war normal. »Was!«, rief Sheila aus. »Ich dachte, er ist zu hoch!« Der Kardiologe erklärte ihr, dass der Blutdruck immer abhängig von den Umständen schwankt – zum Beispiel wenn der Patient Angst vor dem Arzt oder einer Spritze hat. Der Kardiologe wartete eine Weile, bevor er Christines Blutdruck noch einmal maß, und wieder war er normal. Schließlich bat der Arzt Sheila, in ein paar Monaten wieder zu kommen, damit er Christines Blutdruck und Herzgeräusch noch einmal überprüfen könne.

Sheila kehrte erschöpft und verwirrt nach Hause zurück. Sollte sie eine zweite Meinung einholen oder den Kardiologen anrufen und ihn bitten, ihr alles noch einmal zu erklären, damit sie es besser verstand?

Sie rief ihre Mutter an, der sie noch nichts von der Sache erzählt hatte, weil sie ihr nicht unnötig Sorgen machen wollte. Kaum hatte ihre Mutter sie begrüßt, als auch schon alles über den Besuch beim Kinderarzt und beim Kardiologen sowie über ihre Ängste aus ihr heraussprudelte.

Irgendwann sagte ihre Mutter: »Sheila, nun beruhige dich doch. Du bist ja völlig durcheinander. Erzähl mir alles noch einmal von vorn, und zwar langsam.« Als Sheila bei der Äußerung des Kardiologen anlangte, dass Herzgeräusche nicht notwendigerweise auf eine ernsthafte Erkrankung hindeuteten, meinte ihre Mutter, das sei doch eine sehr positive Auskunft. Außerdem erinnerte sie sie daran, dass das Krankenhaus, in dem der Kardiologe arbeitete, zu den besten Spezialklini-

Wie Sie auch in Zukunft vermeiden, zu viel zu denken 135

ken des Landes gehöre. Also könne man davon ausgehen, dass der Arzt sein Handwerk verstehe. Nach einer Weile wurde Sheila ruhiger.

Dann fragte ihre Mutter: »Sheila, warum hast du mir das alles nicht schon früher erzählt?« Auf Sheilas Antwort, sie habe ihr nicht unnötig Sorgen machen wollen, meinte ihre Mutter: »Mädchen, du hast dich in letzter Zeit so sehr mit deinen Kindern in deinem hübschen Haus eingeigelt, dass sich deine Perspektive verschoben hat. Die Menschen, die dir nahe stehen, wollen dir helfen. Du solltest dir Freunde suchen, mit denen du reden kannst, und andere Aktivitäten als die Kindererziehung. Wenn die Ärzte tatsächlich feststellen sollten, dass Christine ernsthaft krank ist, wirst du nicht in der Lage sein, deiner Tochter wirklich beizustehen, wenn du dich so verkriechst und die ganze Zeit über deine Sorgen nachgrübelst.«

Zuerst war Sheila wütend auf ihre Mutter, doch bald schon wurde ihr klar, dass diese Recht hatte. Sheila hatte das Bild von der perfekten Mutter mit den perfekten Kindern so sehr kultiviert und sich selbst so isoliert, dass Christines mögliche Krankheit ihr den Boden unter den Füßen wegzog. Sie musste sich tatsächlich einen neuen Freundeskreis aufbauen und Aktivitäten suchen, die nichts mit den Kindern zu tun hatten.

Wenn Sie sich genau wie Sheila ausschließlich über eine oder zwei Rollen definieren, sollten Sie Ihre Basis so schnell wie möglich erweitern, um neue Quellen der Selbstachtung zu finden. Das heißt nicht, dass Sie sich nun hektisch in zahllose Aktivitäten stürzen müssen, von denen Ihnen die meisten nichts bedeuten, sondern dass Sie einen Teil Ihrer Energie auf den Erwerb neuer Fertigkeiten (etwa in einem Volkshochschulkurs), den Aufbau neuer zwischenmenschlicher Beziehungen (zum Beispiel durch eine ehrenamtliche Tätigkeit in einem Altersheim) oder auf ein Engagement im karitativen Bereich konzentrieren sollten. Der Schlüssel liegt darin, neue Rollen zu finden, die im Einklang mit Ihren Grundwerten und -bedürfnissen stehen, die es Ihnen ermöglichen, Leute kennen zu lernen, und ihr Selbstwertgefühl steigern. Wenn dann etwas in einer Rolle Ihres Lebens schief geht, haben Sie noch die anderen, die Ihnen Befriedigung verschaffen, Unterstützung bieten und Ausgeglichenheit schenken.

Suchen Sie sich neue Freunde

Selbst wenn Sie bereits genug Rollen haben, schadet es nicht, sich neue Freunde zu erwerben, wenn die alten Ihre Grübeleien eher noch verstärken, als sie zu reduzieren. Alle weinen sich bei Ihnen aus, und wenn Sie selbst Unterstützung bräuchten, sind sie nicht in der Lage, sie Ihnen zu geben, denn Sie sollen immer die Starke sein. Sie tun Ihre Sorgen einfach ab: »Du hast noch alles geschafft.« Oder sie drehen den Spieß um und fangen an, von ihren eigenen Problemen zu reden: »Natürlich ist das schlimm, aber lass dir erzählen, was mir heute passiert ist.«

Vielleicht geben diese Freunde sich sogar Mühe zuzuhören, doch schon bald werden Ihre Sorgen ihnen zu viel oder ihre eigenen fallen ihnen wieder ein. Freunde, die sich gemeinsam im Kummer suhlen, können schnell zu einer jammernden Grübelgruppe werden, die keinem der Beteiligten nützt.

Wenn die meisten Ihrer Freunde nicht in der Lage sind, Ihnen im Kampf gegen das Grübeln beizustehen, ist es an der Zeit, sich neue zu suchen – was nicht heißt, dass Sie sich von den alten trennen oder lossagen müssen. Doch Freunde, die Ihnen helfen, vom Zu-viel-Denken zur Problemlösung zu gelangen, und Ihnen ein Vorbild in puncto gute Stressbewältigung sind, können von unschätzbarem Nutzen sein, wenn Sie sich dauerhaft aus der Grübelfalle befreien wollen.

Schaffen Sie sich ein neues Bild von sich selbst

Wir neigen besonders bei den Teilen unseres Selbstbildes zum ständigen Hinterfragen, bei denen wir uns unsicher sind. Wer Selbstvertrauen besitzt, hat keinen Grund, sich andauernd Sorgen zu machen, und statt über Fehler der Vergangenheit nachzugrübeln, kann er sie als Entwicklungsmöglichkeiten oder sogar Chance verstehen und aktiv etwas gegen eine Wiederholung tun. Doch auch mutlose Menschen neigen unter Umständen nicht zum Zu-viel-Denken – sie sind davon überzeugt, dass sie immer versagen und dass das Leben keinen Sinn hat, weshalb sich auch das Grübeln erübrigt.

Wie Sie auch in Zukunft vermeiden, zu viel zu denken 137

Wenn Sie sich auf einem Gebiet unsicher fühlen, zum Beispiel im Beruf oder in der Beziehung mit Ihrem Partner, gibt es mehr als genug Stoff zum Grübeln. Sie wälzen Gedanken über Ereignisse der Vergangenheit, machen sich Vorwürfe für Fehler, stellen Ihre eigenen Motive sowie die der anderen in Frage. Sie haben Angst vor der Zukunft, weil Sie nicht wissen, ob Sie neuen Herausforderungen gewachsen sein werden. Wenn wir über unsere Schwächen nachgrübeln, empfinden wir uns oft als zu lasch, ineffektiv, zaghaft oder lächerlich. Ein solches Selbstbild nährt unsere Sorgen und Ängste und verleitet uns dazu, Situationen, in denen wir versagen könnten, entweder ganz aus dem Weg zu gehen oder überfordert zu sein, sobald wir einen Fehler machen.

Das geschieht besonders oft bei Musikern, wie es das Beispiel der 18-jährigen Pianistin Sonia zeigt, einer gebürtigen Russin mit tiefbraunen Augen und welligen braunen Haaren, die sie bei Auftritten hochsteckt. Bereits als kleines Kind in Moskau träumte sie davon, Konzertpianistin zu werden. Sie besaß großes Talent und wurde von Anfang an von den besten russischen Lehrern unterrichtet. Als Sonia sechzehn war, siedelte ihre Familie in die Vereinigten Staaten über, damit sie ihre Ausbildung in New York fortsetzen und dort ihre Karriere starten konnte. Mit achtzehn Jahren trat sie bereits in den großen Konzertsälen Nordamerikas auf.

Allerdings stand Sonia im Ruf, unberechenbar zu sein. Manche ihrer Auftritte waren tadellos, und sie wirkte ungewöhnlich reif. Dann plötzlich machte sie in einem Stück, das sie schon Hunderte von Malen gespielt hatte, einen Fehler, schleppte sich nur noch durch den Rest des Programms und verpatzte auch die restlichen Stücke oder rannte tränenüberströmt von der Bühne.

Sonias Angst vor den Auftritten wurde so groß, dass ihre Mutter sie praktisch auf die Bühne schieben musste. Sonia hatte inzwischen folgendes Bild von sich selbst verinnerlicht: Sie saß am Klavier, der Zuhörerraum voll mit Leuten, die sie anstarrten, und plötzlich bekam sie einen Blackout und wusste nicht mehr, wie sie das Stück spielen sollte. Der Angstschweiß stand ihr auf der Stirn, und in ihrem Kopf herrschte völlige Leere. Doch sie nahm immer noch die wütenden oder mitleidsvollen Blicke der Zuhörer wahr. Normalerweise gelang es ihr, dieses Bild beim Auftritt beiseite zu schieben und sich ganz und gar auf die Musik zu konzentrieren. Doch wenn sie Probleme mit einem Stück hatte, tauchte es plötzlich wieder auf, vernebelte ihre Gedanken und lähmte ihre Hände.

Als es für Sonias Agenten immer schwieriger wurde, neue Konzerte zu organisieren, bat er seinen Schützling, einen Therapeuten in New York aufzusuchen, der sich darauf spezialisiert hatte, Musikern zu helfen, extremes Lampenfieber abzubauen und die Angst vor Auftritten zu mindern. Dieser Therapeut leitete zwei wichtige Veränderungen in die Wege: Erstens brachte er Sonias Mutter, die immer einen starken Leistungsdruck ausgeübt hatte, dazu, ihrer Tochter mehr Freiheit zu lassen. Zweitens half er Sonia dabei, ihr Negativbild zu überwinden, indem er dieses mit ihr zusammen Schritt für Schritt analysierte. Das fiel Sonia ziemlich schwer, doch sie schaffte es.

Der Therapeut zeigte Sonia Übungen gegen die Anspannung, die das Bild in ihr verursachte. Dann entwickelte er mit ihr zusammen ein neues, positiveres Bild, in dem auch nicht immer alles gut ging. Denn ein Idealbild einerseits und das negative Selbstbild andererseits, zwischen denen sie ständig hin und her sprang, hatte Sonia ja bereits. In dem neuen Bild stolperte sie zwar beim Vortrag eines Stückes, gewann dann aber die Konzentration wieder und brachte es ruhig zu Ende. Sie besprachen kurze Entspannungsübungen, die sie sogar noch während des Konzerts nach einem Fehler einsetzen konnte, um ihre Aufregung und ihre Ängste zu reduzieren und ein positives Bild von sich selbst heraufzubeschwören. In den folgenden Monaten wurde Sonia bei ihren Auftritten zuverlässiger. Sie machte immer noch Fehler, rannte aber nur noch selten tränenüberströmt von der Bühne. Und sie musste nicht mehr zum Klavier geschoben werden.

Wie Sonia können auch wir dieses negative Bild von uns selbst, die Ursache vieler Grübelattacken, durch positivere ersetzen, indem wir Entspannungstechniken entwickeln und uns in eine schwierige Situation versetzen, die wir meistern. Manchmal sind die im vierten und fünften Kapitel beschriebenen Strategien nötig, damit ein positiveres

Wie Sie auch in Zukunft vermeiden, zu viel zu denken

Bild an die Stelle des negativen tritt. Wir müssen uns selbst für Fehler der Vergangenheit vergeben, bevor wir in der Lage sind, das negative Bild loszulassen. Conny zum Beispiel trank früher zu viel und schlug dann ihre Kinder, wenn sie ihr auf die Nerven gingen. Nach einer Therapie ist sie nun seit einem halben Jahr trocken. Doch es gelang ihr erst, das negative Bild von sich selbst als schlechter Mutter loszuwerden, als sie sich verzieh und sich als Mutter sah, die sich bemühte, ihre Schwächen in den Griff zu bekommen.

Zusätzlich sollten Sie Ihr Selbstvertrauen stärken, neue Beziehungen aufbauen und sich neue Interessen erschließen, denn nur dann können Sie sich von einer Rolle lösen, die Ihr Leben beherrscht. Wenn Sie sich ausschließlich als jemandes Frau verstehen und verzweifelt versuchen, Ihre Ehe zu retten, weil sie das Einzige ist, was Sie haben, müssen Sie Ihre Basis erweitern und sich andere Ziele und Quellen suchen, aus denen sich Ihr Selbstbewusstsein speist. Wenn Sie sich ausschließlich als Karrierefrau begreifen, ist der Aufbau eines Freundes- und Bekanntenkreises sinnvoll, der Sie unterstützt und Ihnen hilft, das Leben mit neuen Augen zu sehen.

Sobald Sie sich aus der Grübelfalle befreit sowie einige unmittelbar anstehende Probleme gelöst haben und bereit sind, Ihr Leben neu zu gestalten, sollten Sie einen Blick auf Ihr Bild von sich selbst werfen. Arbeiten Sie an den negativen Aspekten, korrigieren Sie Schwächen, vergeben Sie sich Fehler der Vergangenheit und bauen Sie sich mehrere Möglichkeiten zur Stärkung Ihres Selbstwertgefühls auf.

Zusammenfassung

Die Strategien in diesem Kapitel sollen Ihnen helfen, Ihr Leben dauerhaft zu verändern. Sie werden länger brauchen, sie in die Tat umzusetzen, als bei den im vierten und fünften Kapitel beschriebenen, und vermutlich dauert es auch länger, bis Sie den Erfolg wahrnehmen. Aber ein befriedigenderes Leben ist der Lohn.

Strategie	Beschreibung	Beispiel
Meiden Sie bestimmte Situationen.	Lassen Sie sich nicht auf Situationen ein, die Grübelattacken auslösen.	Jana wusste, dass Besuche bei ihrer Mutter wochenlanges Grübeln zur Folge hatten, also hielt sie die Besuche möglichst kurz.
Verabschieden Sie sich von unrealistischen Zielen.	Geben Sie unverwirklichbare oder selbstzerstörerische Ziele auf.	Diana beschloss, sich keine 25 Kilo unter Qualen herunterzuhungern, sondern unter Aufsicht eines Arztes nur 10 Kilo abzunehmen.
Seien Sie nicht so streng mit sich selbst.	Geben Sie sich Gelegenheit, positive Emotionen zu erleben und Ihre Stärken zu kultivieren.	Sandra reservierte 30 Minuten täglich für die Meditation, obwohl sich ihre Familie beklagte, dass sie ihr in dieser Zeit nicht zur Verfügung stand.
Finden Sie Ihre Geschichte.	Versuchen Sie, eine Geschichte zu finden, die Ihre Probleme auf befriedigende Weise erklärt.	Tania las zahlreiche religiöse Bücher, um den Tod ihrer Mutter besser zu verstehen.

Wie Sie auch in Zukunft vermeiden, zu viel zu denken 141

Strategie	Beschreibung	Beispiel
Erweitern Sie Ihre Basis.	Bauen Sie sich unterschiedliche Quellen für Ihr Selbstwertgefühl auf.	Lisa wurde klar, dass sie nur für ihren Beruf lebte, also begann sie eine ehrenamtliche Tätigkeit in einem Frauenhaus.
Suchen Sie sich neue Freunde.	Suchen Sie sich Freunde, die Ihnen aus der Grübelfalle helfen, statt sich mit Ihnen darin zu suhlen.	Lilias Freundinnen studierten alle wie sie, also baute sie sich einen zweiten Freundeskreis auf, der ihr half, das Leben aus einer anderen Perspektive zu sehen.
Schaffen Sie sich ein neues Bild von sich selbst.	Ersetzen Sie negative Bilder durch positive oder differenzieren Sie Ihr Bild von sich selbst.	Rita ersetzte ihr Bild von sich selbst als inkompetent in Sachen Menschenführung durch das der kompetenten Führerin, indem sie neue Fertigkeiten und ein neues Image einübte.

Teil III

Auslöser des Zu-viel-Denkens

Jeder hat seine spezifischen Grübelthemen, aber manche sind praktisch allen Menschen gemeinsam: Beziehung, Beruf und Karriere, Kinder, Eltern und Verwandte, Gesundheit, traumatische Erfahrungen. In Teil III beschreibe ich, wie die in Teil II präsentierten Strategien sich einsetzen lassen, um das Zu-viel-Denken über diese Themen in den Griff zu bekommen.

7.

Mit den eigenen Sorgen verheiratet sein –
Grübeln über die Partnerbeziehung

Partnerbeziehungen gehören zu den verbreitetsten Grübelthemen, und das verwundert nicht, denn sie machen einen wichtigen Bereich unserer Selbstdefinition aus. Wir sehen uns zumindest teilweise durch die Augen des Partners und spiegeln uns in ihm. Deshalb überrascht es nicht, dass wir darüber nachgrübeln, was er von uns hält, wie die Beziehung läuft, warum er so ist, wie er ist, wie wir ihn bei Laune halten und wie andere Leute ihn finden.

Über unsere Partnerbeziehung nachzudenken ist sinnvoll, wenn wir so Probleme erkennen und aus der Welt schaffen oder wenn wir uns einfach nur an einer harmonischen Beziehung freuen. Aber Zuviel-Denken kann auch schädlich sein – wenn wir mit einem neuen Partner ausgehen, uns auf eine Beziehung mit ihm einlassen und schließlich Kinder mit ihm haben. Die Trends der letzten Jahrzehnte, die begünstigen, dass wir uns zu viele Gedanken machen, können das Grübeln besonders im Zusammenhang mit Partnerbeziehungen gefährlich machen.

Es ist schwierig, einen geeigneten Lebenspartner zu finden, wenn wir uns unserer selbst sowie unserer Überzeugungen nicht sicher sind. Obwohl an dem Spruch »Gegensätze ziehen sich an« etwas Wahres dran ist, lässt sich immer wieder feststellen, dass langfristige Beziehungen auf gemeinsamen Interessen und Überzeugungen aufbauen. Denn sie sind eine Basis für wichtige Entscheidungen, zum Beispiel wie die Partner ihr Geld ausgeben oder die Kinder erziehen wollen. Sie erleichtern es außerdem, die Einstellung des Partners zu verstehen und zu respektieren.

Ohne die Orientierung an eigenen Werten jedoch lassen wir uns nur zu leicht von den Vorstellungen unserer Mitmenschen und der Medien beeinflussen, wie ein guter Partner auszusehen und zu sein hat. Wenn wir zu Prestigedenken neigen – mir steht es zu, viel Geld sowie einen Vorzeigepartner zu haben und zu machen, was ich will –, bewerten wir potenzielle Partner leicht nach oberflächlichen Kriterien wie zum Beispiel gesellschaftlichem Status, Einkommen oder Attraktivität. Wir brüten endlos darüber nach, ob der Betreffende die Kriterien erfüllt und ob wir in einer Beziehung mit ihm das bekommen, was wir vom Leben erwarten.

Wenn wir uns dann tatsächlich für einen Partner entscheiden, stellen wir möglicherweise fest, dass die Besessenheit der Gesellschaft von Prahlerei und schnellen Lösungen es schwierig macht, bei diesem Partner zu bleiben. Sobald es in der Beziehung kriselt, nehmen wir Antidepressiva, fangen zu trinken an oder spielen mit dem Gedanken, uns von dem Partner zu trennen oder uns von ihm scheiden zu lassen. Wenn wir glauben, mit unserer Ehe in der Sackgasse zu sein, oder keinen Spaß mehr am Sex haben, erscheint ein Seitensprung wie eine gute Möglichkeit zur Befriedigung unserer emotionalen und körperlichen Bedürfnisse. Wenn wir uns schon zahllose Male getrennt, unseren Partner immer wieder betrogen haben oder uns ständig mit ihm streiten, zerbrechen wir uns den Kopf darüber, wieso wir nicht in der Lage sind, tiefe Beziehungen aufrecht zu erhalten.

Selbst wenn wir keine Probleme mit unserem Partner haben, treibt unsere Kultur der Nabelschau uns dazu, die Beziehung mit ihm immer wieder auf den Prüfstand zu stellen. In Zeitschriften werden ständig Fragebogen abgedruckt, mit deren Hilfe sich der Zustand der Beziehung ermitteln lässt. Und leider schaffen wir nie die Bestnote, denn solche Fragebogen postulieren ein Ideal, egal, ob es um die Quantität und Qualität unserer sexuellen Begegnungen geht oder um die Tiefe unserer inneren Bindung. Wenn wir keine starken Werte besitzen, die uns helfen, unsere Beziehung zu verstehen und zu schätzen, neigen wir besonders leicht dazu, uns äußerem Druck zu beugen und ins Grübeln zu geraten.

Sie können nicht loslassen

Frauen neigen eher als Männer dazu, über Beziehungen – zum Partner, den Eltern, anderen Familienmitgliedern, den Kindern – ausführlich zu grübeln. Die Partnerbeziehung gibt für Frauen besonders oft Anlass zum ständigen Nachdenken, weil sie meist auf zweifache Weise von diesem Partner abhängig sind: finanziell und seelisch.

Trotz generell größerer finanzieller Unabhängigkeit als noch vor ein paar Jahrzehnten brauchen Frauen für gewöhnlich auch das Einkommen des Partners, um sich und die Kinder über die Runden zu bringen. Das kann dazu führen, dass sie in einer Beziehung ziemlich viel hinnehmen, von emotionaler Distanz bis zu sexuellem Missbrauch oder körperlichen Misshandlungen. Die Frau achtet auf jedes kleinste Zeichen, das ihr anzeigen könnte, dass der Partner unzufrieden ist mit ihr. Denn sie kann es sich nicht leisten, dass er sie verlässt, und fürchtet ständig neue Attacken. Sie legt jedes Wort auf die Waagschale, um ihn nicht zu reizen. Auch in seiner Abwesenheit drehen sich ihre Gedanken darum, wie sie ihn beschwichtigen kann. Wenn es ihr an Bildung, Qualifikationen und Unterstützung durch andere mangelt und sie Angst vor dem hat, was passiert, wenn sie ihn tatsächlich verlässt, bleibt sie in der Beziehung, gibt klein bei und verfällt ins Grübeln, wenn er nicht da ist.

Genauso schlimm ist die seelische Abhängigkeit. Dann macht nur die Anerkennung des Partners die Frau zufrieden, weil sie nicht weiß, wie sie sich ohne die Partnerbeziehung definieren soll. Diese Bedürftigkeit kann sie dazu bringen, jedes Detail ihrer Beziehung aufs genaueste zu analysieren: Warum war er heute Morgen so mürrisch? Habe ich irgendetwas Falsches gesagt? Ist er in dieser Ehe glücklich? Was kann ich tun, damit er bessere Laune bekommt? Natürlich sollten wir hin und wieder über unsere Beziehungen nachdenken, aber übertriebene Aufmerksamkeit und chronisches Grübeln sind eher schädlich, als dass sie nützen, und können den Partner vielleicht sogar vergraulen. Thomas Joiner von der Florida State Universität und James Coyne von der Universität von Pennsylvania haben die negativen Zyklen der Interaktion beschrieben, die einsetzen können, wenn der eine

Partner sich ständig über den anderen zu definieren versucht.[1] Dieser Partner, meist ist es die Frau, bettelt um Liebesbeweise. Der andere versucht, diese zu geben, aber sie sind nie genug, und er wird allmählich frustriert und gereizt. Das wiederum speist die Ängste der Frau, und so dringt sie weiter in ihn, ob er sie wirklich liebe. Nach einer Weile fragt er sich das selbst, bekommt aber ein schlechtes Gewissen und versichert ihr wieder seine Liebe. Sie bemerkt seine Verärgerung, vielleicht auch seine Schuldgefühle, macht sich noch mehr Gedanken und erklärt ihm schließlich, sie habe nicht den Eindruck, dass er sie liebe. Er wird noch gereizter und zieht sich entweder zurück oder herrscht sie an. Diese Form der Interaktion bietet wunderbaren Stoff zum beständigen Grübeln.

Selbst wenn die seelische Abhängigkeit nicht zu solchen zerstörerischen Interaktionen führt, kann sie die Frau dazu verleiten, schlechte Entscheidungen zu treffen. In der Grübelfalle sieht sie nur die Schwierigkeiten und negativen Aspekte, nicht die guten Seiten, und vielleicht beendet sie die Beziehung sogar, ohne dass das nötig wäre. Ihre Grübelattacken können zu Selbstvorwürfen führen; sie redet sich ein, dass sie es nicht wert sei, geliebt zu werden, oder dass ihr die Fähigkeit fehle, eine gute Beziehung zu führen. Das kann selbstzerstörerische Aktivitäten zur Folge haben, zum Beispiel Fressattacken oder Alkoholismus, Selbstmordgedanken oder das Verharren in einer schlechten Beziehung, weil die Frau meint, zu einer besseren sei sie nicht imstande.

Mary, deren Geschichte Sie gleich lesen werden, neigt zum Teil deshalb zum Grübeln, weil sie seelisch von der Ehe mit ihrem Mann Bill abhängt. Außerhalb dieser Beziehung besitzt sie nur wenige Quellen, aus denen sich ihr Selbstwertgefühl speist. Sie möchte die Ehe unbedingt retten, obwohl es schon seit geraumer Zeit kriselt. Deshalb erkennt sie nicht, was sie sich wirklich von Bill erwartet, abgesehen davon, dass er sensibler und liebevoller sein soll. Mary liest alle Ratgeber, die ihr in die Finger kommen, und setzt so ziemlich alle Vorschläge daraus in die Tat um. Doch ihre Verzweiflung treibt Bill nur noch weiter von ihr weg, und diese emotionale Distanzierung lässt sie wieder in der Grübelfalle landen.

Mary in der Grübelfalle

Der große Tag stand unmittelbar bevor, und Mary wusste immer noch nicht, was sie Bill schenken sollte. Ihr zehnter Hochzeitstag bedeutete Mary viel, zum Beispiel dass sie es ihren Eltern gezeigt hatten, die dachten, die Ehe würde nicht sehr lange halten. Mary und ihr Mann waren tatsächlich ein paar Mal vor der Trennung gestanden. Mary zuckte zusammen, als sie ihren ängstlichen Blick im Spiegel sah, und versuchte, die Erinnerung an die vielen hässlichen Auseinandersetzungen und Bills Seitensprung mit einer jüngeren Frau vor ein paar Jahren loszuwerden. Sie band ihre schwarzen Haare zusammen und schlüpfte in ihre Schwesternkleidung. »Verdammt«, dachte sie, »die Hose ist ganz schön eng.« Mary hatte den stämmigen Körper ihrer Mutter geerbt und kämpfte seit der Kindheit, also praktisch die ganzen zweiunddreißig Jahre ihres Lebens, mit dem Gewicht. Sie wünschte sich seit jeher eine bessere Figur, um die kurzen Röcke tragen zu können, die Bill offenbar bei anderen Frauen so gut gefielen. Und sie wäre gern sportlicher gewesen, damit sie im Skiurlaub in Tahoe besser mit ihm mithalten könnte. Bill war genau wie sie nicht besonders groß, aber durchtrainiert, und sauste die Pisten mit mörderischer Geschwindigkeit hinunter.

Während der Fahrt zum Krankenhaus fragte Mary sich, ob Bill ihr etwas zum Hochzeitstag schenken würde, denn wie viele Männer vergaß er Geburtstage und Hochzeitstage für gewöhnlich. Diesmal hatte sie ihn sozusagen mit der Nase darauf gestoßen, indem sie ihn fragte, in welches Lokal sie gehen sollten, und indem sie den Tag auf dem Kalender am Kühlschrank rot markierte. Außerdem sprach sie mit Bills Mutter am Telefon darüber, weil sie wusste, dass diese ihn erinnern würde. Als Mary in der Klinik ankam, in der sie arbeitete, war sie sich sicher, dass sie dieses Jahr einen schönen, romantischen Hochzeitstag miteinander feiern würden.

An jenem Abend war es ruhig in der Station, die meisten Patienten schliefen, und es gab keine Notfälle, also hatte Mary genug Zeit, ihren Gedanken nachzuhängen. Die Erinnerungen, mit denen sie schon früher am Tag gekämpft hatte, kehrten zurück, besonders das Bild von

Bill zusammen mit der kleinen Blonden, die fast das Ende der Ehe bedeutet hätte. Mary begriff immer noch nicht, warum Bill ihr das angetan hatte. Sie hatte ihn angefleht, ihr zu sagen, was falsch gelaufen war, was sie tun könne, um ihn glücklich zu machen. Doch er hatte nur gesagt: »Das war eine kurze Affäre, nichts weiter. Ich fand die Kleine eben sexy.« Mit dieser Antwort konnte sie sich nicht zufrieden geben, weil sie bedeutete, dass so etwas jederzeit wieder möglich war. Also bohrte sie weiter, was los sei, was sie tun könne, damit er sie nicht noch einmal betrog. Bill wurde Marys Fragerei bald leid und fuhr sie an: »Mein Gott, Mary, hör endlich auf damit. Ich werde die Frau nie mehr wiedersehen. Nun häng nicht immer so an mir dran – vergiss die Sache.« Sie brachte das Thema zwar nicht mehr zur Sprache, verwand seinen Seitensprung aber nie.

Seit dieser Zeit hatte sie verstärkt auf Hinweise für einen neuerlichen Seitensprung geachtet, zahllose Bücher und Zeitschriftenartikel über fremdgehende Männer und gute Ehen gelesen. Sie hatte den Rat dieser Bücher und Artikel befolgt, sich verführerische Nachthemden gekauft und Bill neue Spielarten des Sex vorgeschlagen; sie hatte ihm zugehört und sich für seine Arbeit interessiert. In den letzten Jahren war ihre Ehe tatsächlich besser geworden, doch Mary fühlte sich immer noch unsicher und verbrachte viel Zeit damit, alles, was Bill sagte oder tat, auf die Goldwaage zu legen. Es munterte sie auch nicht auf, dass ihre Schwester Emily offenbar mit dem perfekten Mann verheiratet war, der ihr häufig kleine Geschenke mitbrachte oder sie mit romantischen Wochenendreisen überraschte.

Als Mary nach der Arbeit nach Hause kam, wollte Bill, Biochemiker für ein großes pharmazeutisches Unternehmen, sich gerade auf den Weg in den Betrieb machen. Sie wusste, dass er Wichtiges leistete, konnte allerdings keine echte Begeisterung aufbringen, wenn er von den Experimenten des Tages erzählte. Außerdem schien er sich nicht im Geringsten für ihre Tätigkeit als Krankenschwester zu interessieren. Eigentlich unterhielten sie sich kaum jemals ernsthaft miteinander. Mary hatte normalerweise die Nachtschicht, während Bill an sechs Tagen in der Woche zehn Stunden arbeitete. Wenn sie tatsächlich einmal miteinander aßen, was selten genug vorkam, regelten

Mit den eigenen Sorgen verheiratet sein

sie die organisatorischen Dinge: Wer würde für Bills 93-jährige Mutter einkaufen? War genug Geld für die Hypothekenrate auf dem Konto? Sollten sie jemanden beauftragen, den Rasen zu mähen, oder es selbst machen?

Auf dem Weg zum Auto rief Bill Mary zu: »Das BioTerm-Projekt wird möglicherweise gekippt. Der oberste Boss meint, es ist zu teuer, und will es abblasen. Jack möchte, dass ich nächste Woche nach Cleveland fliege, um die Sache vielleicht noch ins Lot zu bringen.« Marys Herz begann wie wild zu schlagen. »Wann nächste Woche?«, fragte sie. »Wahrscheinlich muss ich am Donnerstag weg und komme am Sonntag wieder. Ich muss los, ich bin spät dran«, sagte Bill, sprang in den Wagen, und schon war er weg.

Mary musste sich an der Türklinke festhalten, um nicht in die Knie zu gehen. Am nächsten Freitag war ihr Hochzeitstag, und Bill würde nicht da sein. Offenbar machte ihm das nichts aus. Wut ergriff sie, dann Panik.

Ich hätte wissen müssen, dass er es schafft, uns den Hochzeitstag zu verderben. Unsere Ehe ist ihm völlig egal. Ich halte das nicht mehr aus, ich trenne mich von ihm. Er treibt mich noch in den Wahnsinn. Ich mühe mich ab, um ihm alles recht zu machen, aber er tut einfach, was er will, ohne einen Gedanken an mich. Ich verlasse ihn.

Aber wo soll ich hin? Ich verdiene nicht genug Geld, um so leben zu können, wie ich mir das vorstelle. Allein müsste ich mir eine billige Wohnung mit einer Kollegin teilen. Er weiß, dass ich von seinem Einkommen abhängig bin, also glaubt er, er kann sich alles erlauben.

Was, wenn er gar nicht geschäftlich nach Cleveland muss? Was, wenn er mich wieder betrügt? Vielleicht macht ihm der Hochzeitstag Angst, und er will nicht mehr mit mir verheiratet sein. Mein Gott, was soll ich bloß tun?

Mary überlegte, wen sie anrufen könnte. Die Reaktion ihrer Mutter konnte sie sich schon vorher ausmalen: »Das hab ich dir immer schon gesagt.« Und ihre Schwester mit dem perfekten Ehemann würde sich ins Fäustchen lachen. Bills Mutter war zu gebrechlich, als dass sie ihr ein solches Gespräch zumuten konnte. Mary ließ sich auf die Couch fallen und schaltete den Fernseher ein. Es lief gerade eine jener Talkshows, in denen die Leute sich ihre Probleme von der Seele reden und die Zuschauer ihnen mehr oder minder sinnvolle Ratschläge geben. Natürlich waren heute ein Mann und eine Frau zu Gast, in deren Ehe es kriselte. Bei ihnen, so sagten sie, ging es nicht mehr um Liebe, sondern nur noch um Sex. Einige Zuschauer meinten, das sei doch gar nicht so schlecht, andere rieten den beiden, einen Eheberater aufzusuchen oder sich intensiver miteinander auseinander zu setzen. Irgendwann verlor Mary die Nerven und brüllte den Fernseher an: »Was seid ihr alle für Idioten. Ihr habt doch keine Ahnung.« Und ihr Rat an das Paar sah folgendermaßen aus: »Lasst euch scheiden.« Die Show löste wieder eine Grübelattacke aus, und sie begann, all die Dinge aufzuzählen, die Bill zum schlechten Ehemann machten. Dabei wusste sie, dass sie eigentlich schlafen musste, um für die Nachtschicht fit zu sein. Doch es gelang ihr nicht, ihre negativen Gedanken zu stoppen.

Bill machte den Fehler, mittags anzurufen, weil er gemerkt hatte, dass er an ihrem Hochzeitstag in Cleveland sein würde. Er wollte Mary vorschlagen, ein paar Tage zuvor zu feiern. Aber Mary war auf hundertachtzig, und als sie Bills Stimme hörte, fuhr sie ihn unverzüglich an: »Du Schwein. Du machst dir nicht das Geringste aus unserer Ehe und meinen Gefühlen. Scher dich zum Teufel!« Dann legte sie auf.

Mary fühlte sich richtig gut nach ihrem Ausbruch. Endlich hatte sie ihm die Meinung gesagt. Nun versuchte sie, ein bisschen zu schlafen, doch sie musste immerzu an ihre Worte denken. Nach einer Weile ebbte ihr Gefühl des Triumphs allmählich ab, und die Sorgen kehrten zurück:

Was wird er sagen, wenn er nach Hause kommt? Was soll ich sagen? Ich kann mich nicht entschuldigen. Sind wir in der Lage, diese Krise zu bewältigen? Will ich überhaupt, dass wir sie bewältigen? Ich weiß es nicht. Ich glaube, ich liebe ihn immer

Mit den eigenen Sorgen verheiratet sein

noch, aber ich habe keine Ahnung, ob er mich liebt. Wie kann ich mit einem Mann zusammenleben, von dem ich nicht weiß, ob er mich liebt? Was ist, wenn er überhaupt nicht nach Hause kommt, wenn er mich verlässt? Das hat er nach keiner der bisherigen Auseinandersetzungen gemacht, aber die waren auch anders. Ich habe noch nie etwas so Gemeines zu ihm gesagt.

Wenn ich doch bloß jemanden zum Reden hätte! Wenn Emily nicht so verdammt perfekt wäre. Vielleicht sollte ich auch mal bei einer dieser Shows anrufen.

Die nächste Stunde verbrachte Mary mit Grübeln darüber, was sie bei einem solchen Anruf sagen würde. Sie wollte alles aufzählen, was Bill ihr angetan hatte, aber irgendwann wurde ihr klar, dass man ihr dafür nicht genug Zeit geben würde. Dann sammelte sie die schlimmsten Beispiele, die ihrer Meinung nach ausreichten, um alle davon zu überzeugen, dass das Scheitern ihrer Ehe einzig und allein seine Schuld war. Doch vielleicht würde der Talkmaster an Bills Schuld zweifeln, denn es war ja schließlich der Sinn solcher Shows, Kontroversen zu provozieren. Möglicherweise würde er sagen, Mary habe versagt, sie sei einfach nicht attraktiv genug für Bill, er habe das Recht, sich nach anderen Frauen umzusehen, und sie empfand Scham und Verlegenheit. Wieder fragte sie sich, ob sie nicht selbst eine Teilschuld an ihren Eheproblemen trage:

Natürlich hätte ich manches anders machen können. Schließlich waren wir ineinander verliebt, als wir heirateten, auch wenn meine Mutter anderer Meinung ist. Wieso interessiert Bill sich nicht mehr für mich? Könnte es daran liegen, dass er eine bessere Schulbildung hat als ich? Findet er mich langweilig oder dumm? Jedenfalls interessiert er sich nicht für meine Arbeit. Oder liegt es an meinem Gewicht? Er kann essen, was er will, und bleibt trotzdem schlank, aber wenn ich Schokolade nur sehe, nehme ich schon ein Pfund zu. Ich glaube, es war ein Fehler, die Nachtschicht zu übernehmen. Eigentlich mag ich sie, weil sie nicht so hektisch ist, aber vielleicht beweist das ja nur, dass ich keine große Arbeitsmotivation habe. Ich bin langweilig. Ich habe keine Hobbys und keine Freunde. Kein Wunder, dass er mich verlassen möchte. Ich würde nicht mit so jemandem wie mir verheiratet sein wollen.

Als es Zeit wurde, ins Krankenhaus zu fahren, war Mary hundemüde, weil sie überhaupt nicht geschlafen hatte. Da sie die Patienten nicht gefährden wollte, meldete sie sich krank. Als Bill gegen Mitternacht nach Hause kam, war Mary sowohl psychisch als auch physisch am Boden. Sie hörte, dass er sich in der Küche ein Bier aus dem Kühlschrank holte, gesellte sich zu ihm und meinte kleinlaut: »Bill, was ich zu dir gesagt habe, tut mir Leid.« Ohne sie anzusehen, erwiderte er: »Vergiss es. Ich bin müde. Ich muss ins Bett.« Dann küsste er sie kurz auf die Stirn und ging an ihr vorbei ins Schlafzimmer. Mary blieb kopfschüttelnd in der Küche zurück. Er musste sehr wütend sein, wenn er so einsilbig reagierte. Er wollte nicht über die Sache reden, weil er glaubte, ihre Ehe sei nicht diskussionswürdig, da war sie sich sicher.

In den nächsten Tagen brachte keiner von ihnen die Sprache auf den Hochzeitstag, die Reise nach Cleveland oder ihr letztes Telefonat. Sie lebten nebeneinander her wie zwei Leute, die zufällig im selben Haus wohnen. Als Mary am Mittwochmorgen von der Arbeit nach Hause kam, fand sie die Flugtickets für Cleveland auf Bills Nachtkästchen. Also wusste sie, dass er tatsächlich verreisen würde. Später am Tag, als er sicher sein konnte, dass sie nicht zu Hause war, rief er an und sprach auf den Anrufbeantworter, er werde am Donnerstagnachmittag fliegen, am Sonntag spät in der Nacht zurückkommen, mit seinem Wagen zum Flughafen fahren und ihn dort lassen.

Als Bill schließlich am Donnerstag wegfuhr, war Mary mit den Nerven am Ende. Seit dem Streit mit Bill hatte sie kaum geschlafen. Sie ging in Gedanken immer wieder durch, was sie zu ihm gesagt hatte, und machte sich Vorwürfe. Ihrer Müdigkeit wegen hatte sie sich in dieser Woche dreimal krank gemeldet. Das war bis dahin praktisch nie passiert, und Mary musste sich Fragen gefallen lassen, was mit ihr los sei.

Befreiung aus der Falle

Vielleicht kommt Ihnen Marys Geschichte bekannt vor. Frauen wie sie neigen besonders dazu, zu viel zu denken. Jeder kleinste Hinweis darauf, dass der Partner schlechte Laune hat, kann sie in die Grübelfalle stürzen. Sie fragen sich: »Was bedeutet das? Was empfindet er? Wie kann ich die Lage verbessern?« Und das, obwohl sie sich im tiefsten Innern vielleicht sogar dafür hassen, dass sie so sehr vom Partner abhängig sind. Wenn sie dann noch das Gefühl haben, von ihm nicht gewürdigt und geschätzt zu werden, ist das zusätzlicher Grund zum Grübeln.

Möglicherweise versuchen sie, mit ihm über seine Gefühle zu sprechen, wie Mary es mit Bill tat. Doch John Gottman und Robert Levenson von der Universität von Kalifornien, Berkeley, haben herausgefunden, dass sich viele Männer in solchen Gesprächen ähnlich verhalten wie Bill – sie stellen sich stur, weigern sich, über die Schwierigkeiten zu reden, sagen ihrer Partnerin, dass es da nichts zu reden gebe oder dass sie sich endlich einem anderen Thema zuwenden solle.[2] Das verstärkt die Ängste der Frau, und sie bohrt weiter, möchte, dass er ihr seine Gefühle erklärt, wird vorwurfsvoll, vielleicht sogar feindselig. Er macht sich daraufhin aus dem Staub oder wird wütend, unter Umständen gewalttätig. Solche Gespräche sind alles andere als produktiv, und laut Gottman und Levenson ist bei Paaren, die oft in das beschriebene Muster verfallen, die Wahrscheinlichkeit einer Trennung höher als bei anderen.

Am Abend von Bills Abreise nach Cleveland stürzte Mary in einen Abgrund negativer Gedanken:

So geht es nicht weiter. Ich kann nicht mehr richtig denken und handeln. Was soll ich machen? Meine Mutter kann ich nicht anrufen, und meine Schwester auch nicht. Vielleicht sollte ich mich an eine Eheberaterin wenden. Aber ich kenne keine. Wen könnte ich fragen? Keine Kollegin, das steht fest, denn in der Arbeit soll niemand was davon erfahren. Meine Ärztin? Ich weiß nicht so recht. Vielleicht ist das doch nicht der richtige Weg. Ich habe noch nie mit einem Fremden über meine Probleme geredet. Und soll meine Ärztin erfahren, dass es in meiner Ehe kriselt? Aber ich muss irgendwas unternehmen.

Mary nahm den Telefonhörer in die Hand, bevor der Mut sie verließ, rief in der Praxis ihrer Hausärztin an und klagte dieser ihr Leid. Die Hausärztin empfahl ihr schließlich eine Familientherapeutin namens Carol Vanfossen. Als Mary auflegte, fühlte sie sich erleichtert, doch schon bald kehrten die Zweifel zurück:

Soll ich das wirklich durchziehen? Was ist, wenn mir die Frau nicht liegt oder sie mir einen schlechten Rat gibt? Was ist, wenn Bill wütend wird, weil ich mit jemand anders über unsere Probleme gesprochen habe?

Marys Ängste wurden so groß, dass sie sich irgendwann völlig hilflos vorkam. »Hör auf damit!«, rief sie aus. »Hör auf und ruf die Frau an!« Zu Marys Überraschung ging Carol Vanfossen selbst ans Telefon. Mit Mühe presste Mary hervor, dass sie die Nummer von ihrer Hausärztin habe und über ihre Ehe reden wolle. Carol antwortete, eigentlich spreche sie lieber mit beiden Partnern gemeinsam, doch Mary meinte, sie könne sich nicht vorstellen, dass ihr Mann einem solchen Gespräch zustimmen würde. Sie vereinbarten einen Termin für den folgenden Tag.

Als Mary zu ihr kam, war sie überrascht, eine groß gewachsene, leger gekleidete Frau etwa in ihrem Alter zu sehen. Carol hörte ihr schweigend zu und stellte ihr dann Fragen über Arbeit, Familie, Freunde und Hobbys. Am Ende meinte sie: »Mary, warum wollen Sie die Beziehung retten?« Mary war so überrascht über diese Frage, dass ihr zunächst keine Antwort einfiel. »Ich weiß es nicht. Wahrscheinlich, weil ich ihn liebe. Außerdem könnte ich meiner Mutter und meiner Schwester nicht mehr in die Augen schauen, wenn meine Ehe in die Brüche ginge. Und ich will nicht allein sein.«

Carol riet Mary, sich zu überlegen, ob sie tatsächlich mit Bill verheiratet bleiben wollte. Wenn ja, sollte sie sich einen besseren Grund

Mit den eigenen Sorgen verheiratet sein

einfallen lassen als den, dass sie ihrer Mutter und ihrer Schwester nicht das Scheitern ihrer Ehe eingestehen wollte. Außerdem musste Mary lernen, unabhängig von der Entscheidung über die Zukunft ihrer Ehe besser auf sich selbst zu achten. Carol sagte Mary nur das, was diese bereits wusste – dass ihr Leben sich zu sehr um Bill drehte und sie keine eigenen Freunde hatte. Sie vereinbarten einen Termin für zwei Wochen später, wenn Carol aus dem Urlaub zurück wäre.

Mary wandte sich gerade noch rechtzeitig an die Beraterin. Ohne es zu wissen, setzte sie eine gute Strategie zur Befreiung aus der Grübelfalle ein. In einem Moment der Panik gebot sie ihren Gedanken Einhalt und begann die Möglichkeiten durchzugehen, wie sie auf die Auseinandersetzung mit Bill reagieren könnte. Sie zwang sich, die Beraterin anzurufen und einen Termin mit ihr zu vereinbaren.

Vielleicht hatte Mary gehofft, von Carol eine Liste von Vorschlägen zur Verbesserung ihrer Ehe zu erhalten, wie sie sie aus den Zeitschriften kannte. Doch Carol erklärte ihr, sie müsse selbst entscheiden, ob sie die Ehe retten wolle, und wenn ja, gute Gründe dafür finden. Das lenkte Mary von den Einzelheiten ihrer Auseinandersetzung mit Bill ab und brachte sie dazu, sich auf das Wesentliche zu konzentrieren.

Während Bill in Cleveland war, dachte Mary viel über Carols Worte nach. Sie stellte fest, dass sie, wenn sie müde und allein zu Hause versuchte, Antworten auf ihre Fragen zu finden, immer nur in die alte Litanei der Vorwürfe gegen Bill und in Grübeleien über ihre eigenen Schwächen verfiel. Aber wenn sie aus dem Haus ging und sich etwas Schönes gönnte, zum Beispiel einen Cappuccino in ihrem Lieblingscafé, fielen ihr auch die guten Zeiten wieder ein. Sie hatte ein schlechtes Gewissen wegen der vielen Krankmeldungen der vergangenen Wochen und meldete sich freiwillig für die Wochenendnächte. Damit sie während der Arbeitszeit nicht abgelenkt würde, nahm sie sich vor, in der Freizeit über ihre Sorgen nachzudenken, im Café oder bei einem Spaziergang. Normalerweise verbrachte sie die Pausen in der Klinik, indem sie die zahllosen Ratschläge in Frauenzeitschriften las, wie man seine Ehe retten oder wieder aufregenden Sex mit dem Partner haben konnte. Als sie in einer Pause der Freitagsschicht eine

Illustrierte in die Hand nahm, wurde sie sofort wieder von Sorgen und Ängsten überwältigt. Sie schwor sich, fürs Erste kein solches Magazin mehr zu lesen.

Bill kehrte Sonntagnacht in Marys Abwesenheit aus Cleveland zurück, und als sie am Morgen von der Klinik nach Hause kam, war er bereits in der Arbeit. Es verletzte sie, dass er ihr keine Notiz geschrieben hatte, und sie spielte mit dem Gedanken, ihn am Abend darauf anzusprechen. Doch dann entschied sie sich dagegen. Bei früheren Auseinandersetzungen hatte Mary manchmal ein tolles Essen vorbereitet, um seine Laune zu verbessern. Wenn er das dann nicht zu würdigen wusste oder – noch schlimmer – im letzten Augenblick anrief, um ihr mitzuteilen, dass er später nach Hause kommen würde, war sie am Boden zerstört und machte ihm Vorwürfe wegen seiner mangelnden Sensibilität. Diesmal fragte Mary sich: »Was ist mir für heute Abend das Wichtigste?« Und ihr wurde klar, dass sie am nötigsten Ruhe brauchte, um einen kühlen Kopf bewahren und später in die Klinik fahren zu können. Das bedeutete, dass es keinen Sinn hatte, ein großes Essen vorzubereiten, darauf zu hoffen, dass Bill sich entschuldigen würde, und zu meinen, alle Probleme ihrer Ehe ließen sich an diesem einen Abend lösen. Also beschloss sie, chinesisches Essen ins Haus kommen zu lassen und abzuwarten, welche Richtung ihr Gespräch nehmen würde.

Zum Glück kam Bill an jenem Abend rechtzeitig zum Essen nach Hause und war erstaunt, eine relativ ruhige und entspannte Mary zu sehen. Sie setzten sich zusammen an den Tisch, und Mary fragte ihn, wie die Reise gelaufen sei. Wieder überraschte es ihn, nicht mit Vorwürfen oder eisigen Blicken bedacht zu werden. Nach einer kurzen Beschreibung seiner Verhandlungen im Zusammenhang mit dem BioTerm-Projekt sagte er: »Es tut mir Leid, dass ich an unserem Hochzeitstag nicht hier sein konnte. Wir holen ihn nach, ja?«

Mary spürte Wut in sich aufsteigen, weil er glaubte, ihren Hochzeitstag einfach so verschieben zu können. Bevor sie jedoch etwas sagte, atmete sie ein paar Mal tief durch und meinte dann: »Ja, ich würde unseren Hochzeitstag gern mit dir im Restaurant nachfeiern, aber ich finde auch, dass wir uns über unsere Eheprobleme unterhalten sollten.«

Mit den eigenen Sorgen verheiratet sein

Bill murmelte, ihre Ehe sei doch in Ordnung, stand auf und räumte die Teller weg. Es lag auf der Hand, dass er nicht zu einem ernsten Gespräch bereit war. Mary beschloss, nicht weiter in ihn zu dringen, weil sie bald in die Klinik musste, und antwortete: »Ich denke doch, dass es da etwas zu reden gibt. Vielleicht ist jetzt nicht der richtige Augenblick, aber wir sollten uns bald die Zeit dafür nehmen.«

»Ja, ja«, meinte Bill und wich Marys Blick aus. Sie machte sich für die Arbeit fertig, während er das Geschirr spülte. Sie küssten sich kurz, bevor sie losfuhr.

Das Abendessen anlässlich ihres Hochzeitstages holten sie am Freitag im »Chez Daniel«, einem schicken neuen Restaurant in der Stadt, nach. Nach der Vorspeise und einem Glas Wein in der angenehmsten Atmosphäre seit Monaten wollte Mary eigentlich keinen Stimmungsumschwung riskieren. Doch sie wusste, dass sie ihre Sorgen und Ängste nicht mehr länger beiseite schieben konnte und dass es schwierig werden würde, wieder genug Zeit für ein richtiges Gespräch zu finden. Also begann sie: »Bill, ich mache mir Sorgen um unsere Ehe. So große Sorgen, dass ich in deiner Abwesenheit bei einer Eheberaterin war.«

Er reagierte verblüfft und meinte, er finde es nicht richtig, mit Fremden über ihre Beziehung zu reden. Als er wieder damit anfing, dass ihre Ehe doch in Ordnung sei, fiel Mary ihm ins Wort: »Nein, sie ist nicht in Ordnung. Wir sehen einander kaum, und wenn, sind wir oft gereizt. Ich fühle mich kaum noch wie ein Teil eines Paares.«

Darauf folgte ein erstaunlich offenes Gespräch. Mary sagte Bill, sie empfinde ihn als sehr distanziert, die Arbeit sei ihm wichtiger als ihre gemeinsame Zeit, und sie mache sich Sorgen, dass er wieder eine andere Frau kennen gelernt habe. Sie blieb ruhig und wählte ihre Worte sorgfältig, um nicht wütend und vorwurfsvoll zu klingen. Bill beteuerte, er habe keine andere Frau kennen gelernt, gab aber zu, zu viel Zeit im Büro zu verbringen. Auch er blieb ruhig und gestand, dass er sich von ihr eingeengt fühle, weil sie so fixiert auf ihn sei, und aus diesem Grund bleibe er manchmal länger in der Arbeit. Sie erinnerten sich gemeinsam an die Anfangszeit ihrer Ehe. Sie waren sich einig darüber, dass sie es mit der Heirat ihren Eltern zeigen wollten, sich aber auch körperlich stark voneinander angezogen fühlten. Nach einem oder zwei Jahren jedoch hatte Bill sich auf sein Studium konzentriert, während Mary die Schwesternausbildung abschloss. Die letzte Zeit hatten sie nebeneinander her gelebt und den einen oder anderen Urlaub miteinander verbracht. Bill war völlig in seiner Arbeit aufgegangen, während Mary sich bemühte hatte, sein Interesse an ihr wach zu halten.

»Weißt du, was Carol mich gefragt hat?«, meinte Mary. »Sie wollte wissen, warum ich unsere Ehe retten möchte. Über die Antwort habe ich lange nachgedacht. Ich glaube, weil ich dich wirklich liebe. Vielleicht haben wir nicht aus den besten Gründen geheiratet, aber ich liebe dich. Und ich glaube, wir könnten eine neue Basis finden.«

Bill sah sie eine ganze Weile schweigend an und sagte dann: »Ich liebe dich auch.«

Dass Mary sich nun stärker auf sich selbst konzentrierte, brachte viele Vorteile für sie. Sie merkte zum Beispiel, dass es keinen Sinn hatte, über ihre Zukunft mit Bill nachzudenken, wenn sie müde und durcheinander war. Wandte sie sich dem Thema jedoch nach einer angenehmen Tätigkeit zu, hatte sie das Gefühl, die Sache im Griff zu haben. So lernte Mary, über ihre Ehe nur in guter Stimmung nachzudenken. Das stärkte ihr Selbstvertrauen und ermöglichte es ihr, ruhig, aber bestimmt mit Bill über ihre Probleme zu reden, statt in dem Zustand der Verzweiflung, der normalerweise ihre Gespräche mit ihm charakterisierte. Wenn Bill wieder einmal eine unsensible Bemerkung entschlüpfte, gelang es ihr, sich weiter auf die wichtigen Punkte der Unterhaltung zu konzentrieren und ihm nicht sofort Vorwürfe zu machen.

In ihren Unterhaltungen erkannten sie »ihre Geschichte«, wie sie sich von dem verliebten jungen Paar zu dem entwickelt hatten, was sie nun waren. Und sie gelangten zu dem Schluss, dass es sich lohnte, die Ehe zu retten, indem sie die eingeschliffenen Muster ihrer Beziehung aufbrachen.

Als Mary das nächste Mal zu Carol ging, hatte sie bereits einige wichtige Veränderungen in ihrem Leben hinter sich. Zum Beispiel arbeitete sie nun tagsüber, damit sie und Bill die Abende gemeinsam verbringen konnten. Und sie hatte einen Bildhauerkurs begonnen. Besonders gut war sie nicht, aber es machte ihr einen Riesenspaß, und sie lernte alle möglichen interessanten Leute kennen.

Sie erzählte Carol von den Veränderungen in ihrem Leben und der Beziehung mit Bill und betonte, wie viel sensibler er sich jetzt ihr gegenüber verhielt. Carol hörte sich alles an und gratulierte Mary, warnte sie aber auch: »Sie scheinen sehr fixiert darauf zu sein, Bill zu ändern, und das ist gefährlich. Einen anderen Menschen können wir nicht ändern, nur uns selbst.«

Mary war ein wenig irritiert über Carols Worte, die sie als Kritik empfand. Doch auf der Heimfahrt wurde ihr klar, wie Recht Carol hatte – sie hatte sich über Bills verändertes Verhalten gefreut, sich aber auch gefragt, ob dieses dauerhaft sein würde. Und das machte sie auf völlig neue Weise von ihm abhängig. Als sie zu Hause war, notierte sie alle Bereiche, in denen sie sich immer noch von ihm abhängig fühlte: »Ich warte ab, was Bill machen möchte, statt selbst die Initiative zu ergreifen.« »Ich richte mich nach Bills Stimmung, nicht nach meiner eigenen.« »Mir ist Bills Anerkennung zu wichtig.« Etwa in die Mitte der Seite schrieb sie: »Wie kann ich Bill nahe sein, ohne mich auf ihn zu fixieren?« Sie fand folgende Antworten auf diese Frage: »Ich möchte gemeinsame Interessen mit ihm haben, statt mich immer an ihm zu orientieren.« »Ich will Dinge tun, weil sie mir Spaß machen, nicht nur, weil Bill Freude daran hat.«

Trotz der großen Fortschritte gab es noch viel zu tun für Mary. Der Bildhauerkurs machte ihr Spaß und brachte sie in Kontakt mit neuen Leuten, doch Carol riet ihr, auch innerhalb der Familie Hilfe anzunehmen. Marys Neigung, ihre eigene Ehe mit der ihrer Schwester Emily zu vergleichen, führte dazu, dass sie eine Wand zwischen sich und ihr errichtete. Dabei wusste Mary nicht einmal, ob Emilys Ehe tatsächlich so perfekt war. Denn in ihrer Familie wurde über Beziehungsprobleme nicht geredet.

Wenn Mary und Bill zusammen bleiben wollten, mussten sie gemeinsame Interessen und Aktivitäten finden, denn die wenige Zeit, die sie bis dahin gehabt hatten, investierten sie in organisatorische Gespräche. Eine wichtige Veränderung sah vor, mindestens einmal pro

Woche zusammen im Restaurant zu essen und während dieser Lokalbesuche nicht über häusliche Themen zu reden.

Wenn ein Partner den anderen betrogen hat, ohne unter Gewissensbissen zu leiden, kann der Betrogene ihm unter Umständen nicht vergeben. In solchen Fällen sollte der Betrogene sich trennen, wenn es irgendwie geht. Doch wenn der Seitensprung lange zurück liegt und beide Partner die Beziehung erhalten wollen, ist Verzeihen eine wichtige Voraussetzung, um wieder Vertrauen und innere Nähe aufzubauen. Mary hatte Bills Seitensprung noch nicht wirklich verkraftet und reagierte oft panisch oder auch wütend auf Bemerkungen von ihm. Sie wird erst eine befriedigende Beziehung mit ihm haben können, wenn sie in der Lage ist, ihm seine Untreue zu verzeihen und sich auf ihre gemeinsame Zukunft zu konzentrieren.

8.
Familiengeschichten – zu viel nachdenken
über Eltern und Geschwister

Eltern und Geschwister wecken starke Emotionen in uns, denn sie
sind Teil unserer Selbstdefinition, und wir haben eine lange gemeinsame Geschichte mit ihnen. Wir kennen ihre Schwächen und sie die
unseren. Wenn wir älter werden, bewerten wir das Verhältnis zu ihnen
laufend neu. Selbst simple Fragen, zum Beispiel welches der Geschwister die Mutter zum Arzt bringen soll, kann zu heftigen Auseinandersetzungen führen. Und die bieten guten Stoff, um in anhaltende Grübeleien zu verfallen.

Wenn wir unsere Verwandten nicht oft sehen, bekommen wir ein
schlechtes Gewissen: Sollte ich meine Eltern häufiger besuchen? Be-
raube ich meine Kinder um die Erfahrung, ihre Großeltern, Tanten,
Onkel und Cousinen kennen zu lernen? Wie werde ich mich fühlen,
wenn die Verwandten allmählich wegsterben? Solche Gedanken können uns zu positiven Entscheidungen führen – zum Beispiel mehr
Zeit und Geld in Verwandtenbesuche zu investieren. Aber sie können
auch quälendes Nachdenken zur Folge haben: Warum besuchen meine Verwandten mich nicht öfter und erwarten, dass ich immer zu ihnen komme? Meine Geschwister stehen sich so nahe, ich fühle mich
ausgeschlossen. Macht sich in meiner Familie irgendjemand etwas aus
mir und meinem Leben?

Zu den Hauptpunkten unseres Anspruchsdenkens gehört die
Überzeugung, dass unsere Familie für alle Kümmernisse aus unserer
Kindheit verantwortlich ist und letztlich jeder Erziehungsstil eine
Form der Misshandlung darstellt. Manche werden tatsächlich in der
Kindheit sexuell missbraucht oder körperlich misshandelt, und sich
davon zu befreien kann schwierig sein. Doch die meisten Eltern erle-

digen ihre Aufgabe gar nicht so schlecht. Natürlich gibt es immer Dinge, die sich besser machen ließen – die Eltern hätten uns ihre Liebe deutlicher zeigen oder uns mehr Freiheiten geben können. Doch Anspruchsdenken verführt dazu, selbst kleine »Fehler« der Eltern als Ursache großer Probleme zu sehen, die wir als Erwachsene haben. Viel zu oft grübeln wir über Kindheitserlebnisse und Auseinandersetzungen mit Vater und Mutter nach, die der Grund für unsere Schwächen als Erwachsene sein könnten.

Zum Erwachsenwerden gehört, dass wir uns über die Vergangenheit und die Rolle der Familie darin klar werden und entscheiden, welche Teile unseres Erbes wir annehmen und gegen welche wir uns wehren wollen. Die Vergangenheit einfach zu verleugnen – zum Beispiel sich nicht einzugestehen, dass der Alkoholismus der Mutter einen prägenden Einfluss auf uns hatte –, kann dazu führen, dass sie uns auf eine Weise einholt, die wir nicht sofort erkennen. Doch auch die Fixierung auf die Vergangenheit schränkt ein und verhindert ihre Bewältigung.

Wir denken oft gar nicht so viel über unsere Kindheit und unser Verhältnis zu Eltern und Geschwistern nach, bis eine Krise uns dazu zwingt. Das war auch bei Nadia, einer 46-jährigen Grundschullehrerin, der Fall. Sie lebte in derselben Stadt, in der sie von ihren Eltern Arthur und Nora aufgezogen worden war, und verstand sich gut mit ihnen. Manchmal besuchte sie sie mit ihrer eigenen Familie am Sonntagmittag zum Essen, und sie half ihnen, als sie älter wurden und häufiger zum Arzt mussten. Gesundheitliche Probleme ihres Vaters jedoch weckten uralte Ressentiments, die Nadia gegen ihre Eltern und ihren älteren Bruder Jim hegte.

Neues Terrain – Nadia und ihre Familie

Nadia wusste, dass ihr Vater immer vergesslicher wurde, bisweilen Dinge irgendwo liegen ließ und dann keine Ahnung hatte, wo sie sein könnten. Arthur war seit jeher jähzornig, also beschuldigte er für gewöhnlich seine Frau Nora, diese Sachen absichtlich versteckt zu ha-

Familiengeschichten

ben, um ihn zu ärgern. Darauf erwiderte Nora ganz ruhig: »Arthur, du weißt, dass ich so etwas nie tun würde«, und Arthur trollte sich, während er eine Bemerkung wie »dumme Kuh« brummte.

Eines Tages erhielt Nadia in der Schule einen Anruf ihrer aufgeregten Mutter. »Dein Vater ist vor zwei Stunden zum Einkaufen gefahren und immer noch nicht zurück. Ich mache mir solche Sorgen – hoffentlich hat er keinen Unfall gehabt!« Nadia fuhr sofort zum Lebensmittelladen, um ihren Vater zu suchen. Sie entdeckte den blauen Wagen ihrer Eltern auf dem Parkplatz, ihren Vater darin, der mit glasigem Blick zum Fenster hinausstarrte. Nadia klopfte gegen die Scheibe. »Dad, alles in Ordnung?« Arthur sah Nadia an, als würde er sie nicht erkennen. Dann dämmerte ihm, wer sie war, und er fing zu weinen an. Nadia hatte ihren Vater noch nie weinen sehen, und es erschreckte sie. »Dad, mach die Tür auf. Du hast sie zugesperrt.« Es dauerte Ewigkeiten, bis Arthur die Tür öffnete.

»Vater, was ist passiert?«, fragte Nadia.

»Keine Ahnung. Wie bin ich hierher gekommen? Warum bist du da? Wo sind wir überhaupt?«, antwortete Arthur verwirrt. Dann brach sein Jähzorn wieder durch. »Warum hast du mich hergebracht? Was machst du mit mir?«

Nadia atmete tief durch und sagte: »Dad, ich habe dich nicht hierher gebracht, du bist selber hergefahren. Wir stehen vor dem Lebensmittelladen. Siehst du das Schild da drüben? Du bist in deinem eigenen Wagen. Mutter macht sich Sorgen. Du bist Stunden von zu Hause weg.«

Jetzt wurde Arthur richtig wütend: »Deine Mutter ist eine dumme alte Frau. Ich bin gerade erst hergekommen und habe noch kurz überlegt, was ich kaufen soll. Lass mich in Ruhe. Ich fahre jetzt nach Hause. Es ist mir egal, was deine Mutter alles aus dem Laden braucht.« Mit diesen Worten ließ er den Motor an. Nadia versuchte, ihn aufzuhalten, weil sie Sorge hatte, dass er nicht in der Lage sein würde zu fahren, aber es nützte nichts. Also folgte sie ihm in ihrem eigenen Wagen.

Als sie am Haus ihrer Eltern ankamen, stieg Arthur aus und stürmte an Nora, die ihn mit offenem Mund anstarrte, vorbei in Richtung Bad. Nora hörte, dass er die Dusche aufdrehte, und bombardierte Nadia mit Fragen. Als Nadia die Verwirrung ihres Vaters beschrieb und ihrer Mutter sagte, dass er mit glasigem Blick im Wagen gesessen hatte, begann Nora zu weinen. Nadia ahnte, dass das nicht der erste Vorfall dieser Art war.

»Mutter, was ist los? Ist so was schon mal passiert?«

»Ja. Und nicht nur einmal. Dein Vater ist letzte Woche beim Arzt gewesen. Er meint, Arthur hat Alzheimer. Mein Gott, Nadia, was sollen wir tun? Arthur würde nie zugeben, dass irgendwas nicht stimmt. Aber sein Zustand verschlimmert sich rapide. Heute Nacht stand er im Garten und wusste nicht mehr, wo er war – stell dir das vor: im Garten des Hauses, in dem er seit dreißig Jahren lebt!«

Nadia war verblüfft. Ihre Eltern hatten ihr nichts von Arthurs Erkrankung gesagt, obwohl sie sie mindestens einmal pro Woche sah. Erst nach einer Weile wurde Nadia klar, dass ihre Mutter die Krankheit vor ihr verborgen hatte, weil sie ihr keine schlaflosen Nächte bereiten wollte und ihr Vater die Tatsachen einfach verdrängte. Das war typisch für ihre Mutter. Sie hatte Arthurs verletzenden Jähzorn immer schon kaschiert. Und weil sie ihren Kindern nie »zur Last fallen« wollte, nahm sie seit jeher alles selbst in die Hand.

Doch diesmal war es anders. Nadia hatte Angst, dass ihr Vater sich selbst und ihre Mutter beim Fahren in ernste Gefahr bringen würde. Sie wusste, dass Arthur vermutlich Nora für seine Erinnerungslücken verantwortlich machte und sie damit belastete.

»Was meint der Arzt dazu?«, fragte Nadia.

Widerwillig antwortete Nora: »Er sagt, wenn die Erkrankung weiter so rapide fortschreitet, müssen wir möglicherweise schon bald ein Pflegeheim für Arthur suchen. Aber das will ich nicht. Ich kann mich um ihn kümmern.«

Nadia sah ihre 83-jährige zierliche Mutter an, die kaum die Kraft besaß, einen Zwei-Kilo-Sack Mehl vom Boden hochzuheben. Sie würde nicht in der Lage sein, Arthur, der fünfzehn Zentimeter größer und dreißig Kilo schwerer war als sie, an irgendetwas zu hindern. Außerdem fuhr Nora mittlerweile kaum noch Auto, weil sie das nervös machte. Doch der entschlossene Blick Noras ließ Nadia ihre Befürchtungen nicht aussprechen. Nachdem sie sich noch eine Weile

Familiengeschichten 167

unterhalten hatten, verabschiedete Nadia sich mit dem Versprechen, dass sie jeden Tag nach dem Rechten sehen würde.

Während der Heimfahrt begann Nadia, sorgenvolle, aber auch wütende Gedanken zu wälzen:

Wie sollen wir das schaffen? Meine Mutter wird niemanden um Hilfe bitten. Ich darf sie nicht aus den Augen lassen. Aber ich kann unmöglich meinen Job mitten im Schuljahr hinschmeißen, das wäre den Kindern gegenüber unfair. Und den Eltern gegenüber habe ich auch eine Verpflichtung. Was soll ich bloß machen? Mein Vater ist so dumm. Er hat kein Recht, meiner Mutter die Schuld zu geben, wenn etwas schief geht. Wieso lässt sie sich das gefallen?

Natürlich kam Nadia auch der Gedanke, dass ihr Vater schnell sterben könnte. Doch sie schob ihn sofort beiseite. Stattdessen erinnerte sie sich an Arthur, wie er sie angeschrien und geschlagen hatte, wenn sie als Kind unartig gewesen war, oder wie sie von ihm unter Hausarrest gestellt worden war, wenn sie schlechte Noten geschrieben hatte. Ihr Herz begann schneller zu schlagen, und ihre Finger verkrampften sich ums Lenkrad.

Es ist nicht ungewöhnlich, dass Familienkrisen Erinnerungen aus der Vergangenheit wachrufen und den gegenwärtigen Konflikt besonders deutlich hervortreten lassen. Angehörige, die sterbende Verwandte pflegten, berichteten oft von verdrängten und vergessenen Konflikten zwischen ihnen und ihren Geschwistern oder Eltern, die bei der Krise an die Oberfläche traten.[1] Manche hatten das Gefühl, dass die schwierige Situation sie zwang, die Fragen der Vergangenheit zum ersten Mal anzupacken und zu bewältigen. Andere meinten, sie erhöhten nur ihre Belastung, und ihr Verhältnis zu den Verwandten sei aufgrund der Krise schlechter geworden. Es überrascht nicht, dass diejenigen, die sich an die Lösung der Probleme machten, sich besser fühlten als die, bei denen die Konflikte weiter schwelten.

Als Nadia nach Hause kam, rief sie sofort ihren Bruder Jim, einen erfolgreichen Anwalt, an. Er wohnte nur etwa zwei Autostunden entfernt, fand aber nie die Zeit, seine Eltern zu besuchen.

Nach fünfzehn Minuten in der Warteschleife wurde sie endlich zu ihm durchgestellt. »Nadia, ich habe nicht viel Zeit. Geht es um was Wichtiges?« Nadia erzählte ihm, was sie am Nachmittag erfahren hatte. Er schwieg eine Weile und sagte dann: »Tja, schlimme Sache. Das wird schwierig für Mutter. Lass es mich wissen, wenn ich was tun kann.«

Am liebsten hätte Nadia ihn angebrüllt, doch sie riss sich zusammen und sagte: »Der Arzt meint, Dad wird bald ins Pflegeheim müssen, aber Mutter will davon nichts wissen. Ich glaube nicht, dass sie allein mit ihm fertig wird.«

Jim antwortete: »Kannst du ihnen nicht helfen? Du arbeitest doch bloß bis nachmittags.« Nadia verkniff sich die wütende Bemerkung, die sie ihm am liebsten entgegengeschleudert hätte, und sagte: »Ich kann sie ein bisschen unterstützen, aber nicht die ganze Zeit. Ich bin berufstätig und muss mich auch um meine eigene Familie kümmern.«

»Dir wird schon was einfallen. Du bist sowieso immer besser mit Dad zurechtgekommen als ich. Ich muss jetzt Schluss machen.« Und bevor Nadia etwas erwidern konnte, hatte Jim schon aufgelegt.

Nadia verbrachte eine schlaflose Nacht mit Grübeleien über ihre Gespräche mit Jim und ihrer Mutter. Sie war wütend, überlegte aber auch, wie sie es schaffen könnte, gleichzeitig für ihre Eltern und ihre eigene Familie da zu sein und ihre Arbeit zu erledigen.

Nadia war bewusst, dass ihre Mutter dazu neigte, sich für andere aufzuopfern, und obwohl sie diese Neigung nicht leiden konnte, kultivierte sie sie selbst. Wenn sie einfach sagte, der Vater müsse ins Pflegeheim, würde ihre Mutter zu weinen anfangen, und ihr Vater würde wieder aus der Haut fahren. Bei dem Gedanken, ihren Mann und ihre Kinder um mehr Mithilfe im Haushalt zu bitten, bekam sie ein schlechtes Gewissen.

In den folgenden Monaten versuchte Nadia, an allen Fronten gleichzeitig zu kämpfen: Sie arbeitete, kochte für ihre Familie, machte den Haushalt und verbrachte so viel Zeit wie möglich bei ihren Eltern. Ihre Mutter wusste ihre Hilfe sehr zu schätzen, doch ihr Vater

Familiengeschichten 169

beschuldigte sie, ihm nachzuspionieren und ihm schlechtes Essen vor-
zusetzen. Arthur wanderte immer öfter ziellos in der Gegend herum
und wurde noch jähzorniger als früher. Manchmal begann er sogar
lauthals zu schreien, wenn er ganz allein im Zimmer war. Das ständige Jonglieren laugte Nadia aus.

Und je größer der Stress wurde, desto öfter geriet sie in die Grübelfalle. Es war immer das Gleiche: Wut über Arthurs jähzornige Aus-
brüche jetzt und in der Vergangenheit, Frustration über die Unfähigkeit ihrer Mutter, sich gegen Arthur durchzusetzen, Zorn wegen der
mangelnden Bereitschaft ihres Bruders, ihr beizustehen, und jede
Menge Gewissensbisse ihrer Familie gegenüber. Nadia war in der Falle gelandet, in der so viele Frauen sitzen: Sie opferte sich auf, um ihre
Familie zufrieden zu stellen, hasste sich dafür, war jedoch nicht in der
Lage, aus dem Teufelskreis auszubrechen, weil sie die Erwartungen der
anderen zu ihren eigenen gemacht hatte. Nadia wartete darauf, dass
irgendjemand in ihrer Familie sich ändern würde – dass ihr Vater endlich Geduld bewiese, ihre Mutter sich bereit erklärte, Arthur in ein
Pflegeheim einzuweisen, ihr Bruder seine sensible, hilfsbereite Seite
entdeckte.

Eines Nachts ging Arthur ins Bett, ohne die Zigarette, die er gerade geraucht hatte, auszudrücken. Sie fiel auf das Stoffdeckchen auf
dem Beistelltisch. Das Feuer löste den Rauchalarm aus. Nora wurde
wach und versuchte, Arthur zu wecken. Doch der stieß sie in seiner
Verwirrung weg, und sie fiel aus dem Bett. Als Nora sich aufrappeln
wollte, spürte sie einen stechenden Schmerz in ihrem Bein. Sie rief um
Hilfe, aber Arthur schien bewusstlos zu sein. Nora schleppte sich zur
Tür. Zum Glück war inzwischen die Feuerwehr eingetroffen.

Nadia wurde informiert und besuchte die beiden im Krankenhaus,
wo Nora wegen eines Oberschenkelhalsbruchs und einer Rauchver-
giftung behandelt wurde. Arthur saß geistesabwesend vor sich hin
starrend bei ihr im Zimmer und merkte gar nicht, wie Nadia den
Raum betrat. Als es ihr schließlich gelang, mit ihm zu reden, schien
er sich kaum noch an das Feuer und daran zu erinnern, dass er Nora
aus dem Bett gestoßen hatte. Zum Glück wollten die Ärzte ihn über
Nacht zur Beobachtung im Krankenhaus behalten, und so brauchte

Nadia sich keine Gedanken darüber zu machen, wo sie ihn bis zum nächsten Tag unterbringen würde.

Als Nadia das Krankenhaus in den frühen Morgenstunden verließ, überschlugen sich ihre Gedanken:

Er hätte sie fast umgebracht. Es muss etwas geschehen, egal, was sie sagt. Aber er ist ein alter Mann. Ich darf ihm keine Vorwürfe machen, er kann nicht anders, er leidet unter Alzheimer. Vielleicht sollten die beiden zu uns ziehen. Doch das wäre meiner Familie gegenüber nicht fair.

Sie fuhr zum Haus ihrer Eltern und holte, weil sie Angst hatte, dass jemand eindringen könnte, wenn es leer stand, die Wertsachen sowie alle wichtigen Dokumente. Als sie diese daheim durchging, um sich über die Versicherungen ihrer Eltern zu informieren, bekam sie ein flaues Gefühl im Magen. Nadia kannte sich mit Geldangelegenheiten nicht besonders gut aus, aber dass es um die Finanzen ihrer Eltern nicht zum Besten stand, sah sie sofort. Jahre zuvor gekündigte Guthaben waren nicht abgehoben worden, und ihr Vater hatte sein Testament mehrfach handschriftlich – teilweise unleserlich – abgeändert. Wie die Endfassung aussehen sollte, ließ sich aus dem Dokument nicht erkennen.

Als sie am nächsten Morgen bei der Versicherung anrief, erfuhr sie, dass ihre Eltern seit zwei Monaten mit den Zahlungen im Rückstand waren. Die Versicherungsvertreterin sagte, sie habe Arthur mehrmals angerufen, doch er habe stets aufgelegt, weil er glaubte, sie wolle ihm etwas aufschwatzen. Gerade an diesem Tag sollte die Versicherung gekündigt werden. Also fuhr Nadia so schnell wie möglich zu der Vertreterin, um die überfälligen Zahlungen zu leisten, und fragte sie, was sie tun müsse, um eine Entschädigung für die Feuerschäden zu bekommen. Jetzt hatte Nadia genug.

So kann das nicht weitergehen. Sein Zustand verbessert sich nicht mehr, und meine Mutter wird mit der Situation nicht allein fertig. Und ich kann weder meine Familie noch meinen Job opfern.

Familiengeschichten

Sofort meldeten sich Gewissensbisse. Nadia erkannte die vorwurfs-volle Stimme ihres Vaters, aber diesmal wehrte sie sich:

Ich lasse mir das Leben nicht länger von meinen Schuldgefühlen verderben. Schluss damit, Dad. Du bist ein zorniger alter Mann und wirst dich nicht mehr ändern. Ich habe genug davon. Hör auf, mein Leben zu kontrollieren.

Nadia beschloss, nicht mehr auf die Stimme ihres Vaters und ihre Schuldgefühle zu achten und auch nicht mehr darauf zu warten, dass ihr Bruder Jim sensibler würde, sondern ihn dazu zu bringen, dass er endlich Verantwortung übernahm.

Sie rief in seiner Kanzlei an und ließ sich diesmal nicht in die War-teschleife legen. Jim war alles andere als freundlich, als er sich melde-te, doch sie fiel ihm sofort ins Wort: »Gestern Nacht wären unsere El-tern fast in einem Feuer gestorben, das Vater unabsichtlich verursacht hat. Vater hat Mutter gestoßen, als sie ihn wecken wollte, und sie ist hingefallen und hat sich einen Oberschenkelhalsbruch zugezogen. Außerdem habe ich festgestellt, dass ihre Zahlungen an die Versiche-rung seit Monaten überfällig sind und es auch um die restlichen Fi-nanzen nicht zum Besten steht. Ich möchte, dass du heute noch her-kommst und mir hilfst, das Chaos in den Griff zu kriegen.«

Jim erwiderte, er könne die Kanzlei nicht einfach verlassen, doch Nadia ließ sich nicht abwimmeln.

»Du hast dich jahrelang nicht um die Familie gekümmert. Jetzt ist Schluss damit. Du kannst ihre Finanzen viel besser ordnen als ich. Ich möchte, dass du herkommst, und zwar sofort.«

Jim murmelte, überrascht über Nadias Entschlossenheit, er werde am Abend da sein.

Sobald es Nadia gelang, nicht mehr über Jims mangelnde Sensibi-lität nachzugrübeln, war sie in der Lage, die Situation in den Griff zu bekommen und von ihm zu verlangen, was sie brauchte. Als nächstes musste sie ihre Eltern konfrontieren. Während Nadia überlegte, wie sie die Sache angehen sollte, stieg wieder die alte Wut auf ihren Vater in ihr auf.

Doch dann merkte sie, dass sie so nicht weiterkam. Ihr Vater würde sich nie ändern. Und ihn anzubrüllen brachte in dem verwirrten Zustand, in dem er sich jetzt befand, nichts, sondern verletzte nur ihre Mutter. Also sagte Nadia sich:

Ich habe das Recht, wütend zu sein, ja sogar, ihn zu hassen. Aber ich muss hinnehmen, dass er so ist, wie er ist, und mich anderen Dingen zuwenden. Sonst gewinnt er Schlachten, von denen er überhaupt nicht mehr weiß, dass er sie führt.

Bevor Nadia das Zimmer ihrer Mutter im Krankenhaus betrat, suchte sie das Büro der Beraterin auf, die ihr am Vorabend vorgestellt worden war. Sie unterhielten sich ausführlich über Pflegeheime, die ihre Mutter während der Genesung von ihrem Oberschenkelhalsbruch und ihren Vater dauerhaft bei sich aufnehmen würden. Dort könnten sie in einer eigenen kleinen Wohnung leben, hätten aber rund um die Uhr Betreuung und die Möglichkeit, zusammen mit den anderen alten Leuten im Speisesaal zu essen. Die Sache war teuer, doch Nadia hatte das Gefühl, dass sie kein schlechtes Gewissen zu haben brauchte, wenn sie ihre Eltern in ein solches Heim schickte.

Arthur und Nora das mitzuteilen würde nicht leicht werden, aber Nadia wurde gestärkt durch den Gedanken, dass sie nicht nur das Beste für ihre Eltern, sondern auch für sich selbst und ihre Familie tat. Nora weinte eine Weile leise vor sich hin, als sie Nadias Ausführungen hörte, sah jedoch ein, dass sie nicht in ihr eigenes, vom Feuer beschädigtes Haus zurückkehren könnte. Arthur reagierte praktisch überhaupt nicht; er wirkte verwirrter denn je.

Nachdem Nadia ihre Eltern verlassen hatte, begann sie, an ihrer Entscheidung zu zweifeln:

Ist das wirklich das Beste für sie? Warum lasse ich sie nicht zu mir ziehen? Wir könnten das Erdgeschoss in einen Wohnbereich für sie umwandeln. Ich will nicht, dass sie im Pflegeheim sterben. Außerdem wäre es billiger, wenn sie bei uns wohnen, selbst wenn ich meinen Job aufgeben müsste.

Familiengeschichten

Diesmal hörte Nadia nicht die Stimme ihres Vaters, sondern die ihrer Mutter, die ihr ihr ganzes Leben lang eingeredet hatte, dass sie niemandem zur Last fallen dürfe, alles allein schaffen und ihren Vater bei Laune halten müsse.

Das erkannte nicht Nadia selbst, sondern ihr Mann Tom. »Nadia, jetzt versuchst du wieder, alles selbst zu erledigen. Vielleicht würden deine Eltern tatsächlich gern bei uns wohnen – obwohl ich mir bei deinem Vater da nicht so sicher bin –, aber du liebst deine Arbeit, und es wäre nicht gut, sie aufzugeben. Und offen gestanden möchte ich nicht mit deinen Eltern, besonders deinem Vater, unter einem Dach leben.«

Nadia bekam sofort Schuldgefühle, weil sie bereit gewesen war, Tom und ihre Kinder mit ihren Eltern zu belasten. Doch dann merkte sie, dass sie sich wieder in einen unlösbaren Konflikt manövriert hatte. Wenn sie ihre Eltern ins Pflegeheim gab, hatte sie ein schlechtes Gewissen. Und wenn sie darauf bestand, dass sie bei ihr und ihrer Familie einzogen, obwohl Tom das nicht wollte, bekam sie ebenfalls Schuldgefühle. Ihre Mutter besaß großes Geschick, sich in solch ausweglose Situationen zu bringen, und Nadia hatte sich diese schlechte Angewohnheit von ihr abgeguckt.

Also sagte Nadia sich: Mutter, diesmal schaffe ich es einfach nicht. Nicht auf deine Weise. Das Pflegeheim ist für dich und Vater und meine Familie die bessere Lösung.

Und Ironie des Schicksals: Nadias Mutter hätte vermutlich aus Angst davor, Nadia und ihrer Familie »zur Last zu fallen«, gar nicht bei ihnen leben wollen und selbst darauf bestanden, ins Pflegeheim zu gehen. Doch die Stimme in Nadias Kopf, die so sehr der ihrer Mutter ähnelte, hätte sie fast vom Gegenteil überzeugt. Es passiert oft, dass die Stimmen in unserem Kopf sehr viel kompromissloser und unvernünftiger sind als die der realen Menschen, denen sie gehören. Aus genau diesem Grund erzeugen sie unweigerlich Grübelattacken. Zum Glück erkannte Nadia jedoch durch ihr Gespräch mit Tom, dass sie sich fast von der Stimme ihrer Mutter hätte leiten lassen.

Lebenslanges Grübeln

In dem Maß, wie sich unser Verhältnis zu unserer Familie im Lauf unseres Lebens ändert, ändern sich auch unsere Grübeleien über sie. Als Teenager finden wir die Familie meist peinlich und wollen ihr entkommen, oder wir wälzen Gedanken über Probleme unserer Eltern und Geschwister. Wenn wir erwachsen sind, grübeln wir darüber nach, wie die Verantwortung unseren Eltern, unserer eigenen Familie und unserem Beruf gegenüber sich vereinbaren lässt. Werden unsere Eltern älter, machen wir uns Gedanken über ihre Gesundheit und darüber, was wir bei ihrem Tod empfinden werden. Unser ganzes Leben hindurch neigen wir dazu, Dinge, die Vater und Mutter oder die Geschwister uns in der Vergangenheit angetan haben, wieder aufzuwärmen und uns darüber Sorgen zu machen, ob wir den Erwartungen unserer Eltern entsprechen können.

Wie man dagegen angeht, hängt vom jeweiligen Problem ab. Vier der in diesem Buch bereits beschriebenen Strategien sind besonders nützlich, um sinnlose Grübeleien im Zusammenhang mit der Familie zu stoppen.

Erstens: Akzeptieren Sie Ihre Gefühle Ihrer Familie gegenüber. Wut und Frustration sind im Verhältnis zu Eltern und Geschwistern nichts Ungewöhnliches, weil sie unsere wunden Punkte besser kennen als andere Menschen. Doch wir haben Schuldgefühle, wenn wir Wut oder Frustration empfinden, weil wir meinen, Eltern und Geschwister lieben zu müssen. Zu erkennen, dass unsere Familie uns zum Wahnsinn treibt, und das zu akzeptieren, ist oft der erste Schritt, um unsere Gedanken und Gefühle wieder in den Griff zu bekommen.

Zweitens: Vergeben Sie Ihrer Familie. Das heißt nicht unbedingt, dass Sie alles, was Ihre Angehörigen Ihnen angetan haben, gut finden müssen. Doch besonders bei Missbrauchserfahrungen sollten Sie zumindest den Rachegedanken aufgeben und sich anderen Dingen zuwenden. Sie müssen loslassen, um wieder Ihr eigenes Leben führen zu können.

Drittens: Schrauben Sie die Erwartungen Ihrer Familie gegenüber zurück, besonders die, dass sie sich so verändern wird, wie Sie sich das

Familiengeschichten 175

wünschen. Falls Sie von Ihrer Mutter erwarten, dass sie Ihnen gegenüber nicht mehr so distanziert ist, sind Sie jedes Mal wieder enttäuscht, wenn sie Sie nicht in den Arm nimmt. Sie können ihr Naturell nicht verändern, aber sich selbst vor der Grübelfalle bewahren, indem Sie sich klar machen, dass Ihre Mutter so geboren oder erzogen wurde. Wenn wir unser eigenes Verhalten Eltern oder Geschwistern gegenüber unter die Lupe nehmen, lassen sich eingefahrene Muster möglicherweise aufbrechen. Wenn Sie beispielsweise von Ihrer Mutter nicht ständig Liebesbeweise erwarten, entspannt sie sich und ändert vielleicht selbst etwas an ihrem Verhalten.

Viertens: Wir alle haben Familienthemen, die garantiert für Zündstoff sorgen, wenn sie offen angesprochen werden, beispielsweise die politischen Ansichten des Vaters oder die Einstellung des Bruders Frauen gegenüber oder die Entscheidung der Schwester, voll berufstätig zu sein statt zu Hause bei den Kindern zu bleiben. Doch Vater, Bruder oder Schwester zu widersprechen, wird sie nicht überzeugen, dass man Recht hat. Wir müssen akzeptieren, dass unsere Verwandten die Welt nicht so sehen wie wir. Konfliktthemen aus dem Weg zu gehen ist meist die beste Medizin gegen Grübeleien, besonders wenn diese Themen uns nicht direkt betreffen.

9.
Immer im Job – endlose Gedanken über Arbeit und Karriere

Da wir viele Stunden des Tages mit der Arbeit verbringen und sie einen wichtigen Teil unseres Selbstverständnisses ausmacht, wird sie oft zum Auslöser von Grübelattacken. Eine Auseinandersetzung mit einer Kollegin, eine abfällige Bemerkung des Chefs oder einfach nur Langeweile und Frustration wachsen sich zu riesigen Problemen aus. Wenn Ihr Job Sie nicht fordert, sind Sie frustriert. Wenn er wichtige Bedürfnisse nicht befriedigt oder Sie zwingt, Kompromisse einzugehen, ist Ihnen das peinlich. Der Beruf kann auf materieller Ebene nicht nur unser eigenes Leben, sondern auch das unserer Familie beeinflussen. Eine Gehaltskürzung oder eine Kündigung beispielsweise gefährden die Hypothekenzahlungen, die Ausbildung der Kinder und den Lebensstandard.

Die Arbeitswelt hat sich in den letzten Jahrzehnten drastisch verändert, sie bietet immer mehr Stoff zum Grübeln. Früher konnte man sich darauf verlassen, dass der Job sicher war, wenn man ordentliche Arbeit leistete. Heute führen Fusionen, Börsenkursorientierung, Termindruck und technologische Umwälzungen zu einer ständig wachsenden Instabilität im Berufsleben. Menschen, die ihr halbes Leben für dasselbe Unternehmen gearbeitet haben, verlieren ihre Stelle wenige Jahre vor dem Ruhestand. Eine gute Ausbildung kann aufgrund der schnellen technischen Veränderungen innerhalb relativ kurzer Zeit wertlos werden. Der Aufstieg und Fall Tausender Dotcom-Unternehmen zur Jahrtausendwende ist ein gutes Beispiel dafür, wie Menschen, die sich gerade noch am oberen Ende der Hierarchie befanden, plötzlich am unteren landen.

Unser Anspruchsdenken führt dazu, dass wir eine intellektuell befriedigende Beschäftigung mit guter Bezahlung und ausgezeichneten Aufstiegschancen erwarten. Wir meinen, nicht mehr so hart wie unsere Eltern für die Karriere arbeiten zu müssen. Der atemberaubende Erfolg junger Schulabbrecher, die von der elterlichen Garage aus Fortune-500-Unternehmen aufbauen, setzt einen Standard, der ungefähr so erreichbar ist wie das Ziel, Basketballprofi zu werden. Trotzdem glauben wir, mit ein bisschen Glück und den richtigen Kontakten auch Hauptdarsteller einer solchen Erfolgsstory werden zu können. Das macht uns unzufrieden mit der Realität. Wir haben das Gefühl, nie genug Geld zu verdienen und nicht die Anerkennung zu bekommen, die uns gebührt.

Wir kündigen in der Hoffnung, dass es im nächsten Job besser läuft. Manchmal haben wir Glück, und es klappt tatsächlich, doch meist werden wir auch mit der neuen Stelle die Probleme nicht los, die uns zum Grübeln verleiten, weil wir uns nie mit den Ursachen auseinandergesetzt haben – Mangel an Qualifikationen oder fehlendes Geschick im Umgang mit Kollegen, Auseinanderklaffen von Interesse und Beruf, Fehlen eines echten Ziels. Unzufrieden hasten wir von einem Job zum nächsten und zerbrechen uns immer länger den Kopf darüber, was mit uns und unserer Welt nicht stimmt.

Ohne Orientierung an bestimmten Werten ist es besonders schwierig, mit der Arbeit verbundene Defizite zu erkennen und sich darüber klar zu werden, welche Beschäftigung uns Befriedigung verschaffen würde. Wie sollen Sie einen Job finden, der Ihren Lebenszielen entspricht, wenn Sie diese nicht kennen? Oft geht es uns nur darum, mehr Geld zu verdienen und somit einen besseren gesellschaftlichen Status zu erlangen. Oder wir mühen uns ab, berufliche Ziele zu erreichen, an denen uns selbst längst nicht so viel liegt wie anderen, zum Beispiel den Eltern, dem Partner oder Freunden.

Besonders für Frauen bietet der Beruf ein weites Feld zum Grübeln. Diskriminierung und Mobbing hat es immer schon gegeben, früher offen, heute verdeckter. Nun sagt Ihr Chef Ihnen vermutlich nicht mehr direkt, dass er Sie nicht für eine Beförderung vorschlägt, weil Sie eine Frau sind, sondern ignoriert einfach Ihre guten Vorschläge, nimmt aber die der männlichen Kollegen wahr. Vielleicht wird das Thema Sex als Gegenleistung für eine positive Beurteilung nicht offen angesprochen, aber vor Anmache sind Sie trotzdem nicht sicher. Die subtileren Formen der Diskriminierung und des Mobbing im heutigen Berufsleben sind manchmal gar nicht so leicht zu deuten. Hat Ihr Chef das Lob für Ihre Arbeit eingeheimst, weil er Sie als Frau nicht ernst nimmt, oder ist er einfach nur ein Mistkerl, der das bei allen so macht? Hat er Sie mit Hintergedanken zu sich nach Hause eingeladen, um Budgetfragen der Abteilung zu besprechen, oder Sie einfach wie ein Mitglied des Teams, also wie Ihre männlichen Kollegen, behandelt?

Frauen neigen besonders stark zum Grübeln über den Arbeitsplatz, weil sie es dort mit Menschen zu tun haben und sie nun mal auf zwischenmenschliche Beziehungen fixiert sind, in denen es zwangsläufig zu Konflikten und Missverständnissen kommt. Wenn Sie mit jemandem zusammenarbeiten müssen, der Ihnen nicht liegt, denken Sie über das Verhalten dieser Person nach. Und dann wären da noch die Beurteilungen, die im Beruf im Gegensatz zum Alltagsleben explizit erfolgen. Sie sollen objektiv sein, sind es aber meist nicht, und leider nehmen wir Frauen sie gern persönlich. Tomi-Ann Roberts vom Colorado College und ich verglichen weibliche und männliche Reaktionen auf berufliche Beurteilungen.[1] Zu diesem Zweck gaben wir Testpersonen geometrische Aufgaben. Wenn sie diese gelöst hatten, beurteilte der Testleiter ihre Leistung nach dem Zufallsprinzip entweder positiv (»Sie haben sich besser geschlagen als die meisten anderen«) oder negativ (»Sie waren schlechter als die meisten anderen«). Sie können sich vielleicht denken, wie die Männer auf solche Bewertungen reagierten – sie akzeptierten die positiven als zutreffend und ignorierten die negativen als nichtzutreffend. Das hatte zur Folge, dass sie mit sich und ihrer Leistung zufrieden waren, egal, was der Testleiter sagte. Die Frauen hingegen nahmen sich sowohl die positiven als auch die negativen Beurteilungen zu Herzen. Ihr Selbstwertgefühl litt durch eine negative Beurteilung, sie reagierten mit Niedergeschlagenheit. – Und das wegen einer albernen Rätselaufgabe!

Grübeln über die Arbeit kann verheerende Folgen haben. Zu viel denken führt zu einer negativen Einstellung Problemen gegenüber, mindert das Selbstvertrauen und lässt selbst die kleinsten Aufgaben unlösbar erscheinen.

Anita und die Grübelfalle

Man sieht auf den ersten Blick, dass Anita Stil hat. Sie kleidet sich immer ein bisschen extravagant, doch da sie über einen Meter achtzig groß ist, kann sie so gut wie alles tragen. Das kommt ihr als Einkäuferin für eine große Kette von Bekleidungsgeschäften zugute. Sie scheint immer schon ein halbes Jahr im Voraus zu wissen, was modern sein wird. Mehr als einmal profitierte das Unternehmen von ihren Vorschlägen.

Allerdings ist Anitas Karriere als Einkäuferin alles andere als geradlinig verlaufen. In der Schule hatte sie sich hauptsächlich für Geschichte und Kunst interessiert und dann in einer Bank zu arbeiten angefangen, wo sie sich jedoch langweilte. Da sie nicht genug Geld verdiente, um sich ein eigenes Apartment leisten zu können, wohnte sie bei den Eltern. Ihr Vater erinnerte sie fast täglich daran, dass sie ihm auf der Tasche lag. Anita versuchte, seine Äußerungen zu ignorieren, doch vor dem Einschlafen stürmten immer alle möglichen Gedanken auf sie ein:

Vater hat Recht. Ich habe mich in der Schule wirklich nicht auf die richtigen Fächer konzentriert, und mein Job interessiert mich eigentlich nicht. Lange halte ich das nicht mehr aus. Was soll ich bloß machen?

Nach einem halben Jahr in der Bank war Anita so frustriert und niedergeschlagen, dass sie, wenn sie frei hatte, nur zu Hause herumsaß. Als ihr Vater eines Nachmittags heimkam und sie vor dem Fernseher vorfand, herrschte er sie an: »Warum arbeitest du nicht? Wenn du so viel Freizeit hast, solltest du dir einen zweiten Job suchen und die Familie finanziell entlasten!« Anita erklärte ihm nicht, dass dies ihr freier Nachmittag war, sondern rannte hinauf in ihr Zimmer, knallte die Tür hinter sich zu, legte sich aufs Bett und fing zu weinen an.

Ich will nicht mehr mit diesem Mann unter einem Dach leben! Ich ziehe aus, egal, ob ich mir das leisten kann oder nicht. Und den dämlichen Job in der Bank würde ich am liebsten auch hinschmeißen. Aber wie soll ich nur eine besser bezahlte Stelle finden?

Kurzentschlossen rief Anita ihre Freundin Gina an und fragte sie, ob sie ein paar Nächte bei ihr schlafen könne, packte ihre Siebensachen und verließ ihr Elternhaus noch am selben Abend. Ihre Mutter sah ihr weinend nach, doch ihr Vater machte es sich vor dem Fernseher bequem, ohne sich von Anita zu verabschieden.

So zog Anita bei Gina ein; sie trottete vorerst weiterhin zur Bank und erledigte die ungeliebte Arbeit. Es kostete sie täglich sehr viel Energie, die Bürostunden zu überstehen, und immer wieder fing sie zu grübeln an, wie unglücklich sie dort sei. Doch sie konnte es sich nicht leisten, den Job einfach hinzuschmeißen, ohne vorher einen neuen sicher in der Tasche zu haben. Wovon sollte sie schließlich leben?

Also nahm Anita sich vor, in der nächsten Zeit die Stellenanzeigen genauer zu sichten, um so vielleicht an einen neuen und interessanteren Job zu kommen. In den meisten Anzeigen war die Rede von Qualifikationen, die sie nicht besaß, doch einen weiteren Job in der Bank wollte Anita genauso wenig wie einen bei McDonald's. Nach einer Weile begann sie sich Sorgen zu machen:

Was, wenn ich keine Stelle finde? Ich muss meinen Bankjob so lange behalten – wenn ich ihn einfach hinschmeiße, bleibt mir nichts anders übrig, als wieder bei meinen Eltern angekrochen zu kommen. Das wäre das Allerschlimmste! Das würden sie mir ewig vorhalten. Aber ich habe keine Qualifikationen, jedenfalls nicht für die Jobs, die mich interessieren. Was interessiert mich überhaupt? Keine Ahnung. Wichtig ist mir im Augenblick nur, genug Geld zu verdienen, um für meinen Lebensunterhalt aufkommen zu können. Für irgendwas müssen meine Fächer-kombinationen in der Schule doch gut sein.

Anita studierte weiterhin die Stellenanzeigen, und nach einiger Zeit stieß sie auf das Inserat eines örtlichen Bekleidungsgeschäfts. Die Vorstellung, Angestelltenrabatt auf Kleidung zu bekommen, wenn sie in dem Laden arbeitete, gefiel ihr, und sie rief gleich dort an und wurde zu einem persönlichen Gespräch eingeladen.

Zu dem Interview trug Anita ein tief ausgeschnittenes Oberteil und einen ziemlich engen Rock, also nicht gerade konservative Kleidung, doch sie sah phantastisch darin aus. Die Frau am Empfang begrüßte sie mit einem zweifelnden, aber auch ein wenig neidischen Blick. Anita musste fast eine Stunde warten, die sie mit unsicher-wütendem Grübeln verbrachte:

Die Warterei nervt mich, aber die wissen, dass sie am längeren Hebel sitzen. Sobald ich den Job habe, beschwere ich mich! Aber was ist, wenn ich ihn nicht kriege? Das war die einzige Anzeige, die mich überhaupt interessiert hat. Ich muss freundlich sein und meine Stärken herausstreichen. Aber wenn die der Frau da drinnen egal sind? Wie bin ich bloß in diesen Schlamassel hineingeraten?

Kurz darauf wurde Anita in ein Büro geführt, in dem eine kräftige, etwa 50-jährige Frau namens Winter Anitas Kleidung mit einem verblüfften Blick musterte. Frau Winter begann das Gespräch mit Fragen nach Anitas Fächerkombinationen in der Schule und nach ihren Erfahrungen im Einzelhandel. Anita musste zugeben, dass sie bisher noch gar nicht im Einzelhandel tätig gewesen sei und in der Schule auf Geschichte und Kunst spezialisiert gewesen war. Schon bald wurde ihr klar, dass sie sich zum Narren gemacht hatte. Als Anita sich am Ende des Gesprächs ohne jede Hoffnung, den inserierten Job als stellvertretende Abteilungsleiterin zu bekommen, erhob, meinte Frau Winter: »Verkäuferinnen brauchen wir immer. Wenn Sie wollen, können Sie bei uns anfangen.« Anita war überrascht und froh über das

Immer im Job

Angebot: Sie wolle eine Nacht darüber schlafen und am nächsten Tag Bescheid geben, wie sie sich entschieden habe.

Als Anita das Büro verlassen hatte und wieder auf dem Weg nach Hause war, fiel eine Last von ihr. Das erste Mal seit Tagen fühlte sie sich erleichtert und schöpfte wieder Hoffnung für die Zukunft. Endlich konnte sie den verhassten Job in der Bank kündigen. Allein die Vorstellung, das überraschte Gesicht ihres Chefs zu sehen, erfüllte sie mit einiger Genugtuung. Am nächsten Tag sagte Anita bei der neuen Stelle zu, und am darauf folgenden Morgen reichte sie ihre Kündigung bei der Bank ein.

Vier Wochen später trat sie die Stelle an und merkte, dass ihr die Arbeit Spaß machte, besonders die Beratung von Kundinnen. Allerdings war sie enttäuscht darüber, dass es in dem Laden so viele Sachen nicht gab, die sie schick fand, denn sie empfahl nur ungern Kleidungsstücke, die ihr selbst nicht wirklich schön und passend erschienen.

Eines Tages besuchte Helene, die kleine, drahtige Einkäuferin der Kette, den Laden und bekam mit, wie Anita sich bei einer Kollegin beklagte: Wieder einmal habe sie einer Dame mittleren Alters, die bereit gewesen wäre, eine Menge Geld auszugeben, die Kleidung, die ihr gut gestanden hätte, nicht anbieten können, weil das Geschäft sie einfach nicht führte. Anita beschrieb den Stil, für den diese und andere Frauen ihres Alters sich ihrer Ansicht nach interessierten. Helene spitzte die Ohren, denn kurz zuvor hatte sie beschlossen, eine neue Kollektion einzukaufen, die Anitas Vorstellungen entsprach. Helene begann ein Gespräch mit Anita, war beeindruckt von ihren Ideen und fragte sie, ob sie ihre Assistentin werden wolle. Verblüfft sagte Anita zu. So begann ihre Karriere als Einkäuferin.

Die nächsten Monate verbrachte sie damit, Helene auf Einkaufstrips nach New York zu begleiten, sich über die Modelinien zu informieren, die die Kette anbot, und die unterschiedlichsten Arbeiten für Helene zu erledigen. Helene brachte ihr alles bei, was sie wusste. Allerdings hatte Anita manchmal das Gefühl, dass diese weder die vielen Stunden zu würdigen wusste, die sie investierte, noch ihre Vorschläge. Außerdem fand sie, dass sie zu wenig verdiente.

Besonders frustriert war Anita immer am Anfang der Woche. Über Gina, mit der sie nun zusammenwohnte, hatte sie neue Freunde kennen gelernt, mit denen sie am Wochenende zum Tanzen ging und bis in die frühen Morgenstunden in Kneipen herumsaß. Am Montag war Anita für gewöhnlich müde und hatte einen Kater. Auf dem Weg zur Arbeit fing sie dann zu grübeln an:

Mir graut vor der Arbeit. Es wird wieder endlose Besprechungen geben, und ich sitze neben Helene wie ihre Sekretärin. Niemand interessiert sich für das, was ich sage. Wichtig sind denen bloß der Kaffee und das Gebäck. Ich komme einfach nicht weiter. Ich muss was Neues anfangen.

Und während der Sitzungen grübelte Anita weiter:

Diese Leute haben keine Ahnung, was die Kunden wollen. Die interessiert nur, wann die Verkäufer Mittagspause machen. Kein Wunder, dass die Kette nicht mehr Gewinn erwirtschaftet! Das halte ich keine Sekunde länger aus.

Plötzlich riss Helene sie aus ihren Gedanken mit der Bitte, den Quartalsbericht zu holen, den sie vergessen hatte. Verlegen darüber, beim Grübeln ertappt worden zu sein, und wütend, weil sie wieder für Botengänge missbraucht wurde, machte Anita sich auf den Weg zu Helenes Büro. Sie fühlte eine Welle des Zorns in sich aufsteigen:

Jetzt reicht's! Am liebsten würde ich alles hinschmeißen. Ich habe keine Lust mehr, mich so behandeln zu lassen. Immer muss ich für andere irgendwas erledigen. Meine eigenen Ideen bleiben dabei völlig auf der Strecke. So kann es einfach nicht weiter gehen. Immer muss ich auf Abruf bereit stehen und für Helene springen!

Dieser Vorfall beschäftigte Anita auch während der folgenden Tage und Nächte. Stundenlang zerbrach sie sich den Kopf und war wütend darüber, dass Helene ihre Arbeit so wenig würdigte und ihr nicht mehr Eigenständigkeit einräumte.

So entschloss Anita sich schließlich, Brigitte anzurufen, die Einkäuferin der Konkurrenz, die ihr einige Zeit zuvor ihre Nummer gegeben hatte für den Fall, dass sie die Stelle wechseln wolle. Anita kannte die Frau nicht besonders gut, glaubte aber, dass sie mit ihr als Vorgesetzter besser klar kommen würde als mit Helene. Sie verabredeten sich für den Abend.

Anita war erfreut, dass das Telefonat so positiv verlaufen war, und verbuchte die Verabredung schon als einen gewissen Erfolg. Das Verhältnis zwischen Helene und ihr war seit dem letzten Konflikt angespannt geblieben, und sie gingen sich nach Möglichkeit aus dem Weg. Anita fühlte sich immer noch so gekränkt und wütend, dass sie auch keine Klärung mehr mit Helene herbeiführen, sondern nur noch so schnell wie möglich von dort wegkommen wollte. Daher hoffte sie inständig, dass Brigitte ihr eine neue Stelle anbieten würde und sie möglichst bald wechseln könnte.

Am Abend trafen sich Anita und Brigitte in einem kleinen Restaurant. Anita hatte sich vor dem Treffen extra noch ermahnt, nicht zu viel über ihre jetzige Stelle und Vorgesetzte zu klagen und stattdessen Einzelheiten über den möglichen Job zu erfragen. Das Gespräch verlief gut, und sie hatte Glück: Brigitte bot ihr den Job als Assistentin tatsächlich an, allerdings zu einem etwas niedrigeren Gehalt als dem, das sie bei Helene bekommen hatte. Anita war jedoch so froh über das Angebot, dass sie die Geldfrage von sich aus überhaupt nicht ansprach. Zum nächsten Ersten sollte sie bei Brigitte anfangen.

Endlich konnte sie nun bei Helene kündigen, und schon der Gedanke daran ließ sie einen gewissen Triumph verspüren. Natürlich war Helene verblüfft über die Kündigung, die für sie wie aus heiterem Himmel kam. Helene hatte zwar bemerkt, dass Anita sich in der letzten Zeit ihr gegenüber sehr distanziert verhielt, und sie hatte sich bereits vorgenommen, bei nächster Gelegenheit Anita darauf anzusprechen, aber auf eine Kündigung war sie nicht gefasst gewesen. Als Helene nach dem Grund der Kündigung fragte, murmelte Anita, sie wolle selbständiger arbeiten und mehr verdienen. Doch als Helene dann auch noch erfuhr, dass Anita zukünftig für Brigitte arbeiten werde, konnte sie sich ein spöttisches Lächeln nicht verkneifen: »Tja, das wird Ihnen sicher Spaß machen. Brigitte hat einen denkbar guten Ruf als Vorgesetzte.« Helene kannte ihre Konkurrentin aus der Branche natürlich, und zwar besser als Anita.

Helene versuchte noch, Anita mit der Aussicht auf eine baldige Beförderung zum Bleiben zu bewegen, doch Anita ließ sich nicht erweichen. Als sie sich zum Gehen wandte, sagte Helene: »Ich glaube, Sie werden diese Entscheidung bereuen, Anita.«

Auf dem Heimweg dachte Anita über Helenes Worte nach, besonders über ihre Bemerkung, Brigitte habe »einen denkbar guten Ruf als Vorgesetzte«.

Was hat sie damit gemeint? War das eine Rachereaktion auf meine Kündigung? Und wenn sie tatsächlich Recht hat?

Nach einer Woche bei Brigitte wusste Anita, was Helene mit ihrer spöttischen Bemerkung gemeint hatte. Brigitte war mit nichts und niemandem zufrieden, hatte im letzten Jahr drei Assistentinnen verschlissen und erwartete von Anita, dass sie sechzig bis siebzig Stunden die Woche arbeitete und die restliche Zeit auf Abruf verfügbar war. Einkaufstrips wurden im allerletzten Augenblick angekündigt, und Brigitte hatte immer irgendetwas auszusetzen – sei es am Flug, am Hotel oder am Essen.

Auf dem Heimflug von einer Einkaufsreise verfiel Anita, die beengt in der Touristenklasse saß, während Brigitte es sich in der Ersten bequem gemacht hatte, wieder ins Grübeln:

Warum bin ich bloß von Helene weggegangen? Ich hätte vorher versuchen sollen, mit ihr eine Klärung herbeizuführen. Sie wollte mir am Ende ja sogar mehr Geld geben. Aber ich war so gekränkt und stur. Mein blöder Stolz! Was soll ich jetzt tun? Ich habe mich in eine ausweglose Situation manövriert. Immer mache ich alles falsch! Mein Vater hatte schon Recht – ich werde es nie zu was bringen.

Immer im Job

Am Flughafen trottete Anita schmollend neben Brigitte her, die von ihr nach Hause gefahren werden wollte, obwohl ihre Wohnung am anderen Ende der Stadt lag. Während der ganzen Fahrt nörgelte Brigitte herum. Als sie schließlich über Helene sagte, sie habe keine Ahnung von Mode, konnte Anita sich kaum noch beherrschen, Brigitte nicht anzubrüllen. Sie schaffte es gerade noch, einigermaßen Haltung zu bewahren und sich von Brigitte zu verabschieden. Aber kaum saß sie allein im Auto, brach es aus ihr heraus:

Wie kann sie es wagen, so etwas zu behaupten? Helene hat mir alles beigebracht, was ich weiß. Sie ist eine viel bessere Chefin als sie! Brigitte ist ein richtiges Miststück!

Zu Hause im Bett fing Anita wieder an, sich die schlimmsten Gedanken zu machen:

Jetzt ist alles vorbei. In dieser Stadt gibt es nur zwei große Bekleidungsgeschäfte, und mit Helene habe ich es mir gründlich verdorben, dahin kann ich nicht mehr zurück. Aber bei Brigitte halte ich es auch nicht mehr aus. Also gibt es keine Möglichkeit für mich, in der Branche zu bleiben. Ich werde mein ganzes Leben lang in einer Bank arbeiten müssen. Mit dem lausigen Zeugnis, das die mir geschrieben haben, kriege ich wahrscheinlich nicht mal mehr dort einen Job. Ich kann die Miete nicht mehr zahlen. Meine Eltern würden wahrscheinlich sagen, ich soll wieder zu ihnen ziehen, aber das mache ich auf keinen Fall.

Anita wälzte die halbe Nacht Gedanken an Gespräche mit Brigitte, Helene und ihren Eltern und machte sich Vorwürfe, weil sie so stolz und stur gewesen war. Dann aber wurde sie wütend, weil niemand ihre Fähigkeiten zu würdigen wusste. Sie grübelte, wie lange sie es wohl noch bei Brigitte aushalten werde und ob es ihr je gelänge, noch einmal eine Stelle in der Branche zu finden. Irgendwann schlief sie erschöpft und voller Angst ein.

Dieses Gefühl der Mutlosigkeit verließ sie auch am folgenden Morgen nicht. Sie schaffte es nicht aufzustehen und hatte keinen Appetit. Als Gina am Nachmittag nach Hause kam, traf sie Anita vor dem Fernseher sitzend an. Sie fragte sie, ob sie krank sei, und Anita antwortete: »Ich weiß es nicht. Ich konnte mich heute einfach nicht aufraffen und zur Arbeit gehen.« Und kleinlaut fügte sie hinzu: »Da habe ich mich schließlich krank gemeldet.« Erst nach einer ganzen Weile entlockte Gina ihr, dass Anita massive Probleme mit Brigitte hatte, die ihr die ganze Arbeit vermiesten. »Ich kann sie einfach nicht mehr ertragen«, meinte Anita abschließend über Brigitte. Woraufhin Gina nur kurz bemerkte: »Dann wird dir wohl nichts anderes übrig bleiben als dich wieder auf Jobsuche zu begeben.« Die Vorstellung brachte Anita erst recht zur Verzweiflung. »Nein, das geht nicht«, stammelte sie. »Ich kann jetzt noch nichts unternehmen. Ich brauche Zeit zum Nachdenken.«

Anita dachte einige Tage lang nach und wurde immer deprimierter und apathischer. Dann hatte Gina die Nase voll und sagte: »Du kannst dich nicht ewig krank melden. Du musst wieder an deine Arbeitsstelle zurück. Sonst ist die futsch. Und wenn du es dort nicht aushältst, dann suchst du dir eine neue. Aber du musst deinen Hintern endlich hochkriegen und was tun! Wenn du den ganzen Tag hier rumsitzt, findest du nie eine neue Stelle.« Anita wusste, dass Gina Recht hatte, fühlte sich aber von ihr im Stich gelassen und trollte sich beleidigt in ihr Zimmer.

Zum Glück gab Gina nicht so schnell auf, suchte die Nummer einer Karriereberaterin aus dem Telefonbuch und vereinbarte für den nächsten Tag einen Termin für Anita. Als sie das Anita ein paar Stunden später erzählte, wurde diese wütend. Doch Gina ließ sich nicht einschüchtern und sagte: »Du gehst da hin, basta!«

Irgendwie schaffte Anita es am nächsten Tag, sich anzuziehen und zu der Beraterin namens Marilyn zu gehen, die sie nicht gerade mit Samthandschuhen anfasste. Sie durchschaute Anitas Klagen über ihre Vorgesetzten sofort und fragte sie nach ihren Zielen im Leben. Anita fiel lediglich ein: »Ich möchte viel Geld verdienen.« Darauf antwortete Marilyn: »Ein Karriereplan ist das nicht gerade, meine Liebe. Ich glaube, Sie haben eine Menge Arbeit vor sich.«

Wie Anita wieder auf die Füße kam

Anitas Neigung zu Wut und Grübeln hätte sie fast die Karriere gekostet, weil sie sie zu impulsiven Handlungen verleitete, die ihr kurzfristig Befriedigung und Erleichterung verschafften, aber langfristig gesehen schädlich waren. Erst als Anita das Muster ihres negativen Denkens und ihrer impulsiven Aktionen durchschaute, begann sie, ihr Berufsleben in den Griff zu bekommen.

In den ersten Beratungsstunden machte Marilyn Anita klar, dass sie ihren Job bei Brigitte so lange behalten müsse, bis sie einen neuen Job gefunden habe. Aber Anita solle sich innerlich mehr zurücknehmen und die Konflikte mit Brigitte nicht mehr so nah an sich herankommen lassen – gerade weil sie wisse, dass sie dabei ist, sich Alternativen zu erarbeiten und ein Ende der Arbeit bei Brigitte abzusehen sei.

In der weiteren Beratung wurde Anita bewusst, dass sie an alle ihre Stellen eher aus Zufall geraten war, sie sich dann aufgrund ihres Jähzorns heftige Konflikte aufhalste und in der Folge die Arbeit unerträglich fand. Mit Hilfe von ausführlichen Gesprächen und Tests fand Marilyn heraus, dass Mode tatsächlich das Richtige für Anita war. Leider hatte sie sich bei den örtlichen großen Bekleidungsgeschäften nicht gerade günstige Voraussetzungen geschaffen, und ohne gutes Zeugnis würde sie in dieser Branche keinen guten Job mehr bekommen. Also führte kein Weg daran vorbei: Sie musste zu Helene gehen und eingestehen, dass es ein Fehler gewesen sei, damals aus Verärgerung und Frustration so kurzfristig die Stelle zu wechseln. Marilyn übte mit Anita ein, was sie zu Helene sagen würde, und half ihr, Reaktionen auf mögliche negative Äußerungen Helenes zu erarbeiten, sowie ihre Angst vor dem Gespräch unter Kontrolle zu bringen.

Schließlich rief Anita Helene an, und Helene erklärte sich überrascht bereit, sich mit ihr zu treffen. Anita begann das Gespräch mit ihr genau so, wie sie es mit Marilyn eingeübt hatte, und entschuldigte sich für ihren kurzfristigen Stellenwechsel. Anita wollte Helene bei diesem Treffen lediglich dazu bringen, ihr ein gutes Zeugnis zu schreiben. Daher fiel sie aus allen Wolken, als Helene ihr den alten Job wieder anbot. »Ich habe in der Zwischenzeit eine andere Assistentin gehabt, aber sie ist nicht viel mehr als eine Sekretärin für mich. Sie haben wirklich Talent, Anita. Ich würde gern wieder mit Ihnen zusammenarbeiten.«

Anita freute sich über das Angebot, bat um ein paar Tage Bedenkzeit und fuhr verwirrt, aber auch hoch erfreut, nach Hause. Auf dem Heimweg traf sie zwei wichtige Entscheidungen: Erstens würde sie Abendkurse für Marketing und Design belegen, um sich zusätzliche Qualifikationen für eine spätere Beförderung zu erwerben. Zweitens würde sie die Besuche bei Marilyn fortsetzen, auch wenn sie eine Menge Geld kosteten. Endlich wurde Anita klar, dass sie die schlechte Angewohnheit hatte, sich in berufliche Frustrationen hineinzusteigern und dann zu Kurzschlussreaktionen neigte.

An einem der folgenden Tage kündigte Anita bei Brigitte, gönnte sich ein paar Urlaubstage und fing dann motiviert und voller Elan wieder bei Helene an. Natürlich begannen die Frustrationen nach den ersten Wochen der Zusammenarbeit mit Helene von Neuem. Anita verfiel in übertreibendes Zu-viel-Denken, als Helene ihren Vorschlag, die neue Modelinie eines Nachwuchsdesigners ins Angebot zu nehmen, ablehnte:

Sie sieht mich bloß als ihre Zuarbeiterin. Sie sagt, sie findet meine Ideen gut, aber das zeigt sie mir nicht. Es geht immer nach ihrem Kopf. Ich darf nur die Botengänge erledigen.

Doch diesmal reagierte sie – das erste Mal in einer solchen Situation – nicht impulsiv, sondern ging zu Marilyn. Marilyn fragte sie, wie sie auf die Idee komme, dass Helene ihre Vorschläge nicht zu würdigen wisse. Als Anita in der Grübelfalle saß, hatte sie noch jede Menge Belege dafür gefunden. Jetzt mit klarerem Kopf und in Marilyns Gegenwart waren es plötzlich nur noch sehr wenige. Im Gegenteil: Nun fielen ihr viele Beispiele für Situationen ein, in denen Helene ihre Vorschläge angenommen und sie sogar vor den anderen Angestellten gelobt hatte.

In der Grübelfalle, erklärte Marilyn Anita, sehe sie alles verzerrt, und ihre Gedanken entwickelten ein Eigenleben, bis sie schließlich

Immer im Job 191

felsenfest davon überzeugt sei, dass man ihr etwas Böses angetan habe und sie das Recht besitze, sich an den Übeltätern zu rächen. Marilyn erkundigte sich, wann Anita besonders zum Zu-viel-Denken neige, und sie entdeckten, dass das am häufigsten am Wochenanfang passierte, wenn Anita von ihren Freizeitaktivitäten am Samstag und Sonntag erschöpft war. »Ein Kater trübt die Stimmung«, erklärte Marilyn, und Anita versprach ihr, die Kneipentouren und den Alkoholkonsum einzuschränken und sich neue Freunde zu suchen, denen solche Dinge nicht so wichtig waren.

Stimmungsabhängiges Grübeln, meinte Marilyn, zeige selten ein vollständiges und zutreffendes Bild der Ereignisse. Wenn Anita wütend war, sah sie nur noch ihren Zorn, und wenn sie sich traurig und durcheinander fühlte, erkannte sie ausschließlich die Dinge, die sie falsch gemacht hatte. Anita lernte, das Bild, das ihr Grübeln erzeugte, in Frage zu stellen und auch über das nachzudenken, was darin fehlte. Das entzog der Grübelei die Grundlage, beruhigte Anita und half ihr, klarere Gedanken zu fassen.

In den Abendkursen lernte Anita eine Gruppe junger unverheirateter Frauen kennen, die wie sie dabei waren, sich eine Karriere aufzubauen. Die Kurse gefielen ihr viel mehr als die Geschichtsstunden damals in der Schule. Vieles von dem, was die Lehrer sagten, hatte einen Bezug zu ihrer beruflichen Erfahrung, und nun begriff sie auch besser, warum Helene und die Geschäftsführer manche Kauf- und Werbeentscheidungen trafen. Anita stellte Helene immer mehr Fragen über die Modebranche und die Marketingstrategie der Kette. Ihre Vorschläge wurden fundierter, und Helene begann, ihr interessantere Aufgaben zu übertragen.

Die größere Befriedigung im Beruf hinderte Anita jedoch nicht völlig am Grübeln. Eines Freitags, als sie, erschöpft von den vielen kleinen Dingen, die in der Woche schief gegangen waren, in ihrem Büro saß, überfiel sie eine regelrechte Grübelattacke:

Ich verdiene nicht genug und kann mir die Zeit nicht so frei einteilen, wie ich möchte. Und dann noch der Streit mit Julia letzte Woche! Wie ist sie bloß auf die Idee gekommen, dass ich ihren Vorschlag für die Schaufenstergestaltung annehmen würde? Allmählich habe ich das Gefühl, ich werde nie befördert. Am Ende wird es so ausgehen, dass ich den Routinekram erledigen muss und Julia vor mir ihre Beförderung kriegt. Mein Job ist scheiße, und ich fühle mich scheiße.

Am liebsten hätte Anita sich auf der Stelle mit ihren alten Freunden getroffen, um Dampf abzulassen. Doch dann fiel ihr Blick auf einen Zettel, auf den sie geschrieben hatte: »Was würde Marilyn mir in dieser Situation raten?« Sie wusste, die Antwort lautete: »Gehen Sie nicht mit Ihren alten Freunden in die Kneipe.«

Anita beschloss, ihre Gedanken zu notieren, ohne sie gleich zu bewerten. Als sie zwei Seiten gefüllt hatte, gönnte sie sich eine Pause und holte sich ein Mineralwasser aus dem Automaten. Nach der Rückkehr in ihr Büro las sie, was sie geschrieben hatte, und stellte sich selbst die Frage, die Marilyn ihr so oft gestellt hatte: »Wie könnte man die Situation noch sehen, was würde ein anderer dazu sagen?« Anitas Vorwürfe erledigten sich fast alle, als sie sich dazu zwang, eine Antwort darauf zu geben.

Anita war verblüfft, als sie in ihrem Kopf plötzlich noch eine andere Stimme hörte, die kritische Stimme ihres Vaters, die fragte, warum sie nicht mehr verdiene. Bis dahin war Anita nicht klar gewesen, wie sehr sie sich die Erwartungen ihres Vaters sowie seine Besessenheit vom Geld zu eigen gemacht hatte. »Ich möchte nicht sein wie er«, dachte sie. »Ich möchte andere nicht immer kritisieren und mich auch nicht. Ich möchte nicht die ganze Zeit ans Geld denken.«

Die Niederschrift ihrer Gedanken half Anita, eine andere Perspektive zu finden. Die Erkenntnis, dass die Stimme ihres Vaters in ihren negativen Gedanken eine wichtige Rolle spielte, war ein Wendepunkt für sie: Ihr wurde klar, dass sie es mit den Obsessionen ihres Vaters, nicht mit ihren eigenen, zu tun hatte. Wenn sie auf seine Stimme hörte, fühlte sie sich schlecht und konzentrierte sich auf zwei ungesunde Ziele: Erstens darauf, mehr Geld zu verdienen, was sie von anderen beruflichen Zielen ablenkte, zum Beispiel davon, einen Arbeitsbereich zu finden, der ihren Begabungen entsprach. Zweitens war sie fixiert

Immer im Job

auf die Anerkennung von Helene, weil sie so die fehlende Anerkennung durch ihren Vater kompensieren wollte. Als Helene sie auch nicht so würdigte, wie Anita sich das vorstellte, fühlte sie sich verraten, und die Stimme ihres Vaters meldete sich wieder zu Wort. Zum Glück lernte Anita, die Zusammenhänge zu durchschauen und entwickelte die Fähigkeit, sich von den Vorstellungen ihres Vaters zu befreien.

Eines Tages, unmittelbar vor einer Sitzung, in der Anita Helene bei der Präsentation der Sommermodelle assistieren sollte, verschüttete sie Kaffee auf ihren neuen Blazer. Während sie vor dem Spiegel versuchte, den Fleck zu beseitigen, verfiel sie wieder in negatives Denken:

Du Trottel, kannst du denn nichts richtig machen? Du warst schon als Kind unbeholfen, und bis heute hat sich nichts daran geändert. Mach dir doch nichts vor: Du wirst es nie zu was bringen.

Anita sah im Spiegel das ungeschickte kleine Mädchen von früher und wäre am liebsten weggelaufen, doch ihre Verpflichtung Helene gegenüber hinderte sie daran. Sie straffte die Schultern, und plötzlich nahm sie nicht mehr nur den Fleck auf dem Blazer wahr, sondern merkte, dass sie phantastisch aussah. Sie war eine attraktive junge Frau, die ihre Ideen durchsetzen konnte und Karriere machen würde. »Das bin ich«, dachte Anita, »nicht das kleine Mädchen von damals.« Sie hörte auf, an dem Fleck zu reiben, und zog die Jacke einfach aus. Der Rock und die Seidenbluse hätten auch allein gut ausgesehen, doch sie holte sich einen neuen Blazer aus dem Geschäft, bevor sie sich auf den Weg zu der Sitzung machte.

Früher hatte sie sich gegen das negative Bild vom dummen, unbeholfenen Mädchen gewehrt, indem sie sich als Frau sah, der von anderen Unrecht angetan wurde und die ein Recht auf Rache besaß. Das neue Bild, das sie nun von sich selbst schuf, war unabhängig von anderen. Sie erwarb die Fähigkeiten und Kenntnisse, die nötig waren, um die gesetzten Ziele zu erreichen. Nun war sie in der Lage, mit den

Frustrationen des Alltags besser fertig zu werden, weil sie den Blick auf die ihr wichtigen Dinge richtete und nicht darauf, wer an einem bestimmten Tag nett zu ihr war und wer nicht. Wenn sie Wut oder Frustration in sich aufsteigen spürte, befreite sie sich davon und lenkte ihre Gedanken auf die zu bewältigende Aufgabe.

Zu Beginn der Sitzungen bei Marilyn hatte Anita zugegeben, dass die Grübelattacken besonders häufig montags oder dienstags einsetzten, wenn sie von den Wochenendpartys übermüdet war oder einen Kater hatte. Kleine Irritationen in der Arbeit wirkten dann riesig, und sie sah nur noch die negativen Seiten ihrer Tätigkeit. Erst als Marilyn ihr den Zusammenhang erklärte, wurde ihr klar, dass ihre Wahrnehmung nur wenig mit der Realität zu tun hatte. Wenn wir die Ursache unserer negativen Gefühle falsch interpretieren, führt das leicht zu unklugen Entscheidungen.

Anitas neues Bild von sich selbst als kompetenter, qualifizierter und professionell arbeitender Frau entwickelte sich nicht von heute auf morgen. Sie musste monatelang mit Marilyn daran arbeiten und ganz allmählich die Kraft aufbauen, um sich gegen die falschen verinnerlichten Ziele und ihren Jähzorn zu wehren. Manche Menschen haben jahrelang nicht den gewünschten beruflichen Erfolg, weil sie immer wieder in unkontrolliertes Grübeln verfallen und dann unkluge Entscheidungen treffen. Sie machen sich nie wirklich klar, welche beruflichen Ziele sie haben, und stürzen sich auf schnelle Lösungen – sie wechseln ständig den Job oder leben nur für die Wochenenden. In der Arbeit sind sie unglücklich und weniger produktiv, als sie sein könnten. In der Freizeit meiden sie alle Gedanken an den Beruf, haben aber ein ungutes Gefühl, wenn der Montagmorgen herannaht. Doch wie wir am Beispiel von Anita gesehen haben, kann man sich aus diesem Teufelskreis befreien.

10.
Vergiftete Gedanken – sich den Kopf über die Gesundheit zerbrechen

Vielleicht sind Sie noch jung und waren bisher nicht gezwungen, sich über Ihre Gesundheit Gedanken zu machen, aber irgendwann werden körperliche Probleme unausweichlich. Selbst eine nicht lebensbedrohliche Krankheit kann zu Behinderung, Entstellung, Schmerzen, Arbeitsplatzverlust oder kostspieligen Behandlungen führen. Außerdem erklären Ärzte ihren Patienten den Sachverhalt oft nicht hinreichend und sind sich hinsichtlich der Diagnose nicht immer einig. Gestresste Mediziner sind ungeduldig und nicht besonders einfühlsam. Die Krankheit beraubt den Menschen seiner Selbstbestimmung, und er muss sich tagein, tagaus damit auseinandersetzen, manchmal wochen-, monate- oder sogar jahrelang.

Grübeln über Leben und Tod

So war es auch bei der 33-jährigen Michelle, die ihr ganzes Leben lang von Angst vor Brustkrebs gequält wurde, weil ihre Mutter und ihre zwei Tanten daran litten. Beide Tanten waren daran gestorben, nur ihre Mutter fühlte sich jetzt, vier Jahre nach der Diagnose, wieder wohl. Michelle hatte blonde Haare und blaue Augen wie ihre Mutter, ernährte sich aber gesünder als sie und ging jeden Tag zum Joggen, sodass sie im Gegensatz zu ihr durchtrainiert und schlank war.

Bei einer Routineuntersuchung kurz nach ihrem dreiunddreißigsten Geburtstag entdeckte ihre Frauenärztin einen Knoten in ihrer Brust. Voller Panik begann es in Michelles Kopf zu arbeiten:

Ich wusste immer, dass das passieren könnte, habe es aber nie wirklich geglaubt. Meine Mutter fällt in Ohnmacht, wenn sie das hört. Und bei meinem Vater wird es noch schlimmer. Wieso habe ich den Knoten nicht bemerkt? Wollte ich ihn einfach nicht spüren? Könnte die Ärztin sich täuschen? Ich habe das Gefühl, den Boden unter den Füßen zu verlieren.

Die Ärztin riet Michelle, eine Mammografie machen zu lassen, doch Michelle hatte Mühe mitzubekommen, was die Ärztin sagte, weil sie mit ihren eigenen Gedanken beschäftigt war: Sie litt unter einer Krankheit, die ihre beiden Tanten das Leben gekostet hatte, und war durch ihre Mutter erblich vorbelastet.

Während der Heimfahrt wälzte Michelle trübe Gedanken:

Sie sagt, der Knoten ist klein, und das ist gut. Aber ich bin doch erst dreiunddreißig! Sie wollte mich bloß aufmuntern! Was denkt sie wirklich? Wie hoch ist die Wahrscheinlichkeit, dass ich tatsächlich Krebs habe? Will ich das überhaupt wissen? Mein Gott, wie soll ich das meinen Eltern beibringen?

Michelle war so sehr mit ihren Gedanken beschäftigt, dass sie fast einen Unfall verursacht hätte. Das riss sie aus der Grübelei, und sie sagte sich:

Hör auf mit dem Grübeln, Michelle, sonst landest du an einem Baum. Du weißt doch noch gar nichts, nur, dass du einen Knoten in der Brust hast. Du darfst jetzt nicht die Nerven verlieren.

Michelle hätte sich mit der Grübelei fast in Lebensgefahr gebracht. Untersuchungen belegen, dass Zu-viel-Denken Frauen dazu bringen kann, nicht genug auf sich zu achten. Sonja Lyubomirsky von der Universität von Kalifornien, Riverside, stellte in einer Studie fest, dass Frauen, die besonders zum Grübeln neigten, nach der Entdeckung eines Knotens in der Brust einen Monat länger warteten, bis sie zum Arzt gingen, als Frauen, die keine Neigung zum Zu-viel-Denken hatten.[1] Das lässt sich leicht erklären: Grübeln macht pessimistisch und beeinträchtigt die Fähigkeit, Probleme anzupacken.

Michelle beschloss, daran zu glauben, dass die Wucherung gutartig sei. Am Abend, nachdem sie ihren siebenjährigen Sohn Toni ins Bett gebracht hatte, erzählte sie ihrem Mann Jakob weinend von dem Knoten, und er nahm sie in den Arm, um sie zu trösten.

Wenige Tage später ging sie zur Mammografie, und noch am selben Tag wurde eine Biopsie vorgenommen, die ergab, dass der Tumor bösartig war. Als die Ärztin Michelle das Ergebnis der Untersuchung mitteilte, geriet diese so sehr in Panik, dass sie nur etwas von »einer Operation«, »in einer Woche«, »am achtzehnten« mitbekam.

Mein Gott, warum habe ich Jakob nicht mitgenommen? Er hat mir doch angeboten, mich zu begleiten. Ich kann nicht mehr klar denken. Eine Operation. Ich muss mich zusammenreißen, Fragen stellen.

Michelle fiel der Ärztin ins Wort: »Im Augenblick kann ich mich nicht richtig konzentrieren. Geben Sie mir ein paar Minuten Zeit, mich zu beruhigen?« Die Ärztin war nicht gerade erfreut, verließ aber den Raum. Den Tränen nahe, begann Michelle Atemübungen zu machen. Nach einer Weile wurde sie ruhiger und sagte sich:

Ich kann mir daheim die Augen ausweinen. Die Ärztin hat nicht viel Zeit, und ich brauche Informationen. Was muss ich erfahren, bevor ich hier weggehe? Welche Fragen würde ich einer Freundin in meiner Situation empfehlen?

Michelle notierte die Fragen, die sie stellen wollte, auf einem Blatt Papier. Wie würde die Operation ablaufen? War sie überhaupt unbedingt nötig? Welche Alternativen gab es? Müsste sie hinterher eine Chemotherapie machen? Welche Risiken brachte eine solche Operation mit sich, und wie gefährlich war es, erst mal abzuwarten?

Sobald die Ärztin wieder im Zimmer war, bombardierte Michelle sie mit Fragen. Die Argumente der Ärztin für eine Operation überzeugten sie nicht völlig, also sagte sie, sie wolle noch eine zweite Meinung einholen. Die Ärztin reagierte gereizt, und Michelle bekam ein schlechtes Gewissen. Doch dann distanzierte sie sich innerlich von der Situation und rief sich ins Gedächtnis, dass es schließlich um ihre Gesundheit ging. Als sie nicht klein beigab, empfahl die Ärztin ihr einen Onkologen der Universitätsklinik.

Fast hätte Michelles Grübelei sie davon abgehalten, ihre Fragen zu stellen und eine zweite Meinung einzufordern, denn die Gereiztheit der Ärztin erzeugte ein schlechtes Gewissen in ihr. Leider neigen die meisten Frauen zu solchen Schuldgefühlen – wir wollen anderen nicht zur Last fallen, am allerwenigsten einem vielbeschäftigten Arzt. Doch später machen wir uns dann Vorwürfe, weil wir unsere Fragen nicht gestellt haben.

Die drei Wochen zwischen der Biopsie und dem Termin bei dem Spezialisten waren die reinste Tortur. Michelle fragte sich, ob es richtig war, so viel Zeit verstreichen zu lassen. Wie schnell wuchs so ein Tumor? Die schlimmsten Grübelattacken setzten mitten in der Nacht ein, wenn sie aus dem Schlaf hochschreckte:

Was passiert mit Toni, wenn ich sterbe? Jakob ist ein guter Vater, aber Toni braucht mich. Jakob ist manchmal zu streng mit ihm. Und Jakob braucht mich auch. Toni ist zu jung, um Halbwaise zu werden, und Jakob hat's nicht verdient, dass er unseren Sohn allein aufziehen muss. Wird ihm das Geld reichen, wenn mein Einkommen wegfällt? Meinen Kollegen möchte ich nichts von der Sache erzählen, ihre Fragen und mitleidigen Blicke würden mir nur auf die Nerven gehen. Die Menschen behandeln einen ganz anders, wenn sie wissen, dass man Krebs hat. Aber wie sage ich es meinen Eltern? Sie haben schon so viel durchgemacht im Leben.

Michelle lag nächtelang grübelnd wach und war dann am nächsten Tag so ausgelaugt, dass sie sich kaum auf ihre Arbeit für eine Frauenzeitschrift konzentrieren konnte. Eines Tages, als sie wieder einmal ihren Computermonitor anstarrte, rief sie plötzlich so laut »Schluss damit!«, dass die Kollegin neben ihr erschreckt zusammenfuhr. Michelle atmete ein paar Mal tief durch, nahm sich den Rest des Tages frei und verließ das Büro, um einen Spaziergang zu machen.

Danach holte sie Toni von der Schule ab, gönnte sich mit ihm ein Eis in ihrem Lieblingscafé und spielte anschließend in dem Park in der Nähe ihres Wohnhauses ein bisschen Fußball mit ihm. Das erforderte Michelles ganze Konzentration und Energie, und sie hatte Freude an der sportlichen Betätigung. Am Ende des Nachmittags war sie zum ersten Mal seit der Diagnose wieder halbwegs fröhlich.

In den nächsten Tagen bemühte Michelle sich, ihr Leben so normal wie möglich zu gestalten. Sie ging in die Arbeit und begann Recherchen zu einem Artikel. Wenn sie sich beim Grübeln ertappte, notierte sie ihre Gedanken und legte den Zettel erst einmal beiseite. Später machte sie sich dann klar, welche der Fragen sie dem Spezialisten stellen müsste, womit sie selbst fertig werden würde und was panikbedingte Grübelei war. Michelle versuchte, sich mit Hilfe des Internets über Brustkrebs zu informieren, merkte aber, dass die oft zu spezifischen und ungeordneten Einträge sie nur verwirrten.

Schließlich hatte sie eine lange Liste von Fragen für den Spezialisten zusammengetragen, und bemühte sich, Stärke und Zuversicht für den Termin aufzubauen. Sie bat Jakob, sie zu begleiten. Die beiden warteten in einem sterilen weißen Sprechzimmer, bis ein groß gewachsener Mann mit schütterem Haar den Raum betrat, der sich als Dr. Phillips vorstellte.

»Ich habe mir Ihre Unterlagen angesehen und muss meiner Kollegin zustimmen, dass in Ihrem Fall eine Operation anzuraten wäre.«

Obwohl Michelle darauf vorbereitet gewesen war, traf die Nachricht sie wie ein Schlag ins Gesicht. Nachdem sie tief durchgeatmet hatte, sagte sie: »Ich hätte da noch ein paar Fragen.« Die nächste halbe Stunde verbrachte sie damit, sich genauestens über die Operation, ihre Risiken und Folgen zu informieren, und auch Jakob stellte die eine oder andere Frage. Als sie sich von Dr. Phillips verabschiedeten, meinte Michelle zu Jakob: »Tja, es geht wohl nicht anders.« Dann begann sie zu weinen, und Jakob nahm sie in den Arm. Sobald sie sich einigermaßen gefangen hatte, bat sie Jakob, mit ihr einen Spaziergang am Fluss zu machen.

Am Fluss gestand sie ihm ihre schlimmsten Gedanken über die Krankheit und die Operation – ihre Angst vor dem Sterben und davor, Jakob könnte sie nicht mehr attraktiv finden, ihre Sorge um Toni und ihre Bedenken, ihren Eltern davon zu erzählen. Jakob hörte ihr geduldig zu. Als Michelle sagte: »Nach der Operation sehe ich bestimmt furchtbar aus«, antwortete Jakob »Phillips meint, dass wahrscheinlich ein kleiner Schnitt genügt. Du bist so schön, dass so eine kleine Narbe dich nicht entstellt.« Jakob half ihr, Lösungen für ihre Probleme zu finden. Sie beschlossen, am Wochenende gemeinsam zu ihren Eltern zu fahren und ihnen von der Sache zu erzählen. Nach einem langen Spaziergang gönnten sie sich einen Imbiss in einem Bistro.

Am Wochenende machten sie sich auf den Weg zu Michelles Eltern, und Toni blieb bei einem Freund. Nun sprach Michelle die Worte aus, die sie in den vergangenen Tagen eingeübt hatte: »Die Ärzte meinen, ich habe Brustkrebs; ich werde nächste Woche operiert.« Statt in Tränen auszubrechen, antwortete Michelles Mutter gefasst: »Schatz, ich habe das durchgestanden, und du schaffst es auch.« Und dann schilderte sie ihr ihre eigene Operation und ihre Ängste, während Jakob und Michelles Vater sich im Garten unterhielten.

Die Erleichterung, die Michelle nach dem Besuch bei ihren Eltern empfand, gab ihr die Kraft, ihrer Vorgesetzten und ihren Kolleginnen von der bevorstehenden Operation zu erzählen. Die meisten bewiesen Mitgefühl und boten ihr an, auf Toni aufzupassen, in der Arbeit für sie einzuspringen oder sie moralisch zu unterstützen, wenn sie das wollte. Dass Michelle mehr Menschen ihre Ängste gestand, machte sie überwindbarer, und der Beistand der Kolleginnen tat ihr gut. Auch manche der Männer boten Hilfe an, andere jedoch wussten nicht so recht, wie sie mit ihr umgehen sollten.

Eine Kollegin namens Rita allerdings stürzte Michelle wieder in die Grübelfalle, indem sie ihr von ihrer Schwägerin erzählte, bei der die Operation schief gegangen war. Natürlich, sagte sie, wolle sie Michelle keine Angst machen, aber sie solle realistisch sein.

Vergiftete Gedanken

Michelle versuchte, sich wieder der Arbeit zu widmen, doch Ritas deprimierende Geschichte ließ sie nicht los. Zum Glück war Michelle zum Lunch mit ihrer Freundin Hilde verabredet, und als sie ihr berichtete, was Rita gesagt hatte, meinte Hilde nur: »Die blöde Kuh. Wieso hat sie dir das erzählt? Wer weiß, ob die Geschichte überhaupt wahr ist. Du bist in guten Händen, und es hat keinen Sinn, wenn du dir jetzt unnötig Gedanken machst. Du schaffst das.«

Nach dem Essen notierte Michelle Hildes aufmunternde Worte auf eine Karte und legte diese in ihre Schreibtischschublade. Dann begann sie für ihre Zeitschrift einen Artikel über Brustkrebs und über ihre Erfahrungen zu Papier zu bringen. Und obwohl ihr beim Schreiben die Tränen herunterliefen, empfand sie ein Gefühl der Erleichterung, als sie ihre Gedanken und Gefühle in Worte fasste.

Am Tag der Operation war Michelle fast schwindelig vor Angst. Jakob erledigte den Papierkram für sie und hielt ihre Hand, als sie in Richtung OP gerollt wurde.

Die Operation selbst war eine bizarre Erfahrung. Michelle bekam keine Vollnarkose und konnte die ganze Zeit den Arzt, seine Assistenten, die Musik und das Klappern des Chirurgenbestecks hören. Die Zeit schien unendlich langsam zu vergehen.

Als die Wirkung der Narkose nachließ, schossen Michelle alle möglichen Gedanken durchs Gehirn: »Werde ich wieder Krebs bekommen? Ist es Dr. Phillips gelungen, den Tumor vollständig zu entfernen? Muss ich jetzt eine Chemotherapie machen?« Später stellte sie Dr. Phillips ihre Fragen. Ja, sie solle tatsächlich noch eine Chemotherapie machen, um sicher zu sein, dass alle Krebszellen abgetötet würden. Ja, es bestehe leider ein hohes Risiko auf weitere Krebserkrankungen, also müsse sie sich regelmäßig untersuchen lassen. Doch das bedeute nicht, dass sie dazu verurteilt sei, an Krebs zu sterben.

Wie Michelle langfristig damit zurecht kam

In den folgenden Monaten, in denen Michelle sich einer Chemotherapie und Bestrahlungen unterzog, versuchte sie, ihre Ängste vor einer neuerlichen Erkrankung in den Griff zu bekommen. Hin und wieder verfiel sie immer noch ins Grübeln:

Ich würde gern wieder so leben wie früher, ohne diese ständige Bedrohung. Ich komme mir vor wie eine wandelnde Zeitbombe. Wie merke ich, dass sich wieder ein Knoten gebildet hat? Den ersten hat die Ärztin gefunden. Was, wenn sie den nächsten zu spät entdeckt?

Michelle beschloss, sich zusammenzureißen und ihr Leben so normal wie möglich zu führen. Sie las die Broschüren, die ihre Gynäkologin ihr gegeben hatte, und nahm sich vor, sie beim nächsten Besuch zu bitten, dass diese ihr noch einmal zeigte, wie sie ihre Brust selbst abtasten könnte. Außerdem stellte sie eine Liste weiterer Fragen zusammen.

Sie arbeitete an ihrem Brustkrebsartikel, interviewte Onkologen und betroffene Frauen. Ihre eigenen sowie die Erfahrungen ihrer Mutter und der anderen Frauen in Worte zu fassen, half ihr selbst, der Grübelfalle zu entkommen, und würde auch anderen Betroffenen neuen Mut geben.

Fortan hörte sie immer schon eine Stunde früher im Büro auf, damit sie vor dem Essen mehr Zeit für Toni hatte, und sie nahm sich vor, mehrmals in der Woche mit ihm Fußball zu spielen oder zum Schwimmen zu gehen. Und sie wollte besonders viel Gemüse und Obst auf den Speiseplan setzen.

Michelle verdrängte ihre Sorgen nicht, sondern sagte sich: »Das ist normal, ich habe ein Recht auf diese Gefühle.« Wenn sie sich dann einige Minuten lang ihren Gedanken hingegeben hatte, fügte sie hinzu: »Ich lasse mich nicht von solchen Gefühlen beherrschen. Wovor habe ich Angst? Was kann ich daraus lernen?« Sie versuchte, ihren Gedanken Beachtung zu schenken, sie zu notieren und Lösungen für die Probleme zu finden.

Auf Fragen wie zum Beispiel »Warum musste das ausgerechnet mir passieren?« oder »Was bedeutet das für mein weiteres Leben?« erarbeitete sie eine Reihe von Antworten: »Ich muss positiv damit umge-

hen; die Erfahrung hat mich in meiner Entwicklung weitergebracht.«
In den folgenden Jahren verfasste Michelle mehrere Artikel über
Brustkrebs für ihre Zeitschrift und hielt Vorträge, um Frauen in ähn-
licher Situation Mut zu geben.

Kurzfristige Strategien halfen Michelle, ihre Gedanken zu ordnen.
Sie wehrte sich nicht gegen das Grübeln, weil sie wusste, dass das in
ihrer Lage ganz normal war, ließ sich aber auch nicht davon beherrschen. Sobald sie es schaffte, kurzfristig aus dem Teufelskreis herauszukommen, erkannte sie besser, welchen Sorgen sie Beachtung schenken musste, und welche sie ad acta legen konnte.

Michelle bediente sich auch langfristiger Strategien gegen die Grübelfalle, um effektiver mit ihrer Erfahrung umgehen zu können. Sie
beschaffte sich Informationen und stellte den Ärzten Fragen, bis sie
das Gefühl hatte, ihre Situation und die zur Verfügung stehenden
Möglichkeiten zu begreifen. Die für Michelle wichtigste Strategie war
das Aufschreiben dieser Fragen, denn dann musste sie keine Angst
mehr haben, während ihrer Arztbesuche etwas Wesentliches zu vergessen.

Obwohl manche ihr vorwarfen, fast missionarischen Eifer zu entwickeln, verfasste Michelle weiter Artikel zum Thema Brustkrebs und
hielt Vorträge, weil ihr das Kraft gab. Shelley Taylor von der Universität von Kalifornien, Los Angeles, bestätigt, dass zupackender Optimismus hilfreich ist.[2] Untersuchungen haben erwiesen, dass Hoffnung und Optimismus gute Mittel gegen viele Krankheiten, darunter
auch Krebs, sind. Optimisten haben im Regelfall ein stärkeres Im-
munsystem als Pessimisten, was bedeutet, dass sie sich nach großen
Operationen, zum Beispiel am Herzen, besser erholen und Krankheiten mehr entgegenzusetzen haben. Mit anderen Worten: Menschen,
die auch angesichts einer lebensbedrohlichen Krankheit optimistisch
bleiben, genesen schneller und leben länger als Pessimisten.

Wir neigen dazu, unsere Gesundheit für selbstverständlich zu halten, solange wir jung sind. Schwere Krankheiten überraschen uns –
auch im höheren Alter, weil wir immer noch das Gefühl haben, zwanzig oder dreißig oder vierzig zu sein. Und wir fragen uns: Warum musste das mir passieren? Was habe ich falsch gemacht? Stimmt die Dia-

gnose? Wie soll ich mich zwischen verschiedenen Behandlungsmöglichkeiten entscheiden? Grübeln ist bei einer schweren Krankheit ganz normal, besonders wenn sie mit chronischen Schmerzen einhergeht.

Doch es kann unsere Gedanken vergiften, unsere Fähigkeit, vernünftige Entscheidungen zu treffen, beeinträchtigen und uns in Depressionen verfallen lassen, mit denen wir uns dann zusätzlich zu der eigentlichen Krankheit auseinandersetzen müssen. Möglicherweise mindert es sogar die Selbstheilungskräfte unseres Körpers.

Folglich ist es wesentlich, sich von der Grübelei zu befreien, um sich mit ganzer Kraft auf die Bekämpfung der Krankheit konzentrieren zu können. Michelles Geschichte gibt Ihnen Anregungen, doch Sie sollten auch eigene Strategien gegen das Zu-viel-Denken entwickeln.

11.
Was können wir alle dagegen tun?

Die in diesem Buch beschriebenen Strategien sollen Ihnen persönlich helfen, sich aus der Grübelfalle zu befreien. Doch auch die Gesellschaft kann etwas gegen unsere Neigung zum Zu-viel-Denken tun.

Gegen den historischen Trend

Wie wir dargelegt haben, neigen ältere Menschen nicht so sehr zum Zu-viel-Denken wie jüngere. Die Krisen ihres Lebens haben sie geschult, Probleme und Verluste zu bewältigen, Hindernisse zu überwinden und Beziehungen aufzubauen. Das können wir von ihnen lernen.

Unsere Kultur jedoch hat die Jugend zum Ideal erhoben, und die Gesellschaft ist dem Jugendwahn verfallen. Das bedeutet, dass wir uns junge, unerfahrene Vorbilder wählen, die uns keine wirkliche Orientierung für unser Leben geben können. So kommt das Wertevakuum zustande, in dem wir leben. Die Film- und Sportstars, denen wir nacheifern, kultivieren die Werte verwöhnter Teenager und sind nicht in der Lage, uns wirklich den Weg zu weisen.

Der Jugendkult setzt außerdem letztlich unerreichbare physische Standards. Folglich geraten wir ins Grübeln darüber, wie alt wir aussehen, wie schwach oder gebrechlich wir sind.

Doch dagegen können wir uns wehren, indem wir Fernsehsendungen und Bücher wählen, die dem Alter genauso viel Raum geben wie der Jugend, und indem wir fit bleiben, aber unserem Alter gemäß.

Außerdem sollten wir den Alten Gehör schenken, von ihnen lernen, auch wenn wir auf den ersten Blick vielleicht nur ihren körperlichen und geistigen Verfall wahrnehmen. Wenn wir ihnen zuhören, erfahren wir etwas über Mut und Beharrlichkeit, über Prinzipien, Liebe und Verlust.

Ein Beispiel ist Danielle, eine 45-jährige Biologieprofessorin, die fürchtete, nie die ihr gebührende Anerkennung für ihre Arbeit zu erhalten. Sie hatte einen vollen Stundenplan und konnte deshalb nicht so viel Zeit auf die Forschung verwenden, wie sie es gern getan hätte, und ihre Artikel schafften es nie in die wirklich wichtigen Zeitschriften. Danielles Eltern, die früher als einfache Arbeiter ihren Lebensunterhalt verdient hatten, begriffen nicht, warum die Tochter mit ihrer Karriere unzufrieden war – sie erachteten es schon als große Leistung, dass sie an einem College unterrichtete. Danielles Grübeleien über ihren Mangel an Erfolg fanden ein Ende, als ihr Mann ihr ein Buch des Nobelpreisträgers Richard Feynman schenkte. Feynman hatte sich in seinem Leben immer auf die Freude konzentriert, die es ihm bereitete, seiner Neugierde und seinem Forschungstrieb zu folgen und »Dinge herauszufinden«, und weniger auf die Anerkennung und das Lob anderer für seine Entdeckungen. Danielle war fasziniert von diesem für sie neuen Gedanken und ließ sich von ihm inspirieren. Ihre Eltern waren ihr keine große Hilfe gewesen, doch in Feynman fand sie ein Vorbild, von dem sie lernte, eine veränderte Perspektive auf ihr Leben zu entwickeln.

Das Wertevakuum füllen

In unserer Zeit der fehlenden Werte und Orientierungen suchen wir verzweifelt nach Prinzipien, Ideen und Vorschlägen und lassen uns mit Informationen aus den unterschiedlichsten Quellen bombardieren – dem Fernsehen, dem Internet, der Presse, Politikern, Freunden, Familie, Kollegen. Sie alle erklären uns mehr oder minder subtil, wie wir uns verhalten, was wir denken, wen wir bewundern, wonach wir streben sollen. Da ist es gar nicht so leicht, unsere eigene Stimme zu vernehmen.

Wie können wir uns gegen die zahllosen Einflüsse von außen wehren? Wir müssen mehr Zeit allein verbringen. Doch wenn wir täglich zehn bis zwölf Stunden arbeiten und eine Familie zu versorgen haben, wenn wir uns fortzubilden sowie körperlich fit zu halten versuchen, dann bleibt für das Alleinsein möglicherweise keine Zeit. Außerdem kultiviert das moderne Leben die Fähigkeit, mehrere Dinge gleichzeitig zu tun – auf dem Laufband lesen wir das *Wall Street Journal*, während der Fahrt ins Büro erledigen wir ein paar wichtige Anrufe, beim Essenkochen helfen wir den Kindern, ihre Hausaufgaben zu machen. Wenn wir dann endlich allein sind, wenden wir uns automatisch produktiven Tätigkeiten zu. Ich kannte einmal einen Geistlichen, der beschloss, jeden Tag eine halbe Stunde für die Meditation zu reservieren, aber dann meinte, sie mit dem Joggen verbinden und beides gleichzeitig erledigen zu können. Nach etwa einer Woche merkte er, dass weder das Joggen noch die Meditation richtig funktionierte.

Viele von uns haben die Ruhe verlernt. Daher kann es uns Übung und Disziplin abverlangen, wenn wir sie zurückgewinnen wollen. Natürlich birgt Ruhe auch die Gefahr, ins Zu-viel-Denken zu verfallen. Doch dagegen helfen die in diesem Buch beschriebenen Strategien.

Auch innerhalb der Familie müssen wir lernen, wieder zur Ruhe zu kommen. Wir hasten mit unseren Kindern ständig von einer Aktivität zur nächsten – Sport, Musikunterricht, Feste. Viele Familien essen kaum noch gemeinsam zu Hause, obwohl dieses Ritual so wichtig ist, um sich auf die anderen einzustellen und einander zuzuhören.

Wir können keine politischen Führer wählen, die unserer Meinung nach für die besten Werte stehen, wenn wir selbst nicht in der Lage sind, diese Werte zu kultivieren. Wir sind es den künftigen Generationen schuldig, als Bürger Entscheidungen zu treffen, die mit diesen Werten in Einklang stehen, und uns nicht von der eindrucksvollsten Wahlkampagne beeinflussen zu lassen.

Schluss mit der Nabelschau

Wir sollten uns nicht nur stärker auf unsere inneren Werte besinnen, sondern uns auch von unserer Neigung zur Nabelschau verabschieden und die Sichtweise anderer zulassen. Wenn wir unseren Mitmenschen helfen oder uns für eine Sache engagieren, verblassen viele unserer Grübeleien und treten in den Hintergrund – über unsere Figur, die schlechte Laune unseres Chefs, eine dumme Bemerkung des Kollegen. Wir erkennen, dass unsere Sorgen im Vergleich zu denen anderer vernachlässigenswert sind.

Oft werden unsere Neigung zur Nabelschau und unser Anspruchsdenken durch Freunde verstärkt, die diese Unsitten selbst kultivieren. Sie sollten sich keine Freunde suchen, die ihre eigenen Probleme verdrängen und sich nicht um die Ihren kümmern. Leute, die Sie durch ihr Verhalten in die Grübelfalle ziehen, nützen Ihnen auch nicht. Bauen Sie sich einen Kreis von Menschen auf, die das Leben als Herausforderung, nicht als Last betrachten und Ihre Stärken zur Geltung bringen, statt Ihnen Energie zu entziehen.

Manchmal reicht schon die eigene positive Lebenseinstellung, um den Optimismus anderer zu wecken. Rosanna zum Beispiel verkündete bei einer der wöchentlichen Sitzungen im Büro, dass sie fortan jede Klage, die sie eigentlich vorbringen wolle, durch einen konstruktiven Vorschlag ersetzen werde. Anfangs reagierten ihre Kollegen erstaunt und verwirrt auf ihren neuen Ansatz, doch schon nach wenigen Wochen herrschte bei den Sitzungen eine sehr viel positivere Atmosphäre als zuvor.

Stellen Sie sich vor, wie sich unsere Gesellschaft verändern könnte, wenn es uns wie Rosanna gelänge, von der negativen Nabelschau zu einer positiven, konstruktiven Einstellung zu kommen. Positive Emotionen erweitern unseren Horizont und machen uns kreativer. Das trifft sowohl für Individuen als auch für die Gesellschaft als Ganzes zu.

Das Anspruchsdenken überwinden

Der Glaube, dass uns zusteht, was wir uns in den Kopf gesetzt haben, kann zu einer der Hauptquellen des Zu-viel-Denkens werden. Doch auch dagegen lässt sich etwas unternehmen, zum Beispiel indem wir keine Fernsehsendungen mehr anschauen, in denen es um das öffentliche Ausleben von Konflikten geht.

Was können wir alle dagegen tun?

Statt uns immer nur darauf zu konzentrieren, was uns vermeintlich zusteht, sollten wir überlegen, wie sich Probleme zur Zufriedenheit aller lösen lassen. Diesen Ansatz kann man auch auf die Geschäftswelt übertragen: Heutzutage wird die »Win-win«-Strategie schon in vielen Verhandlungen eingesetzt, bei der am Ende alle Beteiligten etwas gewinnen, aber auch auf etwas verzichten müssen.

Als Eltern sind wir zu sehr darauf fixiert, Auseinandersetzungen mit unseren Kindern zu gewinnen, was uns oft in die Sackgasse führt. Wenn wir uns die Zeit nehmen, den Kindern unsere Perspektive klar zu machen und die ihre zu verstehen, gelangen wir zu einem besseren wechselseitigen Verhältnis und zu vernünftigeren Problemlösungen. Das befreit uns vom Grübeln, und unsere Kinder erwerben wichtige Fertigkeiten, die ihnen beim Aufbau einer weniger am Zu-viel-Denken orientierten Gesellschaft helfen.

Wenn andere mehr bekommen als wir oder aus einem Streit mit uns siegreich hervorgehen, verführt das Anspruchsdenken uns zu Rachegedanken. Manchmal sind wir im Recht, doch oft geht es nur um unseren Stolz, und sobald wir das erkennen, können wir unser Verhalten überdenken.

Tania zum Beispiel trat im Elternbeirat gegen die Einführung neuer Lehrmethoden an der Schule ihrer Kinder ein, weil sie ihrer Meinung nach noch nicht ausreichend erprobt waren. Elisabeth setzte sich für diese neuen Methoden ein und wies auf ihre erfolgreiche Umsetzung an anderen Schulen hin. Am Ende wurden sie eingeführt. Elisabeth triumphierte, worauf eine der anderen Mütter Tania tröstete. Doch Tania meinte nur seufzend: »Ich hoffe, Elisabeth hat Recht, und die neue Methode erweist sich als erfolgreich. Wenn ja, nützt es den Kindern. Wenn nicht, werden wir nächstes Jahr noch einmal darüber sprechen.« Tania erkannte, dass die Sache nichts mit ihrer Person zu tun hatte, und nahm ihre Niederlage hin, ohne von ihrer Position abzuweichen. Damit bewies sie, dass sie in der Lage war, das Anspruchsdenken hinter sich zu lassen.

Nicht nur wir selbst müssen uns vom Anspruchsdenken verabschieden. Wir sollten auch dafür sorgen, dass unsere Kinder aufhören, Konflikte zu schüren, Privilegien für sich einzufordern, die ihnen eigentlich nicht zustehen, oder andere Menschen für ihre Probleme verantwortlich zu machen. Sie dürfen nicht das Gefühl haben, dass sie immer die Besten sein müssen. Nur dann packen sie Probleme aktiv an, statt darüber nachzugrübeln, was ihnen zusteht.

Stärkung langfristiger Perspektiven

Um unsere Neigung zu schnellen Lösungen loszuwerden, ist eine stärkere Konzentration auf langfristige Ziele sinnvoll, auch in Politik und Wirtschaft.

Statt schwierige Hausaufgaben unserer Kinder selbst zu machen, damit sie erledigt sind, sollten wir sie ermutigen, die zu ihrer Bewältigung nötigen Fähigkeiten zu erwerben. Und statt in einen Konflikt zwischen unseren Kindern einzugreifen, sollten wir ihnen helfen, selbst eine bessere Lösung zu finden.

Es ist verführerisch, sich für die schnelle Lösung zu entscheiden, wenn wir meinen, keine Zeit für eine langfristige zu haben. Erhalten Kinder von uns die Botschaft, dass solche schnellen Lösungen in Ordnung sind, interpretieren sie sie möglicherweise auf ihre Art und schreiben ab, um zu besseren Noten zu kommen, schlucken Pillen, um ihre schulische und sportliche Leistung zu steigern oder ihre Stimmung aufzuhellen, oder schlafen mit ihrem Freund oder ihrer Freundin, um sie für sich zu gewinnen. Kindern beizubringen, wie sie langfristige Lösungen finden können, gehört zu den zentralen Aufgaben des Elterndaseins. Wenn unsere Kinder in der Lage sind, auf schnelle Lösungen zu verzichten, treffen sie klügere Entscheidungen und kommen mit Rückschlägen besser zurecht.

Weniger Stoff zum Grübeln

Wenn Frauen weniger Stoff zum Grübeln über chronische Belastungen in ihrem Leben haben – zum Beispiel schlechte Löhne oder Partner, die ihre Arbeit nicht zu würdigen wissen –, tappen sie auch nicht so oft in die Grübelfalle. Und genau dafür kämpft der Feminismus seit Jahrzehnten. Bedeutet die Tatsache, dass Frauen im Vergleich zu Männern immer noch weniger verdienen, in Beziehungen nicht die nötige Anerkennung bekommen und oft Opfer sexuellen Missbrauchs werden, dass die Frauenbewegung versagt hat? Das glaube ich nicht, aber es liegt noch ein weiter Weg vor uns.

Wir können selbst dazu beitragen, die Bedingungen zu verbessern, indem wir progressive Politiker wählen, uns für eine frauenfreundliche Gesetzgebung einsetzen, Frauenhäuser unterstützen. Und auf persönlicher Ebene sollten wir uns gegen Unterdrückung in der Partnerschaft und Diskriminierung am Arbeitsplatz wehren.

Dabei kann es hilfreich sein, sich mit anderen Frauen zusammenzutun.

Veränderung des Selbstverständnisses

Nicht nur äußere Umstände sorgen dafür, dass es für Frauen so schwierig ist, sich aus der Grübelfalle zu befreien. Ihre Selbstdefinition als »emotionales Zentrum« macht sie besonders anfällig für Sorge und Verzweiflung. Erst wenn diese Selbstdefinition sich ändert, lässt sich etwas gegen das Zu-viel-Denken tun.

Cornelia gehörte auch zu den Frauen, die alle Probleme anderer zu ihren eigenen machen. Wenn im Büro noch ein Bericht verfasst werden musste, richteten sich alle Blicke sofort auf Cornelia, wenn sie sich nicht ohnehin schon freiwillig gemeldet hatte. Wenn eine Kollegin eine Schulter zum Ausweinen brauchte, war Cornelia zur Stelle. Kam es zu einem Streit, verbrachte Cornelia Stunden damit, ihn zu schlichten. Alle mochten Cornelia, doch sie selbst war durch ihren permanenten emotionalen Einsatz psychisch und physisch ausgelaugt. Eines Tages, nachdem Cornelia sich bereit erklärt hatte, eine Präsentation zu übernehmen, die niemand machen wollte, herrschte ihre Freundin Laura sie an: »Jetzt reicht's! Warum hast du dich freiwillig gemeldet? Du weißt, dass das eigentlich Teds Aufgabe ist. Du machst dich irgendwann noch fertig. Und Ted wird in Zukunft seine Arbeit auch auf uns abladen.« Cornelia war verblüfft über Lauras heftige Reaktion, denn sie hatte nicht gemerkt, wie sehr ihr permanenter Einsatz nicht nur sie selbst belastete, sondern auch die anderen Frauen in ihrer Gruppe.

Freundschaften mit anderen Frauen können uns helfen, die negative Selbstdefinition zu erkennen, die die Grundlage für unser Grübeln ist, und zu einem gesunden Gleichgewicht zwischen emotionalem Engagement und Egoismus zu kommen.

Ermutigung zur Problemlösung

Wir unterstützen nur zu gern die emotionale Seite unserer Töchter und fühlen mit, wenn sie Sorgen haben. Doch ihre Fähigkeit, Probleme anzupacken, fördern wir oft nicht genug. Sie müssen lernen, nicht nur ihre Gefühle zu formulieren, sondern auch die Ursachen ihrer Sorgen zu beseitigen. Wir können ihnen dabei helfen, indem wir ihnen die in diesem Buch geschilderten Strategien beibringen und sie ihnen vorleben.

Auch unsere Schwestern und Freundinnen sollten wir ermutigen, vom Grübeln zum Handeln zu schreiten. Das heißt, ihnen zum einen die nötige emotionale Unterstützung geben und ihnen zum anderen bei der Entwicklung möglicher Problemlösungen beistehen. Vielleicht werden wir ihre Hilfe auch einmal brauchen!

Es gibt viele Wege, die in die Grübelfalle hineinführen, aber auch viele, um sie wieder zu verlassen. Wenn es uns gelingt, unsere Neigung zum Zu-viel-Denken zu überwinden, eröffnen sich uns ungeahnte Chancen für ein erfolgreicheres und befriedigenderes Leben – sowohl im Kleinen als auch im Großen.

Anmerkungen

1. Warum ist zu viel denken negativ?

[1] S. Nolen-Hoeksema, »Gender Differences in Depression«, in: *Handbook of Depression*, Hrsg. I. Gotlib/C. Hammen (New York: Guilford, 2002).

[2] S. Nolen-Hoeksema/J. Morrow, »A Prospective Study of Depression and Post-Traumatic Stress Symptoms Following a Natural Disaster: The 1989 Loma Prieta Earthquake«, in: *Journal of Personality and Social Psychology* 61 (1991), S. 115–121.

[3] S. Nolen-Hoeksema/J. Larson, *Coping with Loss* (Mahwah, N.J.: Erlbaum, 1999).

[4] S. Nolen-Hoeksema/C. G. Davis, »Thanks for Sharing That: Ruminators and Their Social Support Networks«, in: *Journal of Personality and Social Psychology* 77 (1999), S. 801–814.

[5] Nolen-Hoeksema/Larsen (1999), S. 87.

[6] Eine eingehendere Beschreibung dieser Studie findet sich in S. Nolen-Hoeksema/J. Larson/C. Grayson, »Explaining the Gender Differences in Depressive Symptoms«, in: *Journal of Personality and Social Psychology* 77 (1999), S. 1061–1072.

Man könnte meinen, dass Frauen einfach nur bereitwilliger eingestehen als Männer, dass sie zu viel denken, weil es bei ihnen eine weniger stigmatisierende Wirkung hat. Eine gemeinsam mit Lisa Butler in Stanford durchgeführte Studie ergab, dass dem nicht so ist. Wir baten eine Gruppe aus 54 Frauen und Männern, die nicht unter Depressionen oder einer anderen psychischen Erkrankung litten, eine ausgesprochen traurige Geschichte zu lesen, während im Hintergrund traurige Musik lief. Wir wussten aus früheren Untersuchungen, dass sich dieses Vorgehen gut dazu eignete, Menschen vorübergehend in traurige Stimmung zu versetzen. Die Testpersonen bewerteten sich selbst nach der Lektüre der Geschichte als deutlich trauriger oder niedergeschlagener als zuvor.

Dann legten wir den Teilnehmern zwei Aufgaben vor und erklärten ihnen, sie hätten nur Zeit für eine von beiden. Am meisten interessierte uns, für welche sie sich in ihrem gegenwärtigen niedergeschlagenen Zustand entscheiden würden. Bei der einen handelte es sich im Wesentlichen um eine Aufgabe, die zum Zu-viel-Denken veranlassen sollte – darin konzentrierten sich die Testpersonen auf ihre Stimmung und darauf, wie ihr Leben im Augenblick lief. Die andere Aufgabe war eher neutral gehalten und animierte nicht dazu, zu viel zu denken – darin mussten die Personen die Länder der Welt nach der geografischen Lage sortieren. Wir beschrieben den Teilnehmern die beiden Aufgaben und beobachteten dann, welche sie wählten. Zweiundneunzig Prozent der Frauen in niedergeschlagener Stimmung entschieden sich für die erste beschriebene Aufgabe, während nur acht Prozent beschlossen, die zweite Aufgabe zu lösen und sich so von der Grübelei über ihre traurige Stimmung abzulenken. Hingegen wählte weniger als die Hälfte der niedergeschlagenen Männer (46 Prozent) die erste Aufgabe, während die Mehrheit sich für die andere entschied. Diese Ergebnisse bestätigten unsere Vermutung, dass Frauen sich tatsächlich stärker als Männer auf ihre Stimmung konzentrieren, wenn sie niedergeschlagen oder deprimiert sind. Einzelheiten dieser Studie finden sich in L. D. Butler/S. Nolen-Hoeksema, »Gender Differences in Response to Depressed Mood in a College Sample«, in: *Sex Roles* 30 (1994), S. 331–346.

[7] S. Nolen-Hoeksema/J. Morrow, »Effects of Rumination and Distraction on Naturally Occurring Depressed Mood«, in: *Cognition and Emotion* 7 (1993), S. 561–570.

[8] S. Lyubomirsky/N. D. Caldwell/S. Nolen-Hoeksema, »Effects of Ruminative and Distracting Responses to Depressed Mood on Retrieval of Autobiographical Memories«, in: *Journal of Personality and Social Psychology* 75 (1998), S. 166–177.

[9] S. Lyubomirsky/S. Nolen-Hoeksema, »Effects of Self-Focused Ru-

Anmerkungen

mination on Negative Thinking and Interpersonal Problem Solving«, in: *Journal of Personality and Social Psychology* 69 (1995), S. 176–190.

[10] Ebd. Vgl. auch S.Lyubomirsky/K. Tucker/N. D. Caldwell/K. Berg, »Why Ruminators Are Poor Problem Solvers: Clues from the Phenomenology of Dysphoric Rumination«, in: *Journal of Personality and Social Psychology* 77 (1999), S. 1951–1960.

[11] Lyubomirsky/Nolen-Hoeksema (1995).

[12] Lyubomirsky et al. (1999).

[13] A. Ward/S. Lyubomirsky/L. Sousa/S. Nolen-Hoeksema, »Can't Quite Commit: Rumination and Uncertainty«, in: *Personality and Social Psychology Bulletin*, in Druck.

[14] S. Lyubomirsky/S. Nolen-Hoeksema, »Self-Perpetuating Properties of Dysphoric Rumination«, in: *Journal of Personality and Social Psychology* 65 (1993), S. 339–349.

[15] C. Rusting/S. Nolen-Hoeksema, »Regulating Responses to Anger: Effects of Rumination and Distraction on Angry Mood«, in: *Journal of Personality and Social Psychology* 74 (1998), S. 790–803.

2. Wenn es so weh tut, warum hören wir nicht damit auf?

[1] G. H. Bower, »Mood and Memory«, in: *American Psychologist* 36 (1981), S. 129–148.

[2] J. Miranda/J. B. Persons, »Dysfunctional Attitudes Are Mood State Dependent«, in: *Journal of Abnormal Psychology* 97 (1988), S. 76–79.

[3] R. J. Davidson, »Affective Style, Psychopathology, and Resilience: Brain Mechanisms and Plasticity«, in: *American Psychologist* 55 (2000), S. 1196–1214.

[4] G. L. Klerman/M. M. Weissman, »Increasing Rates of Depression«, in: *Journal of the American Medical Association* 261 (1989), S. 2229–2235.

[5] S. Nolen-Hoeksema, »Gender Differences in Coping with Depression Across the Life Span«, in: *Depression* 3 (1995), S. 81–90.

[6] S. Nolen-Hoeksema/Z. A. Harrell, »Rumination, Depression, and Alcohol Use: Tests of Gender Differences«, in: *Journal of Cognitive Psychotherapy: An International Quarterly*, im Druck.

[7] C. M. Steele/R. A. Josephs, »Alcohol Myopia: Its Prized and Dangerous Effects«, in *Readings in Social Psychology: The Art and Science of Research*, Hrsg. S. Fein (Boston: Houghton Mifflin, 1996), S. 74–89.

[8] N. Schwarz, »Feelings as Information: Implications of Affective Influences on Information Processing«, in: *Theories of Mood and Cognition: A User's Guidebook*, Hrsg. L. L. Martin (Mahwah, N. J.: Erlbaum, 2001), S. 159–176.

3. Frauen sind besonders anfällig

[1] Eine detaillierte Diskussion der Literatur über Geschlechterunterschiede bei Depressionen und Grübeln s. S. Nolen-Hoeksema, »Gender Differences in Depression«, in: *Handbook of Depression*, Hrsg. I. Gotlib/C. Hammen (New York: Guilford, 2002).

[2] N. Barko, »The Other Gender Gap«, in: *The American Prospect*, 19. Juni – 3. Juli 2000, S. 61–63.

[3] S. Nolen-Hoeksema, unveröffentl. Daten, Universität von Michigan, 2002.

[4] S. Nolen-Hoeksema/J. Larson/C. Grayson, »Explaining the Gender Difference in Depressive Symptoms«, in: *Journal of Personality and Social Psychology* 77 (1999), S. 1061–1072.

[5] F. J. Crosby, *Relative Deprivation and Working Women* (London: Oxford University Press, 1982).

[6] M. P. Koss/D. G. Kilpatrick, »Rape and Sexual Assault«, in: *The Mental Health Consequences of Torture*, Hrsg. E. Gerrity (New York: Kluwer Academic/Plenum Publishers, 2001), S. 177–193.

[7] S. Nolen-Hoeksema, »Contributors to the Gender Difference in Rumination«, Referat für das Jahrestreffen der American Psychological Association, San Francisco, August 1998.

Anmerkungen 217

[8] D. Belle/J. Doucet, »Poverty, Inequality, and Discrimination as Sources of Depression among Women«, in: *Psychology of Women Quarterly*, im Druck.

[9] Nolen-Hoeksema, »Contributors to the Gender Difference in Rumination«, vgl. Anm. 7.

[10] A. Feingold, »Gender Differences in Personality: A Meta-Analysis«, in: *Psychological Bulletin* 116 (1994), S. 429–456.

[11] R. C. Kessler/J. D. McLeod, »Sex Differences in Vulnerability to Undesirable Life Events«, in: *American Sociological Review* (1984), S. 620–631.

[12] V. Helgeson, »Relation of Agency and Communion to Well-Being: Evidence and Potential Explanations«, in: *Psychological Bulletin* (1994), S. 412–428.

[13] S. Nolen-Hoeksema/B. Jackson, »Mediators of the Gender Difference in Rumination«, in: *Psychology of Women Quarterly* (2001), S. 37–47.

[14] L. Feldman Barrett/R. D. Lane/L. Sechrest/G. E. Schwartz, »Sex Differences in Emotional Awareness«, in: *Personality and Social Psychology Bulletin* 26 (2000), S. 1027–1035.

[15] W. Pollack, *Jungen, was sie vermissen, was sie brauchen* (Weinheim: Beltz, 2001).

[16] J. Dunn/I. Bretherton/P. Munn, »Conversations about Feeling States between Mothers and Their Young Children«, in: *Developmental Psychology* (1987), S. 132–139; E. E. Maccoby/C. N. Jacklin, *The Psychology of Sex Differences* (Stanford, Calif.: Stanford University Press, 1974).

[17] Nolen-Hoeksema/B. Jackson, »Mediators of the Gender Difference in Rumination«, vgl. Anm. 13.

4. Wege aus der Grübelfalle

[1] S. Lyubomirsky/S. Nolen-Hoeksema, »Self-Perpetuating Properties of Dysphoric Rumination«, in: *Journal of Personality and Social Psychology* 65 (1993), S. 339–349.

2 S. Nolen-Hoeksema/J. Morrow, »Effects of Rumination and Distraction on Naturally Occurring Depressed Mood«, in: *Cognition and Emotion* 7 (1993), S. 561–570.

3 J. Morrow/S. Nolen-Hoeksema, »The Effects of Response Styles for Depression on the Remediation of Depressive Affect«, in: *Journal of Personality and Social Psychology* 58 (1990), S. 519–527.

4 S. Nolen-Hoeksema, unveröffentl. Daten, Universität von Michigan, 2002.

5 G. A. Marlatt/J. Kristeller, »Mindfulness and Mediation«, in: *Integrating Spirituality in Treatment*, Hrsg. W. R. Miller (Washington, D. C.: American Psychological Association Books, 1999); W. R. Miller/S. Rollnick, *Motivierende Gesprächsführung. Ein Konzept zur Beratung von Menschen mit Suchtproblemen.* (Freiburg: Lambertus Verlag, 1999).

6 Z. V. Segal/J. M. G. Williams/J. Teasdale, *Mindfulness-Based Cognitive Therapy for Depression: A New Approach to Preventing Relapse* (New York: Guilford, 2002).

7 J. Kabat-Zinn, *Stressbewältigung durch die Praxis der Achtsamkeit* (Emmendingen: Arbor Verlag, 1999).

8 S. Nolen-Hoeksema, unveröffentl. Daten, 2002.

9 J. W. Pennebaker, *Sag, was dich bedrückt. Die befreiende Kraft des Redens* (München: Econ, 1991).

10 S. Folkman/J. T. Moskowitz, »Stress, Positive Emotion, and Coping«, in: *Current Directions in Psychological Science* 9 (2000), S. 115–118.

11 B. L. Fredrickson, »What Good Are Positive Emotions?«, in: *Review of General Psychology* 2 (1998), S. 300–319.

12 D. D. Danner/D. A. Snowdon/W. V. Friesen, »Positive Emotions in Early Life and Longevity: Findings from the Nun Study«, in: *Journal of Personality and Social Psychology* 80 (1998), S. 804–813.

Anmerkungen

5. Die Grübelei hinter sich lassen

[1] S. Lyubomirsky, »Why Are Some People Happier than Others? The Role of Cognitive and Motivational Processes in Well-Being«, in: *American Psychologist* 56 (2001), S. 239–249.

[2] A. J. Stewart/E. A. Vandewater, »The Course of Generativity«, in: *Generativity and Adult Development*, Hrsg. D. P. McAdams/E. de St. Aubin (Washington, D. C.: American Psychological Association Books, 1998); D. P. McAdams/H. M. Hart/S. Maruna, »The Anatomy of Generativity«, in: *Generativity and Adult Development*, Hrsg. D. P. McAdams/E. de St. Aubin (Washington, D. C.: American Psychological Association Books, 1998).

[3] A. Ward/S. Lyubomirsky/L. Sousa/S. Nolen-Hoeksema, »Can't Quite Commit: Rumination and Uncertainty«, in: *Personality and Social Psychology Bulletin*, in Druck.

[4] M. E. McCullough, »Forgiveness as Human Strength: Theory, Measurement, and Links to Well-Being«, in: *Journal of Social and Clinical Psychology* 19 (2000), S. 43–55; M. E. McCullough, »Forgiveness: Who Does It and How Do They Do It?«, in: *Current Directions in Psychological Science* 10 (2001), S. 194–197.

[5] C. vanOyen Witvliet/T. E. Ludwig/K. L. Vander Laan, »Granting Forgiveness or Harboring Grudges: Implications for Emotion, Physiology, and Health«, in: *Psychological Science* 12 (2001), S. 117–123.

[6] C. E. Thoresen/F. Luskin/A. H. S. Harris, »Science and Forgiveness Interventions: Reflections and Recommendations«, in: *Dimensions of Forgiveness*, Hrsg. E. L. Worthington, Jr. (Philadelphia: Templeton Foundation Press, 1998).

[7] D. Burns, *Fühl dich gut. Angstfrei mit Depressionen umgehen* (Trier: Edition treves, 2000).

6. Wie Sie auch in Zukunft vermeiden, zu viel zu denken

[1] Vgl. C. S. Carver/M. F. Scheier, *Attention and Self-Regulation: A Control-Theory Approach to Human Behavior* (New York: Springer, 1981); R. S. Wyer, Jr., Hrsg., *Advances in Social Cognition* (Hillsdale, N. J.: Erlbaum 1981).

[2] J. Crocker/C. T. Wolfe, »Contingencies of Self-Worth«, in: *Psychological Review* 108 (2001), S. 593–623.

[3] P. B. Baltes/M. M. Baltes, *Successful Aging: Perspectives from the Behavioral Sciences* (New York: Cambridge University Press, 1990); P. B. Baltes/J. Mittelstraß, *Zukunft des Alterns und gesellschaftliche Entwicklung* (Berlin: de Gruyter, 1992).

[4] C. S. Dweck/E. L. Leggett, »A Social-Cognitive Approach to Motivation and Personality«, in: *Motivational Science: Social and Personality Perspectives*, Hrsg. E. T. Higgins (Philadelphia: Taylor & Francis, 2000).

[5] C. G. Davis/S. Nolen-Hoeksema/J. Larson, »Making Sense of Loss and Growing from the Experience: Two Construals of Meaning«, in: *Journal of Personality and Social Psychology* 75 (1998), S. 561–574.

[6] J. Frank, *Die Heiler. Wirkungsweisen psychotherapeutischer Beeinflussung. Vom Schamanismus bis zu den modernen Therapien* (Stuttgart: Klett-Cotta, 1997).

7. Mit den eigenen Sorgen verheiratet sein – Grübeln über die Partnerbeziehung

[1] T. Joiner/J. C. Coyne, *The Interactional Nature of Depression: Advances in Interpersonal Approaches* (Washington, D. C.: American Psychological Association Press, 1999).

[2] J. M. Gottman/R. W. Levenson, »The Social Psychophysiology of Marriage«, in: *Perspectives on Marital Interaction*, Hrsg. P. Noller (Clevedon, England: Multilingual Matters, Ltd., 1988).

8. Familiengeschichten – zu viel nachdenken
über Eltern und Geschwister

[1] S. Nolen-Hoeksema/J. Larson, *Coping with Loss* (Mahwah, N. J.: Erlbaum, 1999).

9. Immer im Job – endlose Gedanken
über Arbeit und Karriere

[1] T. A. Roberts/S. Nolen-Hoeksema, »Gender Differences in Responding to Others' Evaluations in Achievement Settings«, in: *Psychology of Women Quarterly* 18 (1994), S. 221–240.

10. Vergiftete Gedanken – sich den Kopf
über die Gesundheit zerbrechen

[1] S. Lyubomirsky/F. Kasri/O. Chang, »Ruminative Style and Delay of Presentation of Breast Cancer Symptoms«, unveröffentl. Text, Department of Psychology, University of California, Riverside 2001.

[2] S. E. Taylor/M. E. Kemeny/G. M. Reed/J. E. Bower/T. L. Gruenewald, »Psychological Resources, Positive Illusions, and Health«, in: *American Psychologist* 55 (2000), S. 99–109.

Literaturtipps

Benson, Herbert, *Heilung durch Glauben* (München: Heyne, 1998).

Burns, David, *Fühl dich gut. Angstfrei mit Depressionen umgehen* (Trier: Edition treves, 2000).

Goldmann-Posch, Ursula, *Tagebuch einer Depression* (München: Knaur, 1993).

Greenberger, Dennis/Padesky, Christine, *Mit Gedanken Gefühle behandeln. Ein Manual zur kognitiven Therapie für Klienten* (DGVT: Tübingen, 2003).

Hallowell, Edward, *Zwanghaft zerstreut. Oder die Unfähigkeit, aufmerksam zu sein* (Reinbek: Rowohlt, 1999).

Ders., *Was wirklich zählt. Liebe und Bedeutung im täglichen Leben finden. Wahre Geschichten.* (München: Goldmann, 2003).

Hammen, Constance, *Depression* (Bern: Huber, 1999).

Jamison, Kay Redfield, *Meine ruhelose Seele. Die Geschichte einer manischen Depression* (München: Goldmann, 1999).

Dies., *Wenn es dunkel wird. Zum Verständnis des Selbstmordes* (Frankfurt/Main: Fischer, 2001).

Mays, John Bentley, *In den Fängen der schwarzen Hunde. Mein Leben mit der Depression* (München: Piper, 1999).

Solomon, Andrew, *Saturns Schatten. Die dunklen Welten der Depression* (Frankfurt/Main: Fischer, 2001).

Wilson, Paul, *Wege zur Ruhe* (Reinbek: Rowohlt, 1996).

Dank

Das vorliegende Buch basiert auf umfangreichen Recherchen, die ich zusammen mit Forscherkollegen durchgeführt habe. An dieser Stelle möchte ich ihnen danken: Sonja Lyubomirsky, Judith Larson, Andrew Ward, Jannay Morrow, Joan Girgus, Cheryl Rusting, Sheena Sethi, Christopher Davis, Wendy Treynor, Richard Gonzalez, Zaje Harrell, Barbara Fredrickson und Tomi-Ann Roberts.

Mein Agent Todd Shuster ermutigte mich, meine Erkenntnisse einer breiteren Öffentlichkeit vorzustellen, und ebnete mir den Weg. Deborah Brody von Holt begleitete dieses Projekt. Herzlichen Dank an Todd und Deborah – es war ein Vergnügen, mit euch zu arbeiten!

Last, but not least ein Dank an meine Familie, die mich mit all ihrer Liebe unterstützt – Richard, Michael, Catherine, John, Marjorie und Renze.